2ª edição - Novembro de 2021

Coordenação editorial
Ronaldo A. Sperdutti

Capa
Juliana Mollinari

Imagem Capa
Shutterstock

Projeto gráfico e diagramação
Juliana Mollinari

Revisão
Alessandra Miranda de Sá

Assistente editorial
Ana Maria Rael Gambarini
Roberto de Carvalho

Impressão
BMF gráfica

Proibida a reprodução total ou parcial desta obra sem prévia autorização da editora.

© 2021 by Boa Nova Editora.

Av. Porto Ferreira, 1031 | Parque Iracema
CEP 15809-020 | Catanduva-SP
17 3531.4444

www.**lumeneditorial**.com.br
www.**boanova**.net

atendimento@lumeneditorial.com.br
boanova@boanova.net

Dados Internacionais de Catalogação na Publicação (CIP)
(Câmara Brasileira do Livro, SP, Brasil)

Masselli, Elisa.
    Nada fica sem resposta / Elisa Masselli. – 1. ed. – Catanduva-SP : Lúmen Editorial, 2019.

    ISBN 978-85-7813-217-0

    1. Espiritismo 2. Romance espírita I. Título.

17-09428   CDD-133.93

Índice para catálogo sistemático:
1. Romances espíritas : Espiritismo   133.93

Impresso no Brasil – Printed in Brazil
2-11-21-2.000-7.000

NADA FICA SEM RESPOSTA

ELISA MASSELLI

LÚMEN
EDITORIAL

PREFÁCIO

Queridos leitores,

    Várias pessoas me escrevem, com várias dúvidas acerca de muitos assuntos. Embora procure responder a todas, julguei que o melhor meio de não deixar ninguém sem resposta seria responder através do próprio livro. Dentre as questões enviadas, duas destacam-se: "Você tem provas de que suas histórias são verdadeiras?" e "Quando você escreve, concentra-se e fica inconsciente?" Pois bem, vou tentar explicar.
    Primeiro, não sei se as histórias são verdadeiras. Somente sei que elas me chegam de uma maneira interessante. Na maioria das vezes, quando acordo, pela manhã, tenho um pedaço delas, por isso sei o que vou escrever naquele dia. Isso acontece por vários dias. Às vezes, fico dias, semanas e até meses sem escrever. Até que, novamente, em uma manhã, o resto da história volta. Isso vai acontecendo até o fim dela.

No primeiro livro, a falta de continuação da história me preocupava, mas, com o passar do tempo, fui me acostumando e agora entendo e não fico mais ansiosa.

Depois de escrever nove livros e com eles aprender muito, compreendi que todas as religiões são boas. Cada um permanece naquela em que se sente melhor, pois, na verdade, estejamos em que religião estivermos, estaremos sempre sujeitos à Lei maior, que envolve o livre-arbítrio e a lei de ação e reação. Eu escolhi o kardecismo por encontrar nele as minhas respostas. O espiritismo e os médiuns, hoje, não precisam mais apresentar fatos espetaculares para serem respeitados. A própria Doutrina já é um "espetáculo". Nela aprendi que somos responsáveis por todos os nossos atos, que nunca estamos sós, que teremos sempre a oportunidade de resgatarmos erros cometidos e cumprirmos a nossa missão, mas que, para isso, estaremos sujeitos à lei de ação e reação. Aprendi que o espírito é livre e, por isso, não pode nem deve se sujeitar a nada que o agrida.

Não fico inconsciente. Sobre isso já comentei no livro *A vida é feita de escolhas*. Seria mais fácil, para mim, fazer uma espécie de mistério e dizer que fico inconsciente, mas não seria a verdade. Simplesmente, sento e escrevo.

Algumas pessoas sabem que não tenho educação acadêmica; cursei somente até o quarto ano primário, portanto sou consciente de que jamais poderia escrever histórias como estas que escrevo. Não sei se quem me intui essas histórias é um mentor, se são dois ou mais, não sei, mas agradeço a ele, ou a eles, do fundo do meu coração pelos ensinamentos que me têm passado e por fazerem de mim um instrumento divulgador dessa sabedoria.

Muitas pessoas me escreveram para me parabenizar e dizer o quanto as minhas histórias as ajudaram. Isso me causa uma felicidade imensa e só posso dizer que essas narrativas também me ajudaram, e muito. Com essas histórias, mudei meu comportamento. Estou mais preocupada com a lei do livre-arbítrio e a de ação e reação. Embora, como todas as pessoas, ainda com meus erros e acertos, procuro fazer o melhor possível.

Espero ter esclarecido algumas dúvidas.

Só me resta agradecer a Deus por esta fase da minha vida, e aos meus leitores, por gostarem das histórias.

Um abraço,

Elisa Masselli.

SUMÁRIO

Relembrando o passado 11

Caráter suspeito 38

Forças desconhecidas 48

Direito à justiça 66

A força do amor 76

Orgulho ferido 90

Uma família feliz 95

Oportunidade de repensar 98

Tristeza e aceitação 103

Resultado do trabalho.. 113

Desculpa para o suicídio 119

Conhecendo a espiritualidade 123

O encontro do amor 138

A ajuda sempre vem.. 147

A festa 160

Oportunidade de perdão 176

A caminho do fim 191

O filme.. 206

A verdade sempre aparece.. 228

A justiça da Lei.. 255

A reação de Farias 299

Perdidos no vale 319

A setença de Farias 331

Epílogo 349

RELEMBRANDO O PASSADO

 Márcia entrou na sala de escritório com o coração batendo descompassado. Estava feliz: havia sido promovida mais uma vez. Olhou à sua volta e, sorrindo, pensou: *Quantas vezes sonhei com este dia...*
 Sentou-se confortavelmente em uma enorme cadeira, em frente a uma grande mesa, e continuou pensando: *Sempre soube que este dia chegaria, mas, mesmo assim, não sei explicar a emoção que estou sentindo. Só de pensar que agora, do primeiro escalão da empresa, estou ocupando o terceiro, fico muito feliz, mas ainda não totalmente. Só ficarei mesmo muito feliz quando estiver ocupando o primeiro. Desde muito nova sonhei com uma vida profissional triunfante. Lutei e estudei bastante para isso. Domino quatro idiomas perfeitamente. Sei que algumas vezes não tive escrúpulos para afastar quem estivesse em meu caminho. Sempre fiz e farei qualquer coisa para alcançar meu objetivo.*

Diante daquela mesa, sentindo-se vitoriosa, começou a relembrar seu passado.

Meu pai era operário em uma tecelagem. Ganhava o suficiente para comprar alimentos e pagar o aluguel. Meu irmão, seis anos mais novo, vivia como eu, sem brinquedos ou passeios, muito menos roupas novas. As roupas que usávamos eram doadas à minha mãe por patroas para as quais, todos os dias da semana, fazia faxina.

Levantou-se e caminhou até uma janela de onde tinha uma bela vista da cidade. Abriu as cortinas, olhou para fora, e a luz do sol entrou, iluminando o ambiente. Voltou-se e tornou a contemplar aquela sala que por muito tempo fora sua meta.

Finalmente, estou nesta sala, e esta mesa agora é minha. Não foi difícil chegar até aqui. Aliás, como tudo em minha vida, bastou apenas eu desejar algo para que acontecesse.

Tornou a ver-se novamente criança e imediatamente se lembrou de como era sua vida: *Minha mãe levantava muito cedo, preparava o almoço que eu deveria aquecer. Eu e meu irmão comíamos e voltávamos a brincar. Todos os dias, ela saía às seis da manhã e voltava lá pelas sete da noite. Mesmo assim, o que ela e meu pai ganhavam não era suficiente para dar luxo à família. Enquanto criança, não entendia bem o que significava dinheiro ou posição, brincava com outras crianças que tinham a mesma vida de pobreza. Tudo era normal em minha vida, mas, à medida que fui crescendo, e já na escola, percebi que havia diferenças. Algumas das crianças vinham trazidas por seus pais em carros bonitos. Suas roupas eram perfeitas; as minhas, por serem doadas, eram grandes ou apertadas. Quantas vezes chorei para não ir à escola por não ter roupas novas e bonitas. Nessas horas, minha mãe sempre dizia:*

— Minha filha, não se preocupe com isso. São apenas roupas. Você não vale pelo que veste, mas por quem é. Estude o mais que puder e, assim, poderá um dia ter tudo que deseja. Procure sempre ser boa, que Deus lhe dará tudo de que precisar para ser feliz.

Eu não entendia aquilo e perguntava:

— Como a senhora pode dizer que, se eu for boa, Deus me dará tudo, mamãe? Será que existe mesmo um Deus? Que Ele dá tudo que a gente precisa? A senhora é uma pessoa que vive ajudando todo mundo, mas mora aqui neste lugar e tem de trabalhar muito. Se Deus realmente existe, não lhe deu tudo de que precisava para ser feliz.

— Como não? Tenho tudo de que preciso para ser feliz. Ele me deu um companheiro a quem amo e por quem sou amada; deu-me você e seu irmão, que completam minha felicidade e são as coisas mais preciosas que alguém poderia querer. Ele me deu saúde e também trabalho, para dele tirar nosso sustento. De que mais preciso? O que você deve fazer é estudar e ter uma boa profissão.

Eu não entendia muito bem o que ela dizia, mas gostava muito de estudar. Estudava bastante e aprendia com facilidade, por isso, era sempre a primeira da classe. Recebia muitos elogios e medalhas. Aquilo me tornava superior aos outros alunos. Sentia-me feliz, porque, mesmo não tendo dinheiro nem roupas novas, eu era notada por minha inteligência. Sempre que chegava em casa trazendo no peito uma medalha, minha mãe, orgulhosa, me abraçava e dizia:

— Estou feliz por você. Sei que, se continuar assim, terá da vida tudo o que sonhar e desejar.

Sempre que me dizia essas coisas ou me abraçava, eu ficava preocupada e pensava: Não sei por que não consigo acreditar em suas palavras. Não sei por que, quando ouço minhas amigas dizerem que gostam muito de suas mães, eu não consigo sentir esse amor. Só sei de uma coisa: detesto esta pobreza, esta casa. Principalmente, esta mãe! Quando crescer, vou fugir para bem longe dela e de tudo aqui.

Quando completei doze anos, já era uma mocinha. Aí foi que, realmente, percebi a diferença entre mim e algumas de minhas amigas: elas não me convidavam para sair ou ao menos ir até suas casas. Sabiam que eu não tinha boas roupas para acompanhá-las. Aos poucos, fui me isolando e odiando todas elas. Pensava: Um dia serei muito rica. Terei todas as roupas que quiser e irei morar em um lindo lugar.

14 | ELISA MASSELLI

Uma noite, estávamos em casa esperando meu pai chegar do trabalho para o jantar. Ele chegava todos os dias pontualmente às oito horas. Minha mãe chegava antes. Enquanto ela preparava o jantar, eu e meu irmão tomávamos banho e fazíamos a lição de casa. Naquela noite, já eram nove horas e ele não havia chegado. Notei que minha mãe começara a ficar nervosa:

— Deve ter acontecido algo com ele... não costuma chegar fora de seu horário.

Eu e meu irmão também começamos a ficar preocupados. Ela nos fez jantar e nos colocou na cama. Por sermos crianças e após termos passado o dia inteiro brincando, logo adormecemos. Não sei a que horas acordei ouvindo minha mãe falar com alguém e, em seguida, começar a chorar. Levantei-me e fui ver o que estava acontecendo. Cheguei no momento em que um policial dizia:

— Sinto muito, mas ele não resistiu. O motorista fugiu sem prestar socorro, mas nós o encontraremos.

Minha mãe, chorando, desesperada, perguntou:

— Onde ele está? Preciso vê-lo!

— Está no Instituto Médico Legal. Posso levá-la até lá. A senhora precisará reconhecer o corpo.

— Obrigada, quero sim. Só vou ver minhas crianças, pedir para minha vizinha ficar com elas, e irei em seguida.

Ela estava indo para nosso quarto quando me viu ali parada. Ajoelhou-se e abraçou-me, dizendo:

— Márcia, tenho de sair. Papai sofreu um acidente. Vou pedir para Cida ficar com vocês. Volte a dormir.

Sem entender o que estava acontecendo, perguntei:

— Por que a senhora está chorando?

— Só estou assustada, não se preocupe. Volte a dormir. Amanhã, explicarei tudo.

Eu estava com sono. Achei melhor seguir seu conselho e voltar para a cama. Pela manhã, acordei com vozes que vinham da cozinha. Levantei para ver o que estava acontecendo. Muitas pessoas estavam com minha mãe, que chorava sem parar e dizia:

— Meu Deus! Sei que tenho de me conformar, só não sei como farei para viver sem ele. Que será de todos nós? Minhas crianças são tão pequenas... o que vou fazer?

Fiquei assustada ao ouvir aquilo e com todo aquele movimento de pessoas, algumas chorando também. Queria ir até minha mãe, mas não conseguia. Não sabia o que havia acontecido, mas sentia ser algo muito grave. Nunca tinha ouvido falar em morte, muito menos dentro de minha família. Comecei a chorar. Quando minha mãe percebeu minha presença, imediatamente enxugou as lágrimas e abraçou-me, dizendo:

— Sei que está assustada com tudo isso, Márcia. Precisa saber que papai partiu e nunca mais vai voltar. Estamos os três sozinhos.

Chorando por vê-la chorar, perguntei:

— Para onde ele foi, mamãe?

— Foi para o céu, para junto de Deus.

— Deus? Que Deus? Aquele que levou meu pai? Não acredito em Deus, nem na senhora. Quero ver meu pai.

— Não fale assim, minha filha. Deus sempre sabe o que faz. Seu pai virá logo mais aqui para casa e poderá lhe dar o último adeus.

Saí dali e voltei para o meu quarto. Deitei-me na cama e parei de chorar. Sentia muito ódio de tudo e de todos. Meu pai nunca fora de falar muito. Fazia horas extras todos os dias para complementar o salário, vivia sempre cansado e preocupado. Embora não o conhecesse muito bem e também não gostasse dele, sentia que o preferia à minha mãe. Ela, sim, eu detestava. Algumas horas depois, ele chegou. Ao vê-lo naquele caixão, cercado por flores, meu coração se apertou. Só aí percebi que havia perdido alguém que fora um protetor, alguém que realmente se preocupava com meu bem-estar. Diante do caixão, meu ódio por Deus aumentou. Falei baixinho:

— Deus, está me ouvindo? Não sei se existe, mas se existir deve saber que O odeio e que nunca, nunca em minha vida, vou Lhe fazer um pedido, qualquer que seja.

Muitas pessoas vieram. Minha mãe, embora não tivesse muito dinheiro, sempre ajudava as pessoas que tinham menos. Passava os fins de semana costurando e reformando roupas para dar aos pobres. Eu a odiava mais ainda por isso. Acreditava que, em vez de ficar ali fazendo aquilo, deveria preocupar-se em comprar roupas novas para seus filhos e levar-nos para passear. Fiquei alguns minutos diante do caixão, depois fui para o quarto e não saí mais, nem mesmo para ir até o cemitério. Mais tarde, minha mãe voltou, acompanhada por várias amigas. Ficaram um bom tempo conversando. Após saírem, ela bateu à porta do quarto. Não respondi. Ela abriu a porta e entrou. Eu estava deitada, com o rosto embaixo das cobertas. Ela descobriu meu rosto e passou a mão por meus cabelos, dizendo:

— Márcia, minha filha, posso imaginar como está se sentindo. Agora está tudo terminado, pode sair.

— Não quero sair. Vou ficar aqui trancada para sempre. Não sabe o que sinto. Não quero falar nunca mais com a senhora ou com qualquer outra pessoa.

Ela não insistiu. Beijou minha testa e voltou para a cozinha. Estava triste, mas era uma mulher muito forte. Embora eu não gostasse dela, nunca deixei de reconhecer essa virtude.

Dois dias depois, ela voltou a trabalhar. A partir de então, viveríamos somente de seu salário; portanto, as coisas se tornariam muito mais difíceis. Aos poucos fui ficando cansada do quarto e comecei a sair. Ela não dizia nada, apenas me olhava com os olhos tristes. Quando a vi após muitos dias, percebi que estava muito abatida e que seus olhos estavam vermelhos de chorar, mas nem assim consegui acreditar que estivesse sofrendo. Eu mesma não entendia por quê. Ela sempre fora uma mãe boa e dedicada, mas eu não a suportava, achava que ela mentia constantemente. Até seus carinhos me pareciam mentirosos e fingidos.

Márcia, naquele momento, sabendo que estava conseguindo tudo com que sonhara, sorriu ao lembrar-se de seu passado.

O interfone tocou.

Ela voltou à realidade. Balançou a cabeça, como querendo afastar aqueles pensamentos. Atendeu:

— Dona Márcia, o doutor Fernando pede sua presença.

— Está bem. Irei em seguida.

Desligou o aparelho e continuou pensando: *Não há motivo para pensar em tudo que se passou em minha vida. Hoje, sou uma mulher realizada profissionalmente. Tenho um ótimo salário, com o qual posso comprar tudo com o que sempre sonhei e muito mais. Nunca sofri para conseguir nada. Tudo foi sempre muito fácil em minha vida. As coisas foram acontecendo. Quando assim não foi, corri atrás e fiz acontecer. Não importa o que tive de fazer, ou quantas pessoas tive de afastar para chegar até aqui. O importante é que cheguei onde estou e irei mais longe ainda.*

Levantou-se, passou a mão pelos cabelos, arrumou a saia. Aprendera com dona Leonor a vestir-se muito bem. Sabia como uma executiva devia vestir-se e comportar-se. Encaminhou-se à sala do doutor Fernando, seu superior, pensando: *Não tenho motivos para não gostar dele, mas está em meu caminho. Será o próximo que terei de afastar. Embora me trate muito bem, não posso confiar. Preciso estar sempre alerta para não ser enganada.*

Entrou na sala. Ele estava sentado em uma cadeira atrás da mesa.

Ela, sorrindo, falou:

— Bom dia, doutor Fernando, está precisando de meus serviços?

— Não, só queria cumprimentá-la por sua promoção. Quero dizer-lhe que estou feliz, pois sei que juntos faremos um bom trabalho. Confio em você inteiramente.

— Obrigada, senhor. Pode ter certeza de que farei sempre o melhor para a empresa. E estarei a seu dispor para tudo de que precisar. Sei que, com essa promoção, minhas obrigações aumentarão, mas não me preocupo. O senhor me conhece e sabe muito bem que não tenho medo do trabalho. Estarei aqui sempre que for necessário.

— Tem mostrado, durante todos estes anos, que é competente e responsável, por isso não me preocupo. À tarde, teremos uma reunião com a diretoria. Precisamos mostrar a eles os avanços de nosso departamento. Poderia providenciar os documentos necessários?

— Pode ficar tranquilo. Na hora estará tudo pronto.

Márcia saiu da sala com um sorriso irônico no rosto e pensando: *Terei de imaginar um meio de afastá-lo. Ainda não sei o que farei, nem de que maneira. Mas, com certeza, como das outras vezes, pensarei em algo.*

Voltou para sua sala, sentou-se e começou a olhar alguns papéis. Sabia ser importante ter tudo sob seu controle. Não confiando em ninguém, não delegava poderes e por isso trabalhava muito. Era importante ter todos os documentos prontos na hora da reunião.

O interfone tocou. Ela atendeu:

— Dona Márcia, é o senhor Osvaldo.

— Está bem, pode passar a ligação. Alô.

— Márcia. Como está?

— Com muito trabalho, mas estou bem. Vamos nos encontrar para o almoço?

— Não, por isso estou ligando. Tenho um compromisso. Conversaremos à noite em sua casa.

— Não sei a que horas vou sair daqui, mas volte a ligar à tarde para combinarmos.

— Está bem. Tenho algo importante para lhe falar.

— O que é? Parece preocupado.

— Falaremos à noite. Tomei uma decisão e precisamos ter uma conversa séria.

— Decisão? Que decisão?

— Falaremos à noite. O assunto é muito sério mesmo. Não pode ser discutido por telefone. Teremos de conversar pessoalmente.

— Está bem, vou esperar até a noite — conformou-se Márcia, desligando o telefone em seguida.

Ela sentiu que algo de grave estava se passando. Preocupada, pensou: *A voz dele estava estranha e não me tratou como de costume. Senti até uma certa frieza. Que terá acontecido?*

Mas agora não posso desviar minha atenção, tenho de preparar os documentos para a reunião.

Voltou a seus afazeres. Como sempre, o trabalho era mais importante que tudo em sua vida. Ele lhe proporcionou tudo o que possuía. Além do mais, ela sabia que só por meio dele poderia continuar levando a mesma vida de agora. O simples pensamento de que pudesse ficar sem emprego, o que resultaria em voltar a passar por toda a miséria que já vivenciara, trazia-lhe momentos de desespero.

Preparou os documentos e na hora certa estava na sala do doutor Fernando. Antevira todas as perguntas que poderiam ser feitas e para cada uma teve uma resposta.

Eram quase seis horas quando voltou para sua sala.

A reunião, como sempre, foi muito boa. Consegui, mais uma vez, impressionar a todos. Foi assim que cresci dentro da empresa, mostrando meu trabalho e minha capacidade.

Sentada novamente à sua mesa, tornou a sentir aquele bem-estar de quem havia triunfado. Voltou a lembrar-se de sua infância.

Mais ou menos dois meses após a morte de meu pai, minha mãe chegou muito alegre e falando:

— Você conhece dona Leonor? Ela está precisando de alguém para auxiliá-la. O apartamento é pequeno, será mais para lhe fazer companhia. Falei com ela a seu respeito. Pediu que eu a levasse até lá.

Ao ouvir aquilo, senti medo. Embora não gostasse de viver naquela casa e com minha mãe, era o único lugar que conhecia e, apesar de tudo, ela era minha mãe. Respondi:

— Mamãe... não quero ir... tenho medo...

— Não precisa ter medo, Márcia. Será muito bom ir morar com ela. Você sabe da dificuldade que tenho para alimentá-la e vesti-la bem. Ela me disse que, se gostar de você, poderá ajudá-la com os estudos, e isso no momento é o mais importante. Sabe que me será muito difícil ficar longe de você, mas preciso pensar em seu futuro. Morando comigo, não conseguirá nada. Além do mais, você poderá nos visitar sempre que quiser.

Aquelas palavras me acalmaram, embora eu não estivesse entendendo muito bem tudo o que ela dizia.

— Está bem, mamãe, eu vou. Só não quero que minhas amigas saibam que sou uma doméstica.

— Não deveria se preocupar com isso. As verdadeiras amizades não se importam com as roupas ou com o trabalho que se têm. Além do mais, ser doméstica não é vergonha. É um trabalho como outro qualquer. Se elas realmente gostam de você, continuarão gostando. Mas, se preferir, se vai sentir-se melhor, elas não precisam saber. Quando perguntarem, posso dizer que foi morar com uma tia.

Ao ouvi-la, fiquei pensando: Não posso dizer a ela que na verdade não tenho amigas. São diferentes, não querem minha companhia. Mas não faz mal... um dia terei muito mais que elas!

Embora assustada, sabia que, indo embora, poderia comer bem e, principalmente, ficar longe de minha mãe. Era o que mais queria, não a suportava.

— Eu vou. Só que, se não gostar, posso voltar?

— Claro que pode. Esta é sua casa, e eu sou sua mãe. Estarei sempre aqui e pronta para acolhê-la a qualquer momento. Só estou permitindo que vá porque sei que será melhor para seu futuro, mas sou e continuarei sendo para sempre sua mãe. Eu a amo muito e continuarei amando.

Eu ouvia minha mãe dizer aquelas coisas, mas em meu coração nada sentia. Ela nada representava para mim. Era como se fosse uma completa estranha. Pensando na boa vida que poderia ter, resolvi ir.

— Está bem, mamãe, eu vou, mas estou com muito medo.

— Não precisa ter medo, Márcia. Vai ver como ali será muito feliz.

No dia seguinte, ela me acordou bem cedo:

— Hoje é o dia em que trabalho na casa de dona Leonor. Combinei com ela que levaria você para que pudesse te conhecer. Arrumei suas roupas, estão aí nessa sacola. Sinto que hoje será o início de uma nova vida para você.

Olhei para o lado em que ela apontava. Em uma sacola de feira, estavam todas as minhas roupas. Além de serem poucas, haviam sido usadas por outras pessoas. Naquele momento, senti vontade de conhecer dona Leonor, porque nada poderia ser pior que aquela vida que eu levava. Troquei de roupa e arrumei-me da melhor maneira possível. Ao chegar ao apartamento de dona Leonor, fiquei encantada com o tamanho dele e com os móveis. Minha mãe dissera que não era grande, mas eu nunca tinha visto uma casa ou apartamento com aquelas dimensões. Seguindo minha mãe, chegamos a uma sala ampla. Sentada em uma poltrona, estava uma mulher que parecia ser muito alta, com os cabelos brancos e grandes óculos. Ela ficou me olhando por alguns minutos sem dizer nada. Eu estava com muito medo. Ela parecia ser muito brava. Abaixei minha cabeça. Ela levantou meu queixo para poder olhar bem dentro de meus olhos.

— Menina, você é muito bonita, só tem de aprender uma coisa: nunca deve abaixar sua cabeça e, principalmente, seus olhos, quando estiver com medo. Ao contrário: deve olhar tudo e todos de frente. Gostei de seu modo. Vai ficar aqui morando comigo. Sinto que tenho muito para lhe ensinar, vai depender só de sua vontade de querer aprender.

Olhei para minha mãe, que sorria. Voltei meu olhar para dona Leonor, que esperava uma resposta.

— Quero muito aprender a ser uma moça educada. Se me ensinar, vai ver como sou inteligente e que aprendo logo.

Não notei expressão alguma em seu rosto. Ela apenas disse:

— Veremos... volto a repetir que só dependerá de você.

Dona Leonor tinha perto de setenta anos. Morava sozinha. Seus filhos vinham visitá-la muito raramente. Possuidora de incalculável riqueza, se recusava a ir morar com qualquer um deles. O apartamento era pequeno, por isso o trabalho não era pesado. Eu seria para ela uma companhia. O trabalho pesado, como a faxina e a lavagem de roupas, sempre foi e continuaria sendo feito por minha mãe, duas vezes por semana. A princípio, senti um pouco de medo da velha senhora, mas com o passar dos dias percebi que, apesar de suas manias, era uma pessoa muito culta, com quem poderia aprender bastante. Fazia o possível para que ela não tivesse motivo para reclamar. Fui conhecendo e atendendo a todos os seus desejos. Ela, por sua vez, também aprendeu a gostar de mim. Conversávamos muito. Ela falava sobre seu tempo de juventude, das festas e até dos namorados. Eu me encantava com tudo que ela contava e com as fotografias que mostrava. Por meio delas conheci belos salões de festas e pessoas muito bem-vestidas. Conheci também países de todo o mundo, por onde ela viajara. Vi pela primeira vez a neve em uma foto tirada em Paris, junto à torre Eiffel. À noite, em meu quarto, sonhava com aqueles lugares e jurava que algum dia iria conhecê-los.

Eu havia estudado somente o primário. Dona Leonor, uma manhã, me disse:

— Márcia, você já está comigo há algum tempo. Percebi que realmente é muito inteligente e que se for ajudada poderá ter um futuro brilhante. Estive pensando e, se quiser, você poderá continuar seus estudos.

Aquelas palavras me soaram como música. Era o que eu mais queria. Emocionada, respondi:

— Gosto muito de estudar. Fiquei muito triste quando não pude continuar meus estudos. Mas como poderei estudar? Agora estou trabalhando.

— Não se preocupe com isso. Sabe muito bem que gosto de dormir todas as tardes. Vamos encontrar uma escola na qual você possa estudar exatamente nesse horário. Assim, eu estarei dormindo e não precisarei de sua companhia.

Fiquei muito feliz. Sabia que para ter dinheiro teria de trabalhar e ganhar bem, mas sabia também que para isso teria de estudar. Dona Leonor era a única que poderia fazer com que aquele sonho se concretizasse. Ela fora a única pessoa, das que eu havia conhecido até então, que me inspirara confiança, em quem eu sabia poder confiar. Ensinou-me tudo: boas maneiras à mesa, como andar, como me vestir, me deu bons livros para ler e me instruir. Dizia sempre:

— Uma pessoa com educação e cultura pode se apresentar em qualquer lugar, que será sempre muito bem recebida.

Márcia estava assim presa em suas recordações quando o telefone tocou. Era Osvaldo novamente:

— Márcia, que bom que a encontrei. Não poderei ir a seu apartamento à noite, como combinamos. Estou tendo alguns problemas, mas assim que puder volto a te telefonar.

— O que está acontecendo, Osvaldo? Você está estranho. Durante todos estes anos em que estamos juntos, nunca deixou de ir à minha casa em uma quarta-feira. Não quer me dizer o que está havendo?

— Não, ainda não, mas logo mais lhe direi. Tenha uma boa noite.

Desligou em seguida, sem dar tempo para que ela dissesse qualquer coisa.

Não estou entendendo o que está acontecendo. Pareceu que ele estava com muita pressa em desligar. Estou preocupada, mas preciso voltar ao meu trabalho, Márcia pensou, assim que ele desligou o telefone.

Trabalhou o resto do dia e, quando percebeu, já eram oito horas. Guardou todo o material de trabalho em seu lugar, arrumou-se e saiu. Dirigiu seu carro sem prestar muita atenção às coisas ao seu redor. Entrou no suntuoso prédio em que morava. Estacionou o carro na garagem, tomou o elevador e foi para a cobertura.

Abriu a porta. O apartamento era luxuoso. Percorreu uma imensa sala de visitas, que era separada da sala de jantar por uma parede cercada de folhagens e orquídeas, tendo ao centro incrustado nela um aquário com peixes ornamentais. Sentou-se em um sofá e, como fazia todos os dias, ficou olhando para tudo. Sorriu, pensando: *Adoro tudo que há neste apartamento. Os móveis, a tapeçaria e os quadros foram comprados com a orientação de um decorador. Tudo é realmente de muito bom gosto. Daqui onde estou sentada, posso ver a porta de vidro, em duas folhas, que dá para a piscina. Lá também mandei fazer um belo jardim, e a piscina é toda ladeada por plantas ornamentais.*

Levantou-se, abriu a porta de vidro e foi para fora. A noite estava clara. Dali podia ver quase toda a cidade. Continuou pensando: *Sinto orgulho de tudo que consegui. Este apartamento é realmente um sonho. Sinto muito mais orgulho quando me lembro de onde vim. Aquela menina pobre de outrora hoje é rica e poderosa.*

Sentou-se em uma cadeira junto a uma pequena mesa, onde tomava refrigerantes quando fazia calor. Ficou lá por um bom tempo, admirando tudo o que havia conseguido.

Levantou-se, foi até seu quarto, que ficava no andar superior, onde havia mais dois dormitórios. No quarto, olhou para uma enorme cama de madeira maciça com detalhes de ouro. A parede, pintada de um amarelo bem clarinho, contrastava com o preto dos móveis. Um espelho enorme, estrategicamente colocado, dava a impressão de que o quarto era maior do que na realidade. Entrou no banheiro e abriu a torneira para que a banheira enchesse. Lá, pensou: *Já que Osvaldo não virá, vou aproveitar para tomar um banho de imersão. Sempre me faz muito bem.*

Enquanto a banheira enchia, foi até a cozinha. Antes, passou pela sala de jantar. A mesa estava colocada com todo o requinte. No forno, sua comida estava preparada, bastando apenas que ela a aquecesse. Sua empregada, Marluce, vinha todos os dias, mas não dormia ali. Márcia não gostava de ter alguém dividindo com ela aquele espaço que era só seu. Olhou tudo com atenção para ver se nada estava fora do lugar. Sorriu, pensando: *Como sempre, está tudo certo. Marluce sabe que sou exigente. Está comigo há muitos anos. No começo, tive de ter muita paciência para ensiná-la, mas valeu a pena. Hoje ela é excelente. Não consigo imaginar-me sem ela para cuidar da casa e de tudo aqui.*

Voltou para o banheiro. A banheira estava cheia. Colocou sais, apertou um botão, e a água começou a se movimentar, formando uma espuma perfumada. Tirou as roupas, entrou na banheira e mergulhou na espuma. Ajeitou a cabeça, fechou os olhos e por alguns minutos não pensou em nada, a não ser no bem-estar que estava sentindo. Ficou assim por um bom tempo. De repente, lembrou-se de Osvaldo: *O que estará acontecendo com ele? Faz sete anos que estamos juntos e não consigo lembrar-me de uma quarta-feira em que ele não me tenha visitado, em que não saímos ou apenas ficamos aqui em casa nos amando.*

Esticou as pernas e levantou os braços. Em seguida ajeitou novamente a cabeça, fechou os olhos e lembrou-se de sua promoção e do tempo em que morou com dona Leonor.

Um mês após minha mudança para sua casa, dona Leonor me pediu que pegasse todas as minhas roupas e as colocasse na mesma sacola em que eu as trouxera. Quando minha mãe chegou, ela disse:

— Estava esperando sua chegada. Estou saindo com Márcia para comprar algumas roupas para ela. Pode pegar esta sacola e levar com você; sei que encontrará alguém que poderá usá-las.

Minha mãe me olhou sorrindo e disse:

— Muito obrigada por tudo que está fazendo por minha filha. Encontrarei, sim, quem precise destas roupas.

Saímos, e ela comprou tudo de que eu precisava. Chegamos em casa carregando muitos pacotes. Assim que cheguei, corri para o meu quarto — sim, agora eu tinha um quarto só meu. Ao abrir os pacotes, não acreditava que tudo aquilo era meu. Finalmente tinha roupas novas! E eram todas minhas!

Comecei a experimentar todas. Ia tirando e colocando uma a uma. Estava assim, distraída, quando minha mãe entrou no quarto.

— Márcia, estou indo embora. Vejo que está feliz: finalmente tem roupas só suas. Sempre te disse que, se fosse boa, Deus lhe daria tudo de que precisasse.

— Que Deus? Aquele que levou meu pai embora? Aquele que permite que a senhora continue vivendo naquele lugar horrível? Não foi Deus quem me deu. Foi dona Leonor. Ela é meu Deus — respondi irritada.

Ela ficou calada, apenas me mandou um beijo com a ponta dos dedos. Eu a vi ir embora. Nada senti, apenas um grande alívio por não a ter mais em minha presença. Coloquei um dos vestidos de que mais gostei e entrei na sala, sorrindo. Dona Leonor arregalou os olhos, fazendo de conta que alguém muito importante estava entrando.

— Você está muito bonita. Tem o porte de uma princesa. Vai muito longe nesta vida.

Estudei muito, fui sempre a primeira da classe, o que fez com que ela se orgulhasse de mim e sentisse prazer em pagar meus estudos. Formei-me no segundo grau com louvor e na faculdade do mesmo modo. Quando faltavam alguns dias para minha formatura, dona Leonor me disse:

— O dia de sua formatura está chegando. Estou muito feliz, porque você foi uma excelente aluna, além de ter aprendido tudo que lhe ensinei. Hoje é uma moça educada, culta e com boas maneiras. Está se formando com louvor. Estou muito orgulhosa. Sabe que a considero uma filha que, durante todos estes anos em que está morando comigo, só me trouxe felicidade. Agradeço a Deus a oportunidade de tê-la conhecido.

Eu não sabia o porquê, mas amava aquela velha senhora. Durante todo o tempo em que estive a seu lado, senti nela uma segurança como nunca havia encontrado. Percebia que ela realmente me amava e que não me trairia nunca. Instintivamente me ajoelhei e beijei suas mãos.

— Ter encontrado a senhora é que foi a suprema felicidade de minha vida. Eu, sim, sou quem tem de lhe agradecer por toda a felicidade que me proporcionou. Tudo que sou hoje devo à sua bondade e ao seu amor. Estou feliz por estar lhe dando toda essa alegria. Obrigada por tudo.

Nos primeiros anos de nossa convivência, ela se mostrara severa, mas agora, após tanto tempo, eu reconhecia nela uma pessoa sentimental. Ela levantou minha cabeça, que estava em seu colo, olhou bem no fundo de meus olhos e disse:

— Nós duas ganhamos com nosso encontro. Você se tornou uma moça preparada para a vida; eu encontrei um motivo para continuar vivendo. Mas deixemos para lá toda essa conversa. O que quero, mesmo, é que no dia da festa você esteja bem bonita.

Vamos sair e comprar um belo vestido. Estive pensando que sua mãe também deve estar muito orgulhosa, por isso a levaremos conosco e compraremos roupas para ela e para seu irmão.

Aquelas palavras me atingiram como flechas. Embora minha mãe, durante todo o tempo em que estive ao lado de dona Leonor, tivesse acompanhado todos os meus estudos, pois continuava cuidando do serviço da casa, eu não queria que ela fosse à minha formatura. Naquele dia, mais do que nunca, eu sabia que ela não tinha uma boa educação. Que era pobre e sem classe. Fiz com que todos os meus colegas pensassem que eu era sobrinha de dona Leonor e, portanto, pertencia a uma família muito rica. Se minha mãe fosse ao baile, eu teria de apresentá-la a meus amigos, e isso eu não suportaria. Tive de pensar rápido e disse:

— Já falei com ela a esse respeito. Ela disse que está muito feliz, mas não quer comparecer. Disse que não se sentiria bem no meio de todas aquelas pessoas. Disse ainda que lhe pedisse para não tocar no assunto com ela, porque, se assim o fizer, ela será obrigada a ir, o que a deixaria muito infeliz.

— Estou estranhando essa atitude dela. Se você fosse minha filha, eu gostaria muito que todos soubessem disso. Mas, se acha que ela se sentirá melhor, não tocarei no assunto. Não quero constrangê-la. Gosto muito dela, por todo o tempo de trabalho e por todo o esforço que sempre fez para cuidar dos filhos.

Estou agora me vendo receber o diploma de administração de empresas. Sentia que com ele todas as portas se abririam. Dona Leonor ficou muito feliz. Quando isso aconteceu, ela já estava com quase oitenta anos, mas gozava de perfeita saúde. Foi à minha formatura e, atendendo a meu pedido, não comentou nada com minha mãe. Também não contei, porque não queria que ela ou meu irmão fossem até lá; não saberiam comportar-se, e todos que os vissem imaginariam logo que se tratava de pessoas humildes e sem educação. Eu decidi que, daquele dia em diante, seria outra pessoa. Resolvi esquecer o passado, esquecer, também, que um dia pertencera àquela família e fora uma menina pobre. Sabia que com aquele diploma poderia conquistar tudo o que quisesse. Poderia ser outra pessoa e o seria.

Aliás... seria, não. Sou! Minha mãe e meu irmão? Onde e como será que estão? Nunca mais os vi ou soube deles. A última vez que os encontrei foi no dia em que dona Leonor morreu. Relembrar isso me traz muita tristeza. Certa noite, algumas semanas após minha formatura, eu estava na sala lendo um livro. Dona Leonor aproximou-se. Passou a mão em meus cabelos, como sempre fazia. Levantei os olhos, e ela beijou minha testa. Sentou-se a meu lado e disse:

— Agora já está formada. Está na hora de começar a trabalhar para aprender a exercer sua profissão. Pedirei a um amigo meu que a aceite em sua empresa. Que acha disso?

— Adoraria. Na faculdade, aprendi muita teoria, mas sei que é preciso adquirir prática.

— Sendo assim, amanhã mesmo ligarei para ele e falarei a seu respeito.

— Obrigada. A senhora é realmente uma mãe, e a melhor que poderia existir.

— Não sou sua mãe, mas quero-a como se fosse. Você tem uma mãe maravilhosa, nunca se esqueça disso. — Fez uma pausa e levantou-se, dizendo: — Estou um pouco cansada. Vou me deitar. Boa noite.

Deu-me outro beijo, desta vez em meu rosto.

— Gosto muito de você. Desde que a conheci, só me trouxe alegria.

— Também gosto muito da senhora. Boa noite.

Fiquei mais um pouco na sala, depois fui para o quarto. Estava dormindo quando ouvi um barulho que vinha do quarto dela. Levantei-me e fui correndo até lá. Entrei e encontrei-a caída perto da cama. Desesperada, tentei fazer com que falasse comigo, mas foi inútil: não reagiu a meus apelos. Peguei o telefone e chamei um de seus filhos. Ele, de sua casa, telefonou para um hospital. Antes que ele chegasse, uma ambulância já viera e a levara. Acompanhei-a, mas de nada adiantou: antes de chegarmos ao hospital, ela faleceu.

Na banheira, Márcia abriu os olhos; pelo canto deles, duas lágrimas corriam. Pegou uma toalha que estava ao alcance de suas mãos e enxugou as lágrimas. Sempre que pensava em dona Leonor, sentia uma dor muito grande e uma saudade imensa.

Minha mãe foi uma das primeiras pessoas a chegar ao velório. Ela também tinha por dona Leonor uma amizade profunda. Percebeu que eu estava muito triste. Aproximou-se de mim e abraçou-me.

— Márcia, sei que está muito triste, mas ela foi uma mulher feliz, cumpriu direito suas obrigações e volta para junto de Deus vitoriosa. Isso não é fácil.

Olhei para aquela mulher que nada representava em minha vida, por quem eu não tinha nenhum sentimento, mas eu estava triste demais para dizer alguma coisa. Apenas fiquei ali, chorando em seus braços. Assisti ao enterro, presenciado por muitas pessoas. Minha mãe quis levar-me para sua casa, mas recusei. Não sabia mais onde morava, pois nunca fui visitá-la, mas imaginava que deveria ser em um lugar horrível como aquele do qual saí um dia.

Voltei para a casa de dona Leonor. Aquela era minha casa, ali estava tudo que era meu, além das boas lembranças. Minha mãe me acompanhou. Lá chegando, disse:

— Sei que gostava muito dela e que até a julgava ser mais sua mãe do que eu, mas agora ela foi embora. Você não poderá mais ficar nesta casa. Sei que está formada, e tem agora uma profissão, podendo continuar sua vida sozinha, mas, se quiser ou precisar, nunca esqueça que sou sua mãe e que estarei sempre esperando por você.

— Ficarei aqui até que os filhos dela venham conversar comigo. Enquanto isso, vou procurar um emprego, não sei ainda o que vai acontecer com minha vida. Se precisar da senhora, entrarei em contato.

— Estarei sempre de braços abertos, Márcia.

Ela foi embora e vi-me ali sozinha naquela casa, que agora se tornara ainda maior. Percorri todos os cômodos, fui até o quarto de dona Leonor. Sentei-me e fiquei pensando nela ensinando-me e, às vezes, brigando por eu não fazer direito aquilo que me ensinava. Relembrei as noites que dormi com ela ali naquela cama. Eu estava sentindo um vazio profundo. Sentia como se tudo tivesse acabado.

Após a missa de sétimo dia, o filho mais velho de dona Leonor chegou junto a mim e disse:

— Márcia, sei o quanto gostava de minha mãe. Quero que vá conosco até minha casa; eu e meus irmãos temos de conversar com você.

— Imagino o que querem falar comigo, mas não se preocupem: estarei me mudando amanhã.

— Por favor, venha conosco.

— Está bem. Se julga ser necessário, irei.

Acompanhei-os, imaginando que teria de deixar aquele apartamento em que fora tão feliz. Meu coração estava apertado, mas sabia que não haveria outra solução. Assim que chegamos, ele me mostrou uma cadeira que havia em uma sala. À mesa, todos nos sentamos. Os outros filhos de dona Leonor me olhavam de uma maneira que eu não conseguia entender. O filho mais velho foi quem iniciou a conversa:

— Bem, Márcia, pedi que viesse até aqui porque temos algo para lhe comunicar.

Procurei antecipar-me:

— Como lhe disse, não precisam preocupar-se. Gostava muito de sua mãe, mas sei que ela foi embora, e por isso não vou poder permanecer mais no apartamento que agora pertence a vocês.

— É justamente sobre o apartamento que queremos conversar com você. Sabemos que gostava muito de mamãe. Sabemos que foi para ela uma companhia e, mais ainda, um motivo de orgulho. Ela sabia que estava velha e que a qualquer momento morreria. Por isso, já faz algum tempo, falou conosco dizendo que não queria deixá-la sem nada. Sabia que, além de termos muitos bens, todos estamos financeiramente tranquilos. Ela pediu que assinássemos uma escritura, passando um de nossos apartamentos para seu nome. E que aquelas joias que estão no quarto, dentro da caixa forrada com veludo preto, fossem dadas a você, além de uma quantia em dinheiro.

Fiquei abismada ao ouvir aquilo. Com toda a sinceridade, disse:

— Não acredito no que está me dizendo. Ela nunca falou nada a esse respeito... Eu nunca pensei... Apenas a amava como se fosse minha mãe... Apenas isso, não sei se posso aceitar.

— Sabemos que nunca pensou, só que você não só pode como deve aceitar. Nossa mãe foi uma grande mulher. Se acreditou em você, temos certeza de que sabia o que estava fazendo. Não se preocupe: temos muito, isso não nos fará falta. O apartamento, as joias e o dinheiro são seus. Aqui estão os documentos.

Ao pegar aqueles papéis em minhas mãos, fiquei sem saber o que fazer, mas ele falou de uma maneira que não me deixou alternativa. Apenas agradeci. Fomos, todos juntos, almoçar.

Márcia sentiu frio. Estava ali por muito tempo e a água começou a esfriar. Levantou-se, ligou o chuveiro bem quente e ficou ali por mais algum tempo, apenas deixando a água cair por seu corpo. Aquela água quente lhe fez um bem enorme. Saiu do banheiro enrolada em uma toalha e foi para a cozinha. Ligou o forno e, enquanto a comida estava sendo aquecida, foi para seu quarto, vestiu um pijama, ligou o televisor e se deitou. Estava cansada, havia trabalhado muito naquele dia, mas o banho fora reconfortador. Deitada, tentou prestar atenção ao filme que estava começando, mas não conseguia: seu passado voltava com muita força a seu pensamento.

Por que isso agora? Por que esse sentimento de culpa? Por que esse sentimento de tristeza, quando deveria estar feliz por ter conseguido tanto em tão pouco tempo? Pouco tempo? Não... Não foi tão pouco tempo assim. Estou com trinta e quatro anos... A comida já deve estar quente. Não estou com fome, mas preciso comer algo.

Voltou para a cozinha, abriu o forno e retirou um pedaço de carne assada. Levou para a sala de jantar. Na mesa havia uma travessa com salada de folhas e legumes, ela só precisava temperar. Sentou-se, comeu um pouco, mas realmente não estava com fome. Levantou-se e foi para seu quarto.

Tentou dormir, mas não conseguiu. Alguma coisa a atormentava, não sabia o que era. Levantou-se e foi para a sala.

Sentou-se em uma poltrona, ligou o outro televisor que ali havia. Não conseguiu acompanhar o filme. Mudou os canais, e nada. Sem sono, foi para a cozinha. Faria um chá e tomaria um comprimido, talvez assim conseguisse dormir. Pegou o chá e alguns biscoitos. Ao voltar para o quarto, sentiu um arrepio percorrendo todo o seu corpo. Lembrou-se de sua mãe, pois, quando isso acontecia, dizia:

— *A morte passou por aqui.*

Continuou andando, porém algo a estava incomodando. Mas o quê? Por quê?

Mudou o canal do televisor. O mesmo filme que havia começado continuava. Entrou a música característica de edição extraordinária. Ela parou para ver o que havia acontecido. Um repórter anunciou um incêndio em uma favela. Havia muita correria, o fogo estava alto. Pessoas sendo entrevistadas choravam por haverem perdido tudo. Ela ficou olhando. Uma senhora, com os cabelos brancos, estava agora falando:

— Quando voltei do trabalho, encontrei tudo em chamas! Não consigo encontrar minha netinha! Não sei onde ela está! Por favor, me ajudem!

Ao ver aquela senhora, Márcia estremeceu, falando em voz alta:

— Minha mãe? Que está fazendo ali? Nunca poderia imaginar que morasse em uma favela. Está mais velha, com os cabelos brancos, mas é minha mãe. Quando fui morar com dona Leonor, eles viviam em uma casa pequena, um quarto e sala. O que será que aconteceu? Quem será essa neta? De quem está falando? Preciso ir até lá.

Foi até o armário abarrotado de roupas, escolheu uma, vestiu-se rapidamente. Procurou as chaves do carro. Ia saindo, quando parou, pensando: *Não posso ir. Talvez algum amigo ou conhecido me veja e descubra que um dia pertenci àquele lugar. Ou pior: irá me condenar por ter abandonado minha família. Não, não posso. Ninguém pode saber de minha origem. Isso certamente seria usado por meus inimigos.*

Voltou para seu quarto, tirou as roupas e voltou a se deitar. Em seu coração, sentia vontade de ir até lá, mas sua ambição e seu medo de ser reconhecida eram maiores que tudo. O passado voltou, com mais força:

Após aquele almoço, voltei para o apartamento. Assim que entrei, comecei a percorrer tudo novamente, mas agora com um sentimento de felicidade indescritível. Após alguns dias, percebi que aquele apartamento era muito grande, o que fazia com que minha solidão fosse maior. Resolvi que o alugaria e com o dinheiro poderia alugar um menor, onde não sentisse tanto a solidão e a falta de dona Leonor. Assim fiz. Não dei meu novo endereço para minha mãe. Eu era, agora, adulta e, com o dinheiro que recebi como herança, sabia que poderia continuar vivendo sem ela e meu irmão. Nunca procurei saber como e de que modo viviam. Durante esse tempo todo, fiz questão de esquecê-los. Quando pensava neles, rapidamente espantava os pensamentos, desviando minha atenção para o trabalho. Nunca imaginei que ela estivesse em uma situação como essa. Que vou fazer?

Não conseguia esquecer nem dormir. Virou-se de um lado para o outro na cama. Sentiu sede, levantou-se novamente, foi até a cozinha. Ligou o televisor para ver se havia mais alguma notícia.

Não estão, mais, falando sobre o incêndio. Como será que ela está? Por que essa preocupação agora? Não tenho nada a ver com sua vida. Sempre foi e continua sendo uma estranha. Nunca acreditei naquele amor que dizia dedicar-me. Estranho... que há comigo, que me faz ter tanta dificuldade em acreditar ou confiar em alguém? Por que sou assim?

Em seu pensamento surgiu uma imagem: uma moça magra, pálida, que lhe sorria timidamente. Ficou sorrindo ao se lembrar de quando a conheceu.

Mesmo morando com dona Leonor e tendo uma vida farta, nunca tive amigas. Na escola, e depois na faculdade, eu conversava com todas as pessoas, mas, assim que saía da aula, voltava para casa sozinha; nunca tive amigas ou confidentes. Só Luciana... com ela foi diferente... estou me lembrando daquele dia em que estava na biblioteca procurando um livro de português. Sempre tive facilidade para aprender, mas com o português tinha um pouco de dificuldade. Estava sentada consultando um livro quando percebi que alguém me observava. Desviei meu olhar e vi uma mocinha que me olhava insistentemente. Quando percebeu que a notei, ela, meio sem saber o que fazer, desviou o olhar. Apenas sorri e voltei minha atenção para o livro que estava lendo. Mesmo distraída com a leitura, sentia que ela continuava me olhando. Aquilo foi me deixando muito nervosa. Levantei os olhos em direção a ela e disse:

— Está querendo me dizer alguma coisa?

Ela, um pouco assustada, sorriu. Levantou-se e veio até a mesa onde eu estava.

— Desculpe, mas preciso falar com você, sim. Sei que é a primeira aluna da classe. Cheguei há pouco à escola, não conheço ninguém e gostaria que me passasse as aulas que tiveram até agora e que me ajudasse nos estudos... E, se possível, que fosse minha amiga.

Olhei com mais atenção para ela. Até que era bonitinha, porém muito sem graça. Seus cabelos eram compridos, mas sem corte. Suas roupas, estranhas. Olhei em seus olhos e percebi que era uma menina muito triste. Respondi:

— Como disse, sou a primeira da classe. Mas, para manter essa posição, tenho de estudar muito, por isso não tenho tempo para ensinar, ou para amizades.

— Por favor! Perdi minha mãe quando tinha sete anos. Meu pai ficou muito triste com a morte dela e me mandou para um colégio de freiras. Estive lá o tempo todo, só saí agora. Não conheço ninguém e tenho dificuldade para fazer amizade.

— Dificuldade? Chegou com muita facilidade até aqui.

Ela sorriu e continuou:

— Você é tão bonita e se veste tão bem. Gostaria que me ajudasse. Dinheiro não é problema: meu pai é um empresário, tem muito dinheiro.

Ao ouvir aquilo, no mesmo instante comecei a ver a situação de maneira diferente. Tendo uma amiga com um pai empresário, talvez fosse um bom começo para meu futuro profissional. Pensei rápido e falei:

— Olhando bem para você, vejo que é muito bonita. Vou falar com minha tia, ela poderá ajudá-la. Mas agora preciso continuar estudando, estou tendo algumas dificuldades. Amanhã volto a falar com você.

Ela foi embora sorrindo e continuei com minha leitura. À noite, conversei com dona Leonor a respeito dela. Como sempre, ela me ouviu. Sorrindo, falou:

— Pela primeira vez estou vendo-a interessada em outra moça, querendo uma amizade. Isso me deixa muito feliz. Traga essa menina até aqui, vamos ver o que posso fazer por ela.

— Sei que pode e fará muito.

No dia seguinte, voltei a falar com ela:

— Conversei ontem com minha tia e ela quer conhecê-la. Pode ter certeza de que vai transformá-la. Mas como é seu nome?

— Meu nome é Luciana. Obrigada por tudo.

Após o término da aula, levei-a para minha casa. Dona Leonor, ao vê-la, disse:

— Você é muito bonita, mas, realmente, precisa de uma reforma geral. Neste fim de semana, se quiser, poderemos ir a um cabeleireiro e a algumas lojas. Na próxima segunda-feira, será uma nova aluna que chegará à escola.

— A senhora acredita nisso?

— Acredito e vou lhe mostrar.

Realmente, foi isso o que aconteceu. No sábado, ela chegou em casa acompanhada por um motorista. Fomos juntas fazer tudo que dona Leonor planejara: primeiro a um cabeleireiro; depois, a várias lojas. Luciana, a cada movimento, ficava mais feliz. No fim da tarde, ela já era outra pessoa. Olhava-se no espelho e, sorrindo, dizia:

— Estou mesmo muito bonita. Meu pai não vai me reconhecer.

Não sei por que, mas eu também estava feliz por vê-la daquela maneira. Olhando bem para ela, disse:

— Realmente está muito bonita. Estou até com inveja.

Rimos muito. Daquele dia em diante, vagarosamente foi nascendo entre nós uma grande amizade. Começamos a sair juntas para o teatro, cinema e festas. Dona Leonor ficou feliz por finalmente eu ter uma amiga de minha idade e por Luciana ser uma menina muito amável, por quem ela se apaixonou. Comecei a frequentar sua casa. Sempre fui muito bem recebida por seu pai e sua madrasta. Seu pai, desde que perdera a esposa, quando Luciana tinha sete anos, nunca mais se interessou por outra pessoa, muito menos quis se casar. Achando que era o melhor a fazer, mandou a filha para um ótimo colégio de freiras. Conheceu Vilma, por quem se apaixonou. Ela aceitou casar-se com ele, desde que mandasse buscar Luciana no colégio e a trouxesse para viver com eles. Ela era uma pessoa especial. Luciana e ela se davam muito bem. Em uma das festas que frequentamos, Luciana conheceu Valter. Ele pertencia a uma família da alta sociedade. Começaram a namorar e dois anos depois estavam casados. Sempre pensei que, com o casamento, nossa amizade mudaria, mas não mudou. Embora não nos vejamos mais com a mesma frequência, continuamos amigas. Ela está muito feliz no casamento, tem dois filhos maravilhosos, que adoro. Sempre nos telefonamos e quando possível nos visitamos. Durante toda a minha vida, depois de dona Leonor, Luciana foi a única pessoa em quem confiei.

Este novo apartamento, embora fosse menor que o anterior, ainda era muito grande. Eu sentia muita falta de dona Leonor, de nossas conversas, das noites que dormia em sua cama. Fiquei muito triste depois de sua morte, sem vontade de sair ou conversar. Sempre que Luciana ligava para saber como eu estava, arrumava uma desculpa. Certa tarde, a campainha tocou. Atendi, pensando ser o síndico do prédio, o único com quem conversava. Enganei-me: era Luciana, que entrou sem pedir licença.

— Desculpe se não liguei avisando que viria, mas, se assim tivesse feito, você arrumaria uma desculpa e desligaria, como fez várias vezes. O que você tem? Está com uma aparência horrível!

— Estou bem, só um pouco triste, mas logo ficarei bem.

— Não está bem coisa nenhuma. Está péssima. Acredito que esteja precisando fazer algo. Se continuar assim, em breve vai ficar louca. Vou falar com papai e pedir a ele que a empregue na

empresa. Ele gosta muito de você e sabe que é competente. O que acha?

Fiquei sem saber o que dizer. Aquilo tinha sido o que sempre desejei, desde que a conheci. Mas, após ter me tornado realmente sua amiga, nunca tive coragem de tocar no assunto. E, agora, mais uma vez, a sorte agia a meu favor. Luciana estava me oferecendo a oportunidade. Por intermédio dela comecei a trabalhar como recepcionista na empresa de seu pai. Embora tivesse um diploma, eu não possuía experiência, por isso tive de me conformar com esse posto, mas sabia que seria por pouco tempo. Estava determinada a vencer e venceria, custasse o que custasse. Venci!

CARÁTER SUSPEITO

Embora estivesse relembrando seu passado, Márcia não conseguia esquecer o presente, a imagem de sua mãe morando naquela favela. Sabia que precisava e podia ajudá-la, mas não conseguia. Era mais forte que ela. Novamente, afastou seus pensamentos e voltou a lembrar-se de como fora capaz de vencer:

Trabalhava no departamento de vendas. Comecei a perceber que os vendedores ganhavam muito. Fiz o possível e o impossível para me tornar uma vendedora. Sendo muito eficiente em meu trabalho, sempre fiz questão de que os outros o notassem. Havia um vendedor; seu nome: Farias. Percebi que ele era o melhor vendedor da empresa. Um dia, na hora do almoço, aproximei-me:

— Senhor Farias, posso almoçar em sua companhia?

— Claro que pode. Almoçar com uma bela moça como você só pode trazer-me muito prazer. Mas tenho uma condição: nada de "senhor". Somos companheiros de trabalho. Esse senhor me torna muito velho.

— Tem razão. Somos companheiros, e você nem é tão velho.

Fomos ao restaurante da empresa. Sentamos e começamos a comer e conversar. Fiz tudo para me mostrar o mais agradável possível. Conversamos sobre muitas coisas, nada relacionado com o trabalho. Daquele dia em diante, começamos a almoçar todos os dias. Eu ia mostrando a ele que era versátil e que tinha muita vontade de aprender. Ele, aos poucos, foi confiando em minha amizade. Contava coisas sobre a esposa e os filhos:

— Eu os adoro, são tudo em minha vida. Tenho uma família perfeita. Eles também me adoram e respeitam. Jamais faria algo que os pudesse magoar ou que fizesse com que seu respeito terminasse.

— Pode se considerar uma pessoa feliz por ter uma família. Eu, ao contrário, só tinha minha tia, e ela faleceu. Hoje, sou sozinha no mundo.

— Entendo... deve ser muito triste ser sozinho. Não sei o que faria sem minha família...

Em um desses almoços, tomei coragem e, olhando bem dentro de seus olhos, como dona Leonor me havia ensinado, disse:

— Farias, tenho algo para lhe pedir. Não sei qual será sua reação. Preciso de sua ajuda, mas, se não puder, não se preocupe: continuaremos amigos como sempre, nada mudará.

Ele arregalou os olhos e, sorrindo, disse:

— Meu Deus do céu! O que será que essa moça bonita está querendo? Fale, e se puder ajudarei com prazer.

Falei rápido, quase sem parar:

— Sabe que trabalho na recepção. Meu salário é pequeno. Sabe também que vivo sozinha. Por isso, gostaria de me tornar uma vendedora. Sei que tenho capacidade, só preciso aprender. Você, se quiser, pode me levar junto para visitar seus clientes. Tenho certeza de que aprenderei tudo rapidamente.

Em pouco tempo, consegui sair com Farias para aprender a fazer vendas. Ele me ensinou tudo a respeito. Eu estava sempre alegre, sorridente e prestativa, o tipo de pessoa que, por sua atitude solícita, se torna em pouco tempo amiga e confidente. Logo mostrei minha capacidade como vendedora. Ele foi cada vez mais confiando em minha amizade. Fez confidências que nunca havia feito para ninguém. Eu apenas ouvia, sem dar opinião. Após alguns meses, ele percebeu que eu poderia ter minha própria clientela. Veio até minha mesa e, sorrindo, disse:

— Já está pronta. Pode começar com sua própria clientela. Vou lhe dar uma área que não tenho tempo para atender, um pouco distante do centro. Sei que tem capacidade para atendê-la toda e com perfeição.

Fiquei muito feliz. Sabia que aquele seria só o começo. Apesar de ter pegado uma área distante e difícil, consegui vários clientes novos. Farias falou com meus superiores, elogiando meu trabalho e meu modo de ser. Eles começaram a prestar atenção em meu trabalho e me admiravam. Trabalhei durante dois anos como vendedora daquela clientela que ficava longe. Meu salário aumentou, mas eu ainda não estava contente; queria a área que era de Farias. Sabia que ele, por sua eficiência durante tantos anos, havia conquistado o respeito e a valorização de seu trabalho. Todos os vendedores se espelhavam nele. Ele me ensinou tudo o que sabia, mas eu precisava pensar em uma maneira de tirá-lo de meu caminho sem que as pessoas desconfiassem que fora eu.

Enquanto pensava, sem perceber, adormeceu. Sonhou com um lugar escuro e vazio, sentiu muito medo. Acordou suando e com o coração disparando. Voltou a dormir, mas sua noite foi quase toda de pesadelos. Pela manhã, acordou com olheiras profundas, seu corpo todo doía, apesar de seu colchão e travesseiro serem confortáveis. Escolheu a roupa que vestiria, foi para o banheiro, tomou banho, vestiu-se. Enquanto fazia sua maquiagem, tornou a lembrar-se de sua mãe, mas logo a tirou do pensamento. Estava atrasada e nunca, desde o primeiro dia em que começou a trabalhar, chegara atrasada. Saiu. No rádio do carro ouviu uma repórter que estava na favela. Dizia que o fogo havia destruído tudo. Duas pessoas haviam morrido, uma delas era uma criança. Os demais moradores estavam desabrigados, sem ter para onde ir. Ao ouvir aquilo, sentiu um aperto no coração.

Como minha mãe pode estar em uma situação como aquela em que a vi? E meu irmão, onde estará? Quem será a neta de quem ela falou? Preciso ajudá-los, porém minha vida de hoje não permite que façam parte dela. Não posso ter meu nome misturado ao deles, mas, embora não os queira por perto, não posso negar que são de meu sangue; que ela, de uma maneira ou de outra, é minha mãe.

Mudou de estação, aquele assunto a incomodava. Começou a ouvir música. Cantarolava junto para tentar esquecer a figura de sua mãe envelhecida e maltratada. Quando chegou ao escritório, a recepcionista lhe disse:

— Dona Márcia, a senhora já soube?

— Soube o quê?

— O doutor Fernando passou mal durante a noite. Está no hospital e parece que seu estado é grave.

Assustada, perguntou:

— Tem certeza do que está dizendo? Não está brincando?

— Claro que não! Acha que eu brincaria com um assunto como esse?

— Vou verificar.

Entrou em sua sala e ligou para a residência do doutor Fernando. A empregada confirmou:

— Aconteceu mesmo, ontem à noite ele teve um princípio de enfarte. Parece que não está nada bem.

Ela desligou o telefone. Ainda com o aparelho na mão, pensou: *Com ele fora de meu caminho, poderei mostrar, mais ainda, minhas qualidades, mas preciso disfarçar. Ninguém pode perceber o que estou sentindo realmente. Quando consegui afastar Farias, recebi toda a sua clientela. Após três anos, recebi uma promoção, depois outra, e hoje estou neste cargo privilegiado. Um dia, jurei que seria a presidente. Hoje, está faltando pouco. Com Fernando fora do caminho, está cada vez mais perto o dia de realizar meu sonho. Sempre soube que tinha muita sorte, mas isto é demais.*

Foi para sua sala, sabia que logo o vice-presidente a chamaria. Aconteceu meia hora depois:

— Márcia, como você sabe, Fernando vai ficar alguns dias ausente. Estamos todos tristes, mas a empresa não pode parar. Tenho certeza de que poderá ficar à frente de tudo até que ele retome suas funções.

— Como o senhor, estou também condoída. Tenho certeza de que logo ele voltará. Mas até lá não se preocupe: terei tudo sob controle.

— Sei disso. Fernando sempre elogiou sua competência.

— Obrigada, senhor. Não se preocupe.

Com um sorriso, saiu. Entrou em sua sala, estalando os dedos de felicidade. *Tudo sempre deu certo em minha vida. Tenho muita sorte mesmo. Quando ela não vem, dou um jeito e faço acontecer.*

Sentou-se, pegou alguns papéis e começou a ler. Lembrou-se de Osvaldo, que até agora não havia telefonado, e já estava quase na hora do almoço. Telefonou para seu escritório. A secretária, depois de algum tempo, disse:

— Ele não pode atender, está em uma reunião.

Márcia já conhecia aquela artimanha. Ela mesma, quando não queria falar com alguém, dizia estar em reunião. Preocupada, pensou: *Por que ele faria isso? Não, não... deve estar mesmo em uma reunião.*

Ficou no escritório o resto do dia, sem pensar em nada além do trabalho.

Quase seis horas da tarde, voltou a lembrar-se de Osvaldo: *Osvaldo não me ligou o dia inteiro... algo muito grave deve estar acontecendo.*

Voltou a telefonar, mas a secretária mais uma vez não passou a ligação, dizendo que ele já havia ido embora.

Não estou gostando disso. Talvez seja melhor acreditar que ele esteja mesmo com algum problema e logo me contará tudo. Na realidade, eu não o amo, estou com ele apenas para ter com quem sair e alguém que me realize sexualmente. Em minha vida não há lugar para o amor, minha carreira sempre esteve e estará em primeiro lugar. *Conheci outros antes dele, apenas passaram por minha vida, sem deixar saudade. Passei muitas noites ao lado de alguém de cujo nome não lembrava no dia seguinte e que não via nunca mais. Nunca quis me prender a ninguém, precisava estar com a vida tranquila para fazer um bom trabalho e, com certeza, um homem só atrapalharia. Ouvi histórias de amigas que sofriam muito com esse negócio de amor. Eu nunca quis me arriscar, por isso sempre me contentei com algumas aventuras e nada mais. Com Osvaldo, foi diferente. Conhecemo-nos em um restaurante...*

O interfone tocou. Ela atendeu:

— Está aqui um fornecedor. Disse a ele que, enquanto o doutor Fernando estiver ausente, a senhora estará respondendo por ele. Posso mandá-lo entrar?

— Espere cinco minutos, em seguida mande-o entrar.

— Sim, farei isso.

Márcia levantou-se da cadeira em que estava sentada, foi até o banheiro, lavou as mãos, arrumou o cabelo. Estava pronta. Sabia que o trabalho teria de ser bem-feito. Precisava receber muito bem o fornecedor e conseguir bons preços.

Recebeu o rapaz com um sorriso. Meia hora depois, ele saía da sala sorrindo, com um pedido muito grande e elogiando Márcia para a secretária. Márcia, por sua vez, estava também esfuziante em sua sala. Quase gritou.

Consegui! Consegui um grande desconto no orçamento aprovado por Fernando. Isto, com certeza, será mais um ponto a meu favor.

Esqueceu completamente sua mãe e seu irmão. Agora, só queria que seus superiores a comparassem com Fernando.

Quando ele voltar, se voltar, terá de explicar esse desconto que consegui. Logo estarei ocupando seu lugar.

Percebeu que já era tarde. Lembrou-se novamente de Osvaldo.

O dia já está terminando, e ele não me telefonou. Não vou me preocupar; com certeza ele terá uma boa explicação. Estou lembrando, agora, aquele dia em que almoçava em um restaurante aqui perto. O garçom, ao levar uma bandeja, tropeçou e derramou um prato de espaguete em cima de Osvaldo, que estava sentado em uma mesa próxima à minha. Suas costas ficaram sujas de molho vermelho. Ele se levantou muito irritado e, nervoso, perguntou ao garçom:

— Que é isso? Não vê por onde anda?

— Desculpe, senhor, não entendo como isso aconteceu.

— Não entende? Não entende? Eu é que não sei como vou trabalhar o resto do dia.

O gerente aproximou-se, dizendo:

— Desculpe, senhor, mas isso não voltará a acontecer. Não precisa pagar a conta. Mandarei o garçom embora agora mesmo.

Ele olhou para o lado em que eu estava. Sem conseguir me conter, comecei a rir. Ele, embora nervoso, começou a rir também da situação em que se encontrava. O gerente, muito nervoso, disse para o garçom:

— Pode sair daqui imediatamente. Está despedido.

Osvaldo, tirando alguns fios de macarrão que continuavam em sua camisa, ainda rindo muito, falou:

— Não precisa fazer isso. Só tenho de arrumar outra camisa para poder trabalhar.

Eu, ainda rindo muito, disse:

— E outro paletó, pois esse que está nas costas da cadeira está todo sujo também.

Ele olhou para o paletó. Não suportou e começou a gargalhar. Todos os frequentadores seguiram seu exemplo. O gerente, assustado com toda aquela reação, ficou sem saber o que fazer.

— Se o senhor quiser, poderemos lhe arrumar uma camisa e um paletó.

Após rir muito, ele olhou para mim, dizendo:

— Que devo fazer?

Fui tomada de surpresa, mas mesmo assim respondi:

— Acredito que deva ir a uma loja e providenciar roupas novas.

— E quanto ao garçom?

— Tenho certeza de que não fez por querer. Além do mais, a comida aqui neste restaurante é muito boa. Não vale a pena brigar e procurar outro.

Ele olhou para o gerente.

— Tudo bem, vamos esquecer tudo isso. A senhorita tem razão. A comida daqui é muito boa. Só preciso de uma camisa. Pode mesmo arranjar?

— Se não se incomodar, posso lhe dar uma camisa de garçom.

— Se não há outra escolha, que seja.

Osvaldo acompanhou o gerente. Fiquei ali e continuei comendo. Ele voltou pouco depois, vestido com uma camisa branca. Pediu licença e sentou-se a meu lado. O gerente prontificou-se em trazer o que ele quisesse comer. Almoçamos juntos. Desde aquele dia, passamos a nos encontrar sempre na hora do almoço, começando assim uma amizade. Essa amizade foi crescendo e em uma tarde ele me acompanhou até minha casa e ali naquele ambiente acolhedor começamos a nos beijar e acabamos na cama. Desse dia em diante, nasceu algo entre nós e até agora estamos juntos, cada um respeitando o espaço do outro. Nunca tivemos problemas. Sempre soube que ele era casado, mas, como eu não queria um marido, aquilo não me incomodava. Almoçávamos juntos todos os dias. Algumas vezes na semana, após o trabalho, ele ia até minha casa, ficava algumas horas e ia embora. Mas às quartas-feiras era sagrado: saíamos, jantávamos fora e ele ficava até a madrugada. Assim já se passaram quase sete anos. Por todo esse tempo que estamos juntos, sempre sendo amigos e confidentes, é que estou estranhando sua atitude.

Afastou os pensamentos e resolveu que não iria para casa. No dia anterior, não se sentiu muito bem ali. Ver sua mãe no televisor fez com que se lembrasse de seu passado e não gostava de fazê-lo. Jantaria fora, só depois iria embora. Precisava pensar em tudo o que estava acontecendo. Por mais que quisesse, não conseguia esquecer a figura de sua mãe em toda aquela miséria.

Preciso descobrir uma maneira de ajudá-la sem que para isso seja preciso aparecer e compartilhar de sua companhia. Não entendo por que sinto essa rejeição por ela. Não é normal. Se contasse a alguém, com certeza me recriminariam, porém esse sentimento é mais forte que eu. Nunca senti nada por ela.

Convivi o tempo que fui obrigada, mas agora não! Ela que fique bem longe da minha vida!

Parou o carro em frente a um restaurante famoso por sua boa comida. O manobrista aproximou-se, ela lhe entregou o carro e entrou. O gerente veio recebê-la na porta e mostrou-lhe vários lugares que estavam vagos. Ela escolheu uma mesa que ficava em um canto um pouco isolado. Sempre que estava sozinha, preferia um lugar mais discreto, assim evitava olhares de homens também desacompanhados. Sentou-se, folheou o menu e fez seu pedido. Ficou esperando enquanto bebericava um refrigerante. Olhou à sua volta e pela primeira vez não se sentiu bem por estar sozinha. Vários casais com crianças também frequentavam o local. Olhando um jovem casal sentado à sua frente, notou o esforço que a moça fazia para alimentar um bebê sentado em uma cadeira alta. O marido, a seu lado, carinhosamente a ajudava. Os dois riam de cada gracinha que a criança fazia. Olhando aquela cena, pensou: *Tenho hoje tudo que desejei e posso ter tudo que desejar, mas terá valido a pena? Estou aqui neste restaurante de luxo, sozinha, com trinta e quatro anos, não tenho marido nem filhos... será que agi certo? Claro que agi. De que me adiantaria ter um homem a meu lado e um bando de crianças para me dar trabalho? Devo estar carente nestes dias. Estou pensando em coisas que nunca foram alvo de minhas preocupações. Minha mãe tinha um marido e dois filhos, e uma vida infeliz. Pior ainda está hoje. De que adiantou tanto sacrifício? De que adiantou ter tido filhos? Não! Recuso-me a continuar pensando nisso! Minha vida está muito boa da maneira como está!*

Pensava assim, quando olhou para a porta e viu um casal entrando com duas crianças. Sentiu um aperto no coração, ao mesmo tempo que ficava vermelha de ódio. Era Osvaldo, acompanhado da esposa, que ela conhecia por foto, e das crianças, uma de oito anos e outra de mais ou menos quatro anos. Nervosa, pensou: *O que estou vendo aqui? A primeira é a menina, de cuja existência eu sabia, mas e o menino? Ele nunca disse que tinha outro filho. Ao contrário: dizia sempre que seu* casamento era só de aparência, que não tocava na mulher havia muito tempo e que entre eles não havia mais nada. Disse que o desinteresse aconteceu logo após o nascimento da menina. Por que ele mentiu? Por que está me evitando?

Osvaldo, sorrindo para a esposa, puxou a cadeira para que ela se sentasse. Assim que ela se sentou, beijou seus cabelos e foi ajudar as crianças. Márcia acompanhava tudo sem acreditar no que estava vendo.

Ele sempre mentiu? Parece muito apaixonado. Não existe desinteresse. Ao contrário... em seus rostos pode-se ver muita felicidade.

Sentiu o sangue subir. A raiva estava estampada em seu rosto. Assim que ele se sentou, ficou de frente para ela, que o estava matando com os olhos. O olhar foi tão forte e penetrante que ele, sem saber por que, olhou em sua direção. Ao vê-la, ficou branco como cera. Não sabia o que fazer. Sua esposa nada percebeu, pois estava atendendo ao filho menor, perguntando-lhe o que queria beber. Márcia, completamente descontrolada, levantou-se. Ele, com medo de que ela fizesse um escândalo, começou a tremer. Ela passou por ele e saiu sem nada dizer ou fazer. Ele, finalmente, serenou e começou a conversar com a esposa. Sabia que a situação era grave, mas naquele momento era a única coisa que poderia fazer.

Do lado de fora, Márcia pediu seu carro. O garçom que havia tirado o pedido veio atrás dela.

— Senhorita, aconteceu algum problema? Foi feita alguma coisa que a desagradou?

— Não... desculpe... não estou me sentindo muito bem.

Tirou uma nota da carteira e deu a ele, que agradeceu e voltou para dentro. O manobrista trouxe seu carro, ela entrou e saiu em disparada. Seu corpo todo tremia de raiva e ódio. Falava em voz alta:

— Ele está me evitando. Eu, tola, pensando que estava com algum problema. Problema nada! Está é muito feliz com a esposinha e aquelas crianças idiotas.

FORÇAS DESCONHECIDAS

Chegou ao prédio e estacionou o carro. Subiu até seu apartamento, abriu a porta e entrou correndo sem olhar para nada, só querendo arrumar um modo de se vingar. Seu corpo tremia.

Não o amo, mas ele nunca poderia ter feito isso comigo. Quem pensa que é para me tratar assim? Não me conhece. Se conhecesse, não se atreveria. Mentiroso! Canalha! Verá do que sou capaz!

Nunca em sua vida havia sido tão humilhada. Ela, a poderosa, que conseguiu tudo que sempre quis, estava ali sendo enganada. Nunca poderia admitir. Com raiva, foi até o bar, pegou uma garrafa de vinho e começou a beber sem parar. Não estava acostumada a bebidas alcoólicas e logo sentiu que suas pernas estavam amolecendo e sua cabeça, ficando vazia. Só via em sua frente a figura dele, todo carinhoso com a esposa e os filhos. Falava em voz alta:

— Canalha! Não tinha intimidades com a esposa. Não a amava. Ele só tinha a menina, como foi que aquele menino nasceu?

Tomou quase toda a garrafa. Com muita dificuldade, foi até o quarto e deitou-se vestida, do modo que chegara. Ao deitar-se, sentiu a cama balançar como se estivesse em um navio. Começou a rir daquele movimento e segurou-se, com medo de cair. Nunca havia bebido tanto e tão depressa, por isso, para ela, aquela situação era estranha. Ria e chorava de raiva. Lembrou-se novamente de sua mãe, e aí, sim, chorou muito. Adormeceu sem perceber. Sonhou com coisas boas e ruins misturadas. Estava em um lugar muito escuro e frio e ao mesmo tempo em outro quente e com muita luz. Encontrou no sonho muitas pessoas que não conhecia. Quando acordou, pela manhã, já passava das onze horas. Pela primeira vez estava muito atrasada e chegaria tarde ao trabalho. O telefone tocou e ela sentiu uma forte dor de cabeça com o barulho. Com muito custo, atendeu. Era sua secretária.

— Bom dia, dona Márcia, sou eu. Liguei para saber se aconteceu alguma coisa. A senhora não chegou para a reunião e estamos todos preocupados.

Ela se sentou melhor na cama e pensou: *A reunião? Como fui me esquecer?*

Respirou fundo e disse:

— Não passei bem à noite e acordei só agora. Estou com muita dor de cabeça, não vou trabalhar hoje. Vou até o médico ver o que está acontecendo. Avise a todos, por favor.

— Está bem. Não precisa se preocupar. Cuide-se. Espero que não seja nada sério.

— Não deve ser. Talvez uma gripe, estou com um pouco de febre. Mas não se preocupe. Cuide de tudo em minha ausência.

Desligou o telefone. Sua cabeça parecia que ia estourar. Foi até o banheiro, colocou a banheira para encher. Enquanto a banheira enchia, desceu. Queria ir para fora, ver como estava o dia, a piscina e também olhar a cidade. Quando voltava para o quarto, ouviu vozes que vinham da cozinha. Dirigiu-se até lá. Era sua empregada, que conversava com outra pessoa.

— Pois é, menina. A mulher é boa mesmo. Ela fala tudo que está se passando com a gente. Depende do trabalho. Ela faz o bem, mas se precisar faz o mal, também.

— Tem certeza de que é verdade, Francisca?

— Claro que tenho. Ela me falou tudo de Valtinho: o jeito que ele é e por que não consegue emprego. Ela é boa mesmo. Rita foi lá e conseguiu separar Rui da mulher dele, e ele está com ela agora.

— Não acredito! É verdade mesmo?

Ao ouvir aquilo, Márcia entrou na cozinha.

— Bom dia. Posso saber do que estão falando?

Sua empregada, ao vê-la em casa, ficou desconcertada; não sabia como se desculpar por estar com uma pessoa estranha acompanhando-a. Sabia que Márcia não gostava disso.

— Dona Márcia, a senhora não foi trabalhar? Esta é minha amiga, Francisca. Ela veio me ajudar, porque preciso ir ao médico. Sabe como é: médico público, não se pode perder a hora.

— Está bem, Marluce, não se preocupe. Ouvi alguma coisa sobre uma mulher que faz trabalhos para ajudar em nossos problemas. Que mulher é essa? Onde ela mora?

— Não liga não, dona Márcia. Isso é história de Francisca. Não tem o que falar e fica falando bestagem.

Francisca, recém-chegada do Nordeste, era humilde, mas muito falante. Retrucou:

— Bestagem nada, dona. A mulher é boa mesmo. Descobre tudo, até o que a gente está pensando.

— Tudo isso que ouvi que ela fez é verdade mesmo?

— Claro que é, dona. Ela faz qualquer coisa que a gente quiser.

— Onde ela mora?

— Mora lá pelos lados de São Miguel.

— Como faço para falar com ela?

— Tem de marcar hora. Ela atende muita gente.

— Como faço para marcar hora?

Francisca olhou para Marluce, que fez um sinal com a cabeça dizendo que não, mas ela se fez de desentendida e continuou:

— Quer saber mesmo a verdade, dona? Hoje a gente não vai a nenhum médico, não. A gente vai é até a casa da mulher. A gente marcou hora com ela já faz um tempão. Se a dona quiser, pode ir junto. Quem sabe ela atende a senhora também!

Marluce empalideceu. Ficou com medo da reação de Márcia.

— Está bem, vou com vocês. A que horas precisam estar lá?

— Às quatro da tarde. Por isso vim ajudar Marluce. Senão, não ia dar tempo.

— Vou sair um pouco e lá pelas duas horas estarei de volta.

Retirou-se da cozinha. Foi para o banheiro, tomou um banho, vestiu-se e saiu sem rumo. Não tinha para onde ir. Não estava acostumada a ter os dias livres. Andou por várias ruas. Resolveu ir até uma loja comprar algumas roupas. Precisava fazer algo para que o tempo passasse. Almoçou no restaurante onde ia sempre com Osvaldo. Ele, naquele dia, não estava lá, o que a deixou mais nervosa ainda.

Se o encontrasse, talvez me desse uma explicação. Quem sabe aconteceu algo que o fez tomar essa atitude. Preciso encontrar um modo de falar com ele. Mas como farei? Ele não me telefona nem atende os meus telefonemas.

Estava ansiosa para conhecer a tal vidente. Enquanto dirigia rumo a seu apartamento, ia pensando: *Como será essa mulher? Nunca fui a um lugar como esse. Aliás, nunca fui a lugares voltados a coisas espirituais, nem mesmo segui uma religião. Não acredito em religião, qualquer que seja. Às vezes chego a pensar: será que existe realmente um Deus?*

Às duas da tarde, voltou, abriu a porta e entrou na sala. Tudo, como sempre, estava em ordem. Foi até a cozinha e lá estavam as duas terminando de preparar o jantar. Francisca acabara de colocar verduras e legumes em uma travessa. Quando Márcia chegasse, à noite, teria só de temperar. Marluce estava terminando de lavar a louça. Márcia perguntou:

— Já terminaram?

— Quase tudo, dona Márcia.

— Está bem, Marluce. Vou tomar um banho e trocar de roupa. Logo estarei pronta e poderemos ir.

Tomou um banho rápido e colocou uma roupa simples. Enquanto se trocava, ia pensando: *Devo estar louca, para ir a um lugar como esse. Bem, não custa nada. Será só por curiosidade. Quem sabe eu consiga descobrir o que realmente está acontecendo. Preciso ir bem simples. Ouvi dizer que essas pessoas cobram muito caro por qualquer serviço. Se ela descobrir que tenho dinheiro, vai querer me explorar.*

Foi até a cozinha. As duas estavam prontas e esperando. Foram juntas para a garagem. Márcia, querendo evitar constrangimento no elevador, pois empregados não podiam descer pelo social, pediu a elas que fossem na frente. Ela desceria em seguida.

Quando chegou à garagem, as duas estavam encostadas no carro, esperando. Embora Márcia usasse um carro da empresa, de último tipo, possuía um veículo próprio, um modelo esporte, muito bonito. Ela trocava de carro todos os anos. Com o antigo como entrada e uma pequena diferença, estava sempre com o carro do ano. Olhando para as duas, falou:

— Vamos no carro pequeno. O da empresa não pode ser usado para assuntos particulares.

Elas não entendiam aquelas coisas. O que queriam mesmo era andar naquele carro, o que nunca pensaram que um dia poderia acontecer. Entraram, e Márcia saiu dirigindo. Pegaram a Marginal e, assim que apareceu a placa de São Miguel, Francisca disse:

— A senhora pode entrar aí. E seguir sempre em frente.

Márcia não falou nada durante o trajeto. As duas iam conversando, apreciando a paisagem que todos os dias viam, mas de dentro de um ônibus. Para elas, agora, de dentro do carro tudo parecia diferente. Márcia dirigiu muito tempo por uma estrada reta, sem prestar atenção ao nome. Em determinado momento, Francisca falou:

— A senhora pode entrar à esquerda no próximo farol.

Márcia foi seguindo as instruções. Desde que saíram da Marginal, ela percebeu que o bairro começou a mudar de aparência, mas agora a mudança era maior: as casas e pessoas eram muito pobres. Sentiu um arrepio no corpo, enquanto pensava: *Não posso acreditar que um dia morei em um bairro como este, com tanta pobreza, tanta sujeira...*

Quanto mais avançavam, mais pobre o bairro ia ficando. Havia muitas crianças brincando nas calçadas, alheias à pobreza em que viviam. Em certo momento, Francisca falou:

— A casa dela fica no fim desta rua.

Márcia parou o carro, falando:

— Então vamos a pé. Não quero que ela veja meu carro.

Marluce e Francisca não entenderam o porquê daquilo, mas ela era a patroa, devia saber o que estava fazendo. Desceram, e as três caminharam a pé. Andaram dois quarteirões. Durante a caminhada, Márcia sentiu um mau cheiro terrível. Vinha de um pequeno córrego que passava por ali. Pela rua, corria uma água de aparência muito feia. Márcia ia pensando: *Este cheiro é característico de pobreza. Esse esgoto correndo pela rua... não sei como as crianças não ficam doentes. Quantas vezes, como elas estão fazendo agora, também não brinquei com os pés descalços, pisando em águas como esta? Ainda bem que, um dia, consegui me livrar de tudo isso...*

Pararam em frente a uma casa. Francisca bateu palmas ao portão. Uma senhora saiu à janela:

— Pois não.

— Viemos falar com dona Durvalina.

— É lá nos fundos, podem entrar.

Francisca entrou na frente e as duas a seguiram por um corredor muito comprido. Havia muitas portas e janelas. Nas portas havia números, dando a impressão de que ali moravam muitas famílias. Márcia fazia um esforço enorme para não sair dali correndo. Tudo aquilo fazia com que se lembrasse de sua infância, que ela há muito tempo fazia questão de esquecer. Finalmente, chegaram ao fundo do quintal. Havia ali mais uma porta e uma janela. Francisca bateu à porta. Uma voz respondeu:

— Pode entrar.

Entraram. Márcia sentiu um mal-estar terrível. Um quarto escuro, apenas iluminado por algumas velas. Em um canto, estava uma mulher fumando charuto e sentada no chão. Ao lado dela, uma garrafa de cachaça. Márcia entrou e, ao ver aquilo, deu um passo para trás. Seu primeiro impulso foi de fugir. Nunca estivera em um lugar como aquele. Sentiu muito medo.

Segurou Marluce pelo braço e, sem nada dizer, começou a sair. A mulher deu uma gargalhada estridente e falou:

— Para onde a moça vai? Está fugindo do quê? Não precisa ter medo. Não faço mal a ninguém. A não ser que me peça e pague. Não trabalho de graça.

Márcia estacou. Não sabia se entrava de vez ou se saía. Seu coração batia forte. Falou:

— Desculpe, mas não estou acostumada. Nunca vim a um lugar como este, nem nada parecido. Estou com medo.

A mulher soltou outra gargalhada, falando:

— Medo de mim? Já lhe disse que não precisa ter medo. Se veio até aqui, é porque precisa de ajuda, e vejo que posso ajudar. Chegue mais perto e fique de joelhos para que eu possa ver seu rosto.

Um pouco receosa, mas puxada por Francisca, Márcia aproximou-se e ajoelhou-se. A mulher pegou suas mãos, que tremiam muito, olhou bem dentro de seus olhos e falou:

— A moça precisa mesmo de minha ajuda... muito mais do que imagina. Vou pedir *pras* outras duas moças esperarem lá fora. O que tenho para falar é só com a moça aqui.

As duas entenderam e saíram. Márcia tentou se levantar, queria sair dali também, mas a mulher segurou-a forte, não permitindo. Uma força estranha fez com que ficasse ali parada, sem poder se mexer. O medo e o horror tomaram conta dela. Depois que as duas saíram, a mulher, olhando bem nos olhos de Márcia, continuou:

— A moça veio até aqui porque quer prender um homem do seu lado pra sempre...

Ao ouvir aquilo, Márcia estremeceu e perguntou:

— Como sabe? Quem lhe contou?

— Sei isso e muito mais. Sei que esse homem já tem família e está muito feliz agora.

— Não pode ser, ele não pode estar feliz. Ele não pode me abandonar. Foi por isso mesmo que vim até aqui. O que pode fazer para me ajudar?

— Pra ajudar a moça? Pra ajudar mesmo?

— É, para me ajudar. Para isso estou aqui.

— Se for pra ajudar a moça, só posso dizer: se levante e vá embora. Pense na sua vida, em tudo que conseguiu até hoje, nas pessoas que prejudicou e nas que abandonou. Também posso dizer que fique, vamos fazer um trabalho pra esse homem não querer outra mulher que não seja a moça. Mas assim não sei se vou estar ajudando.

Ao ouvir aquilo, Márcia viu sua vida toda passar por sua cabeça em questão de segundos. Ficou mais impressionada ainda.

— Não sei como e se descobriu alguma coisa a meu respeito, mas a única coisa que me interessa é ter esse homem para mim e para sempre. Pode mesmo fazer isso?

— Sim, mas tudo tem um preço. A moça está disposta a pagar?

Márcia lembrou-se das histórias que ouvira a respeito de exploração por pessoas como aquela e respondeu:

— Não tenho muito dinheiro, mas, se estiver a meu alcance, eu pago. Quanto é? O que vai fazer?

— Vou fazer quatro bonecos. Em dois deles vou colocar o nome do homem; em outro, o nome da moça; e, no último, o nome da mulher dele. A moça vai me trazer três metros de fita preta e três metros de fita branca. Com a fita preta vou amarrar o boneco com o nome dele junto com o boneco da mulher dele. No meio dos dois, nas partes de baixo, vou colocar uma agulha; e na parte de cima, no lugar da cara, um pedaço de carne podre. Cada vez que os dois quiserem fazer amor, as partes de baixo vão doer e o cheiro das bocas vai ser muito ruim, e eles nunca mais vão conseguir.

Márcia acompanhava cada palavra da mulher e, em seu pensamento, ia visualizando a cena. Delirava de alegria ao ver os dois tentando se amar, sem, contudo, conseguir. Com os olhos faiscando, perguntou:

— Tem certeza de que dará certo? Tudo isso acontecerá mesmo? Ele vai sentir nojo dela?

— Vai sim, moça. Ele não vai conseguir chegar perto dela.

— E com os outros bonecos? O que vai fazer?

— Vou amarrar com a fita branca. Nas partes de baixo vou colocar uma pimenta e nas partes de cima vou colocar um perfume. Cada vez que ele pensar na moça, as partes de baixo vão deixar ele louco de vontade de ficar com a moça. Quando estiverem juntos, o perfume vai deixar ele completamente louco de amor e de desejo.

Márcia continuava antevendo a cena em seu pensamento. Sentia todo o amor dele, amor para o qual ela nunca dera muita importância, mas que agora ela queria e do qual precisava.

— É só isso que quero. Foi para isso que vim até aqui. Quero ele assim, me desejando e me querendo cada vez mais. Quero que ele deteste e sinta nojo da mulher. Mas é só o que preciso fazer? Tão fácil assim? Eu mesma posso amarrar os bonecos. Eu mesma posso fazer isso.

— Não pode não, moça. Além de tudo isso, existe muita reza, que a moça não sabe fazer.

— Está bem. Sei que preciso pagar. Quanto é?

— Pra meu cavalo são cinco mil. Para mim são sete garrafas de marafo, sete charutos e sete velas pretas, que a moça tem de levar na encruzilhada.

— Cinco mil? É muito dinheiro!

— Sei que pra moça o dinheiro vale muito, mas sei também que a moça tem como pagar, por isso a moça é que vai escolher.

Márcia pensou um pouco: *Cinco mil é muito dinheiro. Mas, realmente, eu tenho e não vai me fazer falta. Se ela conseguir mesmo, vai valer a pena.*

— Está bem, eu pago. Pode fazer e, se der certo, dou outro tanto.

— Moça, isso não pode ser feito assim. Eu dei o preço de meu cavalo e o meu, mas não falei ainda do preço que vai ser cobrado lá de cima. Não falei porque não sei qual vai ser. Isso é lá com eles... mas posso dizer que vai ser bem alto.

Márcia entendeu o que ela quis dizer, mas para ela, naquele momento, nada importava, a não ser ter Osvaldo para sempre. Na realidade, não era tê-lo para sempre, mas não permitir que ele a trocasse por outra, mesmo essa outra sendo sua verdadeira esposa. Olhou para a mulher e falou:

— Não me importa o que tenha de pagar. Quero que tudo o que me prometeu aconteça. Se conseguir realmente fazer isso acontecer, não tem preço. Pagarei o que pedir.

— A moça sabe com quem está falando?

— Sei. Com a senhora, dona Durvalina.

— Não, ela é meu cavalo. A moça está falando com um Exu. A moça sabe o que é um Exu?

— Não, não sei.

— Sei que a moça não sabe. Sei também que não está pensando bem naquilo que está pedindo. Por isso vou contar o que é um Exu.

Márcia estava sendo sincera: ela realmente nada sabia sobre aquilo. Durante toda a sua vida, só pensara em estudar e trabalhar, nunca se interessara por outros assuntos que não fossem esses. Por isso, sentiu até uma pequena curiosidade.

— Gostaria de saber algo sobre isso. Nunca me preocupei, mas agora estou um pouco curiosa.

— Por causa da curiosidade e vingança é que muita maldade é feita. Moça, deixa isso tudo pra lá. Volte para sua vida. Ela tem sido muito boa pra moça.

Márcia não entendia por que aquela mulher, ao mesmo tempo em que lhe pedia dinheiro por um trabalho que ela nem sabia o que era, lhe dizia aquelas coisas.

— Estou mesmo curiosa. Se vou pagar, preciso saber do que se trata.

A mulher bebeu um pouco de cachaça na própria garrafa e jogou uma baforada de charuto sobre Márcia. Pausada e calmamente, continuou falando:

— Exu é um espírito escravo, tem de fazer tudo que mandam pra ele fazer. Ele pode fazer o bem e o mal; pra ele não tem escolha. Todo Exu sabe que, em um lugar que ele não sabe onde é, existe uma escada que ele pode subir ou descer. Se a moça vem e pede pra fazer o bem pra alguém ou pra moça mesma, sei que subo um degrau dessa escada; mas, se a moça pede pra fazer o mal, desço dez degraus. A moça está pedindo *pra* fazer o mal para uma família inteira. Se a moça quiser mesmo, vou ter de fazer e vou descer dez degraus. Por isso, vou ficar muito triste com a moça. Ainda por isso tenho de avisar: todo bem e todo mal têm sempre cinquenta por cento de volta. A moça faz o que quiser, mas tem de saber que cinquenta por cento vão voltar pra ela mesma, de bem ou de mal. Se a moça esquecer tudo isso que está querendo e for embora, vai estar fazendo um bem pra moça mesma e vai receber cinquenta por cento de bem; mas, se quiser fazer o mal para essa família, vai receber cinquenta por cento de mal, que fez, de volta. E mais cinquenta por cento por me ter feito descer dez degraus da escada. No final de tudo, a moça vai receber de volta cem por cento.

Márcia ficou impressionada pelo modo como aquela mulher falava. Só agora, acostumada com a escuridão, podia ver melhor seu rosto. Era uma mulher jovem ainda, mas seu rosto estava crispado, dando a ela a impressão de ser muito velha. Sua voz, embora não chegasse a ser, parecia de homem. Pensou um pouco e falou:

— Se tudo o que está falando é verdade, não estou entendendo muito bem, mas sinto que estou correndo um grande risco. Acho melhor esquecer e ir embora. Não vale a pena arriscar.

— A moça é que sabe. Estou aqui pra fazer o que a moça quiser. Só falei essas coisas porque sei que a moça ia fazer inocente, mas, se a moça quiser, pode voltar. Eu faço. A moça tem uma nota de dinheiro aí? Não precisa ser de valor grande... uma nota qualquer.

Márcia, desconfiada, abriu a bolsa e tirou a nota de menor valor que possuía e entregou-a para a mulher. Esta pegou a nota, enrolou-a e abriu-a várias vezes, soltando sobre ela baforadas de seu charuto. Depois a dobrou e a devolveu a Márcia, dizendo:

— A moça vai andar pela rua e vai encontrar uma pessoa muito pobre. Dê essa nota para ela e se puder dê mais alguma coisa. Estou fazendo isso para mostrar que tudo que falei é verdade.

Ainda um pouco desconfiada, Márcia pegou a nota e colocou-a na bolsa, pensando: *Seria uma prova se este lugar não fosse tão pobre, mas, aqui por perto, deve haver muitas pessoas pobres; mesmo assim, vou ver.*

A mulher deu uma gargalhada e jogou mais uma baforada de charuto na direção de Márcia.

— Agora a moça pode ir embora. Pense bem em tudo que falei. Se quiser, pode voltar. Vou ficar aqui até que um dia encontre a tal escada. Não precisa marcar consulta, viu, moça?

Márcia levantou-se e deixou perto de dona Durvalina uma nota de cinquenta, que sabia ser o preço da consulta.

Saiu. Lá fora as duas a esperavam ansiosas. Márcia saiu com o rosto crispado; aquelas últimas palavras da mulher realmente tinham tocado fundo em seu coração.

Francisca levantou-se e entrou no quarto escuro. Márcia sentou-se no banco que ficou vago. Marluce quis perguntar alguma coisa, mas não se atreveu, apenas ficou olhando a expressão da patroa. Francisca ficou com dona Durvalina por meia hora, depois Marluce entrou. Márcia nada dizia. Francisca sentou-se ao lado dela. Ficou calada por um tempo, mas não aguentou muito:

— Então, o que achou? Gostou? Ela sabe tudo mesmo, não é?

Márcia apenas respondeu com a cabeça, confirmando; não queria falar. Não respondeu à pergunta porque estava pensando: *Não entendo até agora como ela conseguiu descobrir tudo. Não foram Francisca ou Marluce... Elas mesmas não sabiam, nem poderiam imaginar que eu viria aqui. Preciso me informar mais a respeito de Exu e dessa religião.*

Finalmente, Marluce saiu, e elas foram embora. O carro estava distante da casa; tiveram de fazer o caminho de volta andando. Quando atravessaram a rua, na primeira quadra, encontraram uma menina que por sua aparência parecia ser muito pobre e tinha seis ou sete anos. Ela se aproximou de Márcia, falando:

— Moça, a senhora tem um trocado?

Márcia olhou para ela, seus olhos se encontraram e ela sentiu uma ternura inexplicável por aquela menina desconhecida. Automaticamente, lembrou-se de dona Durvalina dizendo que ela encontraria uma pessoa pobre, mas aquela menina tinha algo mais que ela não sabia explicar. Abriu a bolsa e estava tirando a nota quando ouviu em suas costas alguém dizendo:

— Lenita! Pedindo dinheiro de novo? Já falei que não quero que faça isso!

Márcia deu a nota para a menina e voltou-se para olhar quem estava falando. Era uma mulher que, sem olhar para ela, balançava o braço da menina, enquanto dizia:

— Devolva esse dinheiro pra moça! A gente é pobre, mas não precisa pedir! Trabalho muito pra lhe dar tudo o que precisa!

Márcia ficou parada, branca como cera... diante dela estava sua mãe. Estava mais velha, tinha os cabelos brancos, mas era a mesma que havia visto no noticiário da televisão. Ficou olhando sem saber o que fazer ou falar. O que mais desejava naquele momento era sumir dali. Enquanto a mulher falava com a menina, ela pensava: *Não sei o que fazer. Como vim parar neste lugar? E agora? Vou ter de falar com ela. Nunca quis isso, e não quero agora.*

A mulher olhou para ela e devolveu o dinheiro:

— Obrigada, moça, por sua bondade, mas a gente não precisa, não.

Márcia percebeu que ela não a tinha reconhecido. A última vez que a vira tinha sido quando dona Leonor morrera, já fazia mais de dez anos. Naquele tempo, Márcia era magra e franzina, tinha os cabelos curtos e negros. Hoje, mulher feita, havia mudado muito, e sua mãe não prestara muita atenção nela, só queria desculpar-se pela menina. Deu um sorriso amarelo para a mãe e saiu rapidamente.

Foi muito bom ela não ter me reconhecido. Seria embaraçoso, principalmente na presença de Marluce e de sua amiga.

Chegaram ao carro. Ela deixou as duas em um ponto de ônibus, porque elas moravam longe dali. Voltou para seu apartamento. Já eram mais de sete horas. Entrou, sentou-se em sua poltrona preferida, ficou pensando em tudo que havia acontecido naquele dia. Sentiu um forte cheiro de charuto. Cheirou suas roupas e seus cabelos.

Não sinto cheiro algum. Deve ser porque fiquei muito tempo dentro daquele quarto. É melhor eu tomar um banho... só assim conseguirei livrar-me deste cheiro.

Entrou no chuveiro. Enquanto se banhava, pensava: *Tudo o que aquela mulher disse me pareceu muito sério. Fez questão de que eu soubesse o que pretendia fazer. Disse também que poderei receber de volta o que fizer. Não acredito em nada disso, mas Francisca disse que ela afastou alguém da esposa. Vou deixar isso para lá. Estou agora pensando naquela menina. Minha mãe na televisão disse que não sabia onde estava sua neta. Seria aquela menina? Será que é filha de meu irmão? Aqueles olhos... por que senti que já a conhecia? Por que senti que ela é alguém que amo? Não pode ser... nunca a vi antes...*

Saiu do banho. Em frente ao espelho, admirou seu rosto. Deu um sorriso. Sabia que era uma mulher bonita. Seus longos cabelos negros, lindos e brilhantes... sempre os tratara com os melhores produtos. Sua pele clara e olhos de um casta-nho-claro davam a ela uma aparência realmente formosa.

Não sei por que fiquei tão brava com Osvaldo. Sou bonita, posso ter o homem que quiser. Ele que continue ao lado daquela mulherzinha insossa. Vou escolher agora um homem para mim, mas será perfeito. Tem de ser perfeito, porque vai ser o pai de meu filho!

Novamente sentiu o cheiro de charuto.

Devem ser estas roupas; vou levá-las para a lavanderia.

Passava pela sala quando escutou o interfone tocando. Atendeu:

— Pois não.

— O senhor Osvaldo está aqui para falar com a senhora. Posso deixar subir?

Ela refletiu por um momento. Estava vestida só com um roupão.

Sorriu, falando:

— Pode mandar subir, obrigado.

Voltou a sentir muita raiva. Queria saber qual a mentira que ele diria agora. Foi para seu quarto e passou pelo corpo o perfume preferido de Osvaldo.

— Vou provocá-lo e, quando estiver pronto, eu o mandarei embora, para que nunca mais volte.

A campainha tocou e ela foi abrir a porta. Ele estava ali a sua frente, com o rosto preocupado. Ela sorriu.

— Pensei que nunca mais voltaria a vê-lo. Foi bom que veio. Precisamos conversar.

Abraçou-o e procurou sua boca. Ele se afastou, dando um beijo em seu rosto. Ela sorriu, pensando: *Veremos até quando resistirá.*

Entraram. Ela ofereceu uma bebida, ele aceitou. Preparou uma para cada um e sentaram-se. Um pouco desajeitado, Osvaldo disse:

— Estou aqui para que possamos ter uma conversa definitiva. Clarice, depois de muito tempo, não suportou mais a solidão e o desprezo que eu lhe fazia passar e resolveu me abandonar. Foi para o Paraná viver com seus pais.

— Não foi isso que vi no restaurante. Parecia que estavam muito felizes.

— Estávamos mesmo... e estamos. Não suportando sua ausência e a de meus filhos, fui atrás dela e a convenci de que a amava e a queria de volta.

— Você fez isso, Osvaldo? Por quê? Essa seria a oportunidade de ficarmos juntos...

— Você nunca deixou transparecer que queria isso, Márcia. Disse sempre que era uma mulher independente e que não queria um compromisso sério.

— Nunca quis mesmo, mas agora estou pensando seriamente nisso. Estou com trinta e quatro anos e está na hora de ter um marido e filhos. Hoje, sei que você é o homem que quero para ser meu companheiro e pai de meus filhos.

— Para isso estou aqui. Preciso te contar tudo. Descobri que amo minha esposa, que não posso viver sem ela, por isso tudo entre nós está acabado. Quero ser de agora em diante o marido e pai que nunca fui. Vou me dedicar inteiramente a eles. Estou aqui para colocarmos um ponto-final em nosso relacionamento. Vamos recomeçar nossas vidas. Tenho por você um imenso carinho, mas é a ela que amo. Agora que descobri isso, não posso mais traí-la, não conseguiria.

Márcia sentiu uma onda de ódio invadir seu corpo. Mas, sendo sempre muito controlada, manteve-se impassível, como se nada que ele estivesse falando a atingisse. Olhou para ele amorosamente, fixou bem seus olhos e o abraçou com muito amor. Seu roupão soltou-se de um lado e suas pernas bonitas ficaram transparecendo. Enquanto beijava seu rosto e pescoço, dizia:

— Você não pode estar dizendo a verdade. Sei que me ama do mesmo modo que eu o amo. Se não fosse assim, não teríamos ficado tanto tempo juntos. Sinta meu perfume... coloquei-o só para lhe agradar, vamos continuar como sempre, não precisamos nos casar. Apenas ficaremos como antes, nos vendo e nos amando... você não precisa se separar, só não me deixe... não sei como viverei sem você... te amo muito...

Ele, com os olhos fechados, sentindo aqueles lábios tocando-o, por um minuto se entregou, mas voltou à realidade, afastou-se dos braços dela e disse:

— Não adianta! Resolvi que vou ser feliz ao lado da mulher que verdadeiramente amo. Não farei mais nada que possa fazê-la sofrer.

Márcia não desistiu. Voltou a abraçá-lo.

— Não sabe o que está dizendo. Nós nos amamos, por sete anos vivemos felizes. Você não pode simplesmente jogar tudo para o alto. Eu te amo...

Tentou beijá-lo novamente, mas ele, agora de forma brusca, se afastou. Levantou-se e, em pé, a uma certa distância, disse:

— Sinto muito, mas não posso. Tenho uma família que amo. Por muito tempo estive afastado deles, mas agora usarei todos os momentos disponíveis para lhes proporcionar felicidade. Você é uma mulher bonita, independente, tem dinheiro e cultura, poderá ter o homem que quiser. Esqueça-me e procure refazer sua vida, como estou fazendo com a minha.

Em uma última tentativa, ela deixou o roupão cair e estendeu os braços para ele, num convite sedutor, mas ele olhou para ela, mandou-lhe um beijo com a ponta dos dedos e foi embora.

Márcia ficou ali parada, nua e sentindo muito ódio. Pegou o roupão e jogou-o sobre as costas. Seu corpo tremia, num misto de frio e de ódio.

Não consigo acreditar que isto esteja acontecendo! Quem ele pensa que é, desprezando-me dessa maneira? Ele tem razão: sou independente e bonita! Posso ter o homem que quiser, quando quiser! Acontece que eu quero só ele. Nem que seja para depois desprezá-lo, mas agora, neste momento, eu o quero com todas as forças de meu ser! E ninguém, ninguém mesmo, vai impedir que eu o consiga de volta!

Foi para seu quarto e deitou-se. Em posição fetal, começou a chorar, não sabia se de dor ou de ódio. Chorou muito. Adormeceu sem perceber. Sonhou com um campo muito verde, onde havia uma alameda. Olhou para o horizonte e viu uma silhueta correndo em sua direção. Quando a figura se aproximou, ela percebeu que era a menina que havia conhecido, Lenita, que, naquele momento, corria para ela abrindo os bracinhos e sorrindo. Márcia, muito feliz, abriu os braços para recebê-la, mas a menina desapareceu.

Acordou tremendo e suando. Abriu os olhos e notou que estava em seu quarto. Sentiu frio, estava com o corpo descoberto. O roupão, que estava apenas em suas costas, caíra.

Cobriu-se com o cobertor e ficou pensando: *Que sonho estranho... aquele lugar era muito bonito. A menina, com certeza, era Lenita; talvez um pouco menor, mas era ela. Que felicidade senti quando a vi correndo e que desespero senti quando ela desapareceu. Quem será essa menina que me faz tão bem?*

Recolocou o roupão, que estava nos pés da cama. Levantou-se e foi até a cozinha. A mesa, como sempre, estava posta e seu jantar deveria estar no forno. Marluce era dedicada e tratava-a muito bem. Abriu o forno e olhou para a comida. Na geladeira, havia uma travessa com salada, bastaria a ela temperar. Mas estava sem fome, não queria comer nada. Sentia como se em sua garganta houvesse um caroço que não deixava passar alimento algum. Pegou um copo com leite e voltou para seu quarto. Olhou o relógio: era meia-noite e quarenta. Vestiu seu pijama e voltou para a cama.

Amanhã é sexta-feira, não posso faltar ao trabalho, mas no sábado pela manhã voltarei à casa de dona Durvalina e mandarei fazer o tal trabalho. Não importa o preço que terei de pagar. Quero esse homem a meus pés. Eu o terei com certeza. Nem que para isso tenha de vender minha alma para o diabo!

Sentiu novamente o cheiro de charuto. Cheirou suas roupas e nada. Pensou: *Esse cheiro deve estar impregnado em minha pele.*

Ela não podia ver com os olhos físicos, mas, se pudesse, veria vultos negros que a envolviam em uma dança macabra.

DIREITO À JUSTIÇA

No dia seguinte, Márcia acordou na hora certa. Cumpriu sua rotina de se preparar para o trabalho. Enquanto se vestia, não conseguia esquecer Osvaldo falando-lhe aquelas coisas horríveis e indo embora, apenas mandando um beijo com a ponta dos dedos. Seu ódio aumentou e pensou com muita raiva: *Além de tudo, ainda saiu me humilhando com aquela atitude. Eu o odeio! Vou me vingar! Se ele pensa que vai me usar e depois jogar fora, está muito enganado! Se tudo que dona Durvalina disse for verdade, eu o verei aqui rastejando a meus pés!*

Trabalhou o dia inteiro. Por mais que tivesse problemas particulares, seu trabalho era sagrado. Ainda mais agora, com o doutor Fernando doente, ela teria de mostrar ao presidente que era uma pessoa eficiente. Quando, à tarde, todos foram embora, ela, sozinha no escritório, lembrou-se de Osvaldo. Tornou a vê-lo mandando-lhe o beijo com a ponta dos dedos e saindo sem nada dizer. Seu ódio aumentava cada vez mais.

Nunca aceitarei isso! Eu, que sempre consegui tudo na vida! Não importa o que tenha de fazer, terei aquele homem de volta! Quando voltar implorando meu amor, conhecerá uma nova Márcia, que ele nunca pensou existir! Farei com que sofra muito! Após tê-lo de volta, vou abandoná-lo. Eu quero abandonar! Não aceito ser abandonada. Nunca. Nunca!

Sobre sua mesa havia uma foto com todos os funcionários, tirada em uma festa de fim de ano. Olhou um por um e pousou os olhos no rosto de Farias. Sorrindo, pensou: *Ele também se julgou melhor que eu. E viu o que lhe aconteceu...*

Lembrou-se de tudo novamente: como conseguira que ele se afastasse da empresa depois de tantos anos. Sorriu mais uma vez.

Sou mesmo sensacional! Lembro como se fosse agora. Naquele dia, ele, desesperado, implorava:

— Márcia, por favor, você não pode fazer isso. Vai destruir minha família!

— Claro que posso! Não tenho nada a ver com sua família. Você é quem deve se preocupar com ela. Mantê-la bem é sua responsabilidade...

— Não posso sair da empresa. Estou aqui há muito tempo e estou velho para conseguir outro emprego como este.

— O problema não é meu, é seu. Sou jovem e preciso pensar em meu futuro, e ele neste momento está em suas mãos.

— Por ser jovem, você poderá conseguir uma clientela própria, como eu fiz. Eu é que não tenho mais energia para isso.

— Por que me dar a todo esse trabalho? Sua clientela já está conquistada e pode ser minha. Vou lhe dar três dias e, se não pedir demissão, mandarei as fotos para a presidência e para sua mulher.

— Não teria coragem de fazer isso. Meus filhos estão casados e nunca me perdoariam. Sabe como esta empresa é conservadora; eu seria demitido na mesma hora...

— Por isso mesmo estou te avisando. É melhor pedir demissão e sair com dignidade. Do contrário, perderá o emprego da mesma maneira e ainda será humilhado.

Márcia relembrou que, no dia seguinte, chegara a notícia de que ele se havia envolvido em um acidente na estrada com mais quinze carros e que havia morrido. Seu carro ficara totalmente destruído no meio dos outros. Muitas pessoas se feriram, mas só ele morrera. As pessoas envolvidas no acidente não conseguiram dizer como tudo acontecera. Estava uma noite fria e com muita neblina. De repente, os carros foram batendo uns nos outros, não se podendo dizer qual havia sido o culpado. O carro de Farias estava voltado para trás, no sentido contrário ao do tráfego. Deduziu-se que, com a batida, ele fora virado pelos demais. Márcia e os outros funcionários ficaram consternados. Durante o velório, a empresa, por meio de um de seus diretores, prestou homenagem a ele pelos serviços prestados. Todos os funcionários gostavam muito dele e por isso compareceram também. Márcia mostrava-se triste como os demais. Após o funeral, ela foi para casa e ficou imaginando o que diria quando fosse chamada para ocupar o lugar que antes pertencera a ele. No dia seguinte, quando voltou ao trabalho, foi chamada à sala de seu superior. Assim que entrou, ele disse:

— *Márcia, infelizmente Farias se foi de nosso lado. Estamos tristes, porque ele era amado por todos, inclusive por minha família, pois ele era nosso amigo particular, mas a empresa e nossas vidas devem continuar. Ele sempre falou muito bem de você, sempre disse que era uma moça capaz e com grandes chances de crescimento. Por isso estou lhe pedindo que continue trabalhando com os clientes que eram dele. Tenho certeza de que fará o possível para que tudo caminhe bem. Sei que, de onde ele está neste momento, está aprovando minha atitude.*

Márcia, agora relembrando tudo, abriu um sorriso: *Enquanto ele dizia aquilo, eu, fazendo um enorme esforço, deixei que algumas lágrimas caíssem pelo meu rosto. Com a voz embargada, respondi:*

— *Eu também sentirei muito sua falta, pois devo tudo que sou e que sei a ele. Ensinou-me tudo como se fosse meu pai, ou um amigo sincero. A melhor maneira para homenageá-lo será fazer* com que seu trabalho tenha continuidade. Sei que estará feliz por me ver fazendo tudo aquilo que me ensinou. Não o envergonharei nunca...

— Tenho certeza de que assim será.

Saí daquela sala e voltei para a minha, onde pude secar as lágrimas e comemorar: Consegui! Consegui! Ninguém jamais desconfiará de que eu fiz aquelas ameaças! Se soubesse que ele logo morreria, teria esperado mais um pouco. Agora, tenho de mostrar minha capacidade. Obrigada, Farias.

Pegou a fotografia que estava sobre a mesa, olhou para o rosto de Farias, sorriu e recolocou a foto no lugar.

Naquele mesmo instante, como se tivesse sido atingido por um raio, Farias abriu os olhos: continuava ainda naquele lugar horrível. Ao relembrar tudo o que havia acontecido, começou a gritar:

— Onde estou? Que lugar é este?

O lugar era realmente horrível: escuro, lamacento e malcheiroso. Ele ouvia gritos. Assustado, pensou: *Esses gritos estão me deixando louco. Estou escondido nesta espécie de caverna, fugindo de figuras horrendas que me perseguem o tempo todo. Sei que, a qualquer momento, elas me encontrarão e terei de fugir novamente. Não entendo o que está acontecendo, mas, só de me lembrar das figuras, sei que preciso ficar quieto o mais que puder. Já estou cansado de procurar uma saída e não encontrar. Por mais que ande e me esconda, essas figuras sempre me encontram. Que lugar é este? Como vim parar aqui? Estou sujo, com as roupas rasgadas, e sinto muito frio e fome, mas o medo que estou sentindo me faz ficar escondido, sem coragem para nada.*

Estava assim, desesperado, com as mãos tapando seus olhos, quando sentiu uma mão em seu ombro. Assustou-se e pulou para o lado, tentando livrar-se daquela mão. Um homem, também sujo e com a vestimenta rasgada, disse:

— Não precisa ficar com medo. Estou aqui para te ajudar. Meu nome é Gervásio. Há muito tempo estou te observando e creio que agora chegou a hora de falar com você.

Farias não entendia por que, mas acreditou naquele homem. Perguntou:

— Que lugar é este? Por que não encontro uma saída? Que figuras são essas que querem me pegar?

— Vejo que o amigo tem muitas perguntas. Vou tentar responder a todas.

— Por favor, faça isso. Estou desesperado, sem entender nada.

— Este lugar é chamado de Vale dos Suicidas.

— Suicidas? Está louco? Não estou morto. Estou vivo, e muito vivo. Muito menos me suicidei. Que estou fazendo aqui?

— Se está aqui, é porque deve ter se suicidado. Você nunca ouviu falar da vida após a morte?

— Claro que ouvi, mas nunca dei muita atenção para essas coisas de religião; precisava trabalhar. Mas não consigo acreditar que eu esteja morto. Não consigo!

— Está, sim, meu amigo, assim como eu e todos os moradores deste vale. A morte, assim como a vida, não passa de ilusão.

— Se o que está dizendo for verdade, então realmente posso estar morto. Mas com certeza não me suicidei. Eu não tive culpa. Fui obrigado por aquela mulher. Ela é um monstro.

— Ninguém tem o poder de nos obrigar a nada. Só fazemos o que queremos. Se você se suicidou, a culpa foi só sua.

— Está dizendo isso porque não a conhece. Ela me obrigou.

— Quer me contar o que aconteceu?

— Vou contar tudo como aconteceu e verá que a culpa foi toda dela. Márcia entrou bem jovem na empresa em que eu já trabalhava havia muito tempo. Era graciosa e sorridente e, com o passar do tempo, conquistou minha amizade. Aos poucos, fui passando a ela toda a minha experiência. Ensinei-lhe todo o ofício que levei anos para aprender. Ela, muito inteligente, tornou-se uma ótima vendedora, só que não se deu por satisfeita e quis meu lugar, a clientela que levei tanto tempo para conseguir. Ela se mostrava amiga e confidente, por isso revelei a ela algumas particularidades de minha vida. Era casado havia muitos anos, tinha quatro filhos, todos adultos e bem posicionados na vida. Mas havia muito tempo eu possuía uma outra mulher. Conseguia manter uma vida dupla. Essa outra mulher me era muito importante. Sabia que eu era casado, mas aceitou-me assim mesmo, por me amar muito. A empresa e minha família eram muito conservadoras e jamais aceitariam essa situação. Márcia, após eu ter lhe contado tudo, contratou um investigador particular para me seguir. Um dia me chamou, dizendo:

— *Farias, creio que é hora de você pedir demissão da empresa.*

— *Por que eu faria isso? Estou aqui há muito tempo e pretendo ficar por muito mais. Mas por que está dizendo isso?*

— *Porque quero e preciso de sua clientela. E só posso consegui-la se você pedir demissão.*

— *O que a leva a crer que farei isso?*

— Ela tirou da bolsa um envelope e me entregou. Eu o abri, e dentro havia várias fotos minhas com a outra mulher. Em algumas, estávamos abraçados no supermercado, em outras nos beijando no portão de sua casa, quando eu me despedia. Todas eram comprometedoras. Com as fotos nas mãos, perguntei:

— *Que pretende fazer com estas fotos?*

— *Mandarei cópias para sua esposa e para os diretores da empresa. Sabe como são conservadores... Além de perder o emprego, perderá também a família.*

— Comecei a tremer. Sabia que ela tinha razão. Pedi, implorei, mas ela se mostrou insensível. Cinicamente, disse:

— *Se pedir demissão, poderá obter a aposentadoria. Diga à sua família que está doente. Se não pedir, mostrarei a todos estas fotografias e darei o endereço de sua outra casa. Será desprezado. Você é quem sabe... vou te dar três dias para pensar no que vai fazer. Depois disso, sabe que não hesitarei em mandar as fotos.*

— Ela saiu e eu fiquei ali com as fotos nas mãos, sem saber o que fazer. Eu não poderia pedir demissão. O dinheiro que ganharia com a minha aposentadoria não daria para manter minha família com o mesmo padrão de vida. Pensei muito, mas não encontrava saída, Gervásio.

— Se tivesse pensado um pouco mais, Farias, veria que sempre há uma saída. Mas o que fez em seguida?

— Saí dali completamente transtornado, Gervásio! Já na estrada, dirigindo meu carro, ia vendo o rosto dela me dizendo todas aquelas coisas. Via também o rosto de minha mulher, de meus filhos e dos diretores da empresa. Fiquei cada vez mais desesperado. A noite estava fria e havia um pouco de neblina. Em meu desespero, pensei que a única solução seria morrer, mas não poderia me suicidar, porque assim minha família não receberia o seguro. Se eu morresse, tinha certeza de que a empresa não os abandonaria. Não sei como tive aquela ideia. Em uma manobra, virei o carro no sentido contrário em que estava. Só senti a primeira batida. Depois não vi mais nada. Quando recuperei os sentidos, estava aqui neste lugar, sem entender o que estava havendo. Não sei o que aconteceu com minha família nem com minha amante, a quem tanto amo. Só sei que, se cometi suicídio, a culpa não foi minha, foi da Márcia! Eu a odeio!

— Você não precisava ter feito isso. Poderia ter encontrado outra solução.

— Não existia outra solução! Não existia!

— Existia, sim, Farias: você poderia ter enfrentado Márcia, ter acreditado no amor de sua família e no quanto era admirado por seu trabalho. Poderia contar a todos aquilo que acreditava ser um erro. Quem lhe garante que eles não entenderiam a situação?

— Não. Eles não entenderiam. Eu os conheço. Mas Márcia foi a culpada. É uma injustiça eu estar aqui. Se não fosse por ela, ainda estaria vivo. É uma injustiça!

— Posso afirmar que sempre existe uma solução para tudo, mas, se insiste em dizer que sofreu uma injustiça, vou levar você para que converse com alguém que vai ajudar. Venha comigo.

— Não posso sair daqui. Os monstros vão me pegar.

— Não se preocupe nem tenha medo: vou levá-lo em segurança. Venha.

Farias continuava assustado, mas sabia que não poderia continuar ali. Sentiu que aquele homem poderia ajudá-lo. Olhando para os lados e segurando no braço de Gervásio, foi caminhando. Gervásio entrou por vários corredores. Andava parecendo conhecer muito bem o caminho. Aos poucos, Farias foi ficando confiante. Embora o caminho fosse muito escuro e lamacento, as figuras feias não os atacavam. Depois de andarem por muitos lugares, finalmente chegaram a um corredor iluminado. Entraram em uma sala onde havia uma mesa. Um homem que estava sentado, assim que entraram, levantou-se e, sorrindo, disse:

— Gervásio, novamente aqui! Por quem está acompanhado?

— Sim, Damião, estou aqui novamente. Trago comigo Farias. Ele quer lhe falar; diz que sofreu uma injustiça.

— Seja bem-vindo, meu irmão. A lei de Deus é sempre justa e perfeita, mas, se eu puder ajudá-lo, estou aqui para isso. Quer me contar o que aconteceu?

Farias sentiu um profundo respeito por aquele homem que lhe transmitia muita paz. Contou tudo o que acontecera. Damião o ouviu sem interromper. Quando Farias terminou de falar, olhou para Damião. Este, também o olhando, disse:

— Sinto que já terminou de contar. Preciso saber: o que quer que eu faça?

— Quero justiça. Márcia é a única culpada.

— A Lei é justa. Ela serve para nos ajudar a encontrar nosso caminho. Você diz que sofreu uma injustiça... se isso realmente aconteceu, terá o direito de exigir que a Lei seja cumprida. Mas pode também usar a maior lei que existe. Essa lei é a lei do amor, que a tudo perdoa.

— Perdoar? Nunca! Não posso perdoar. Ela me destruiu!

— O perdão sempre foi e será o único caminho para se chegar a Deus. Sem ele, nos afastamos da felicidade e da perfeição para sempre.

— Não! Não vou perdoar! Se essa Lei existe, se é para todos, exijo, como direito, que ela seja usada a meu favor!

— Está bem. Se é isso que deseja, assim será. Gervásio, pode acompanhá-lo. Ele tem o direito de usar a Lei.

— Sim, farei isso, Damião. Farias, vamos?

Farias estava encantado com a oportunidade de poder se vingar daquela mulher que fora a causa de todo o seu sofrimento. Voltou-se para Gervásio, que estava um pouco atrás dele.

— Claro que vamos! Senhor Damião, estou muito agradecido por esta oportunidade.

Damião, com o rosto triste, respondeu:

— Não precisa agradecer. Infelizmente, sei que ela está prestes a cometer algo muito ruim. Gostaria de poder intervir, mas não posso. Porém tenho esperança de que, como todo espírito, ela tenha dentro de si e saiba encontrar a bondade e o amor de Deus. Tenho esperança de que, por isso, vai se libertar desses pensamentos. Se assim fizer, conseguirá se afastar do mal. Portanto também estará protegida e poderá encontrar a paz. Se isso acontecer, meu irmão, se ela persistir no bem, você também não poderá fazer nada. Esta é a Lei. Gervásio, você vai acompanhá-lo. Deixe que faça tudo o que quiser. Ele tem esse direito, já que julga ter sofrido uma injustiça. Mas preciso dizer-lhe algo mais, Farias: tente usar esse direito para perdoar e amar. Só ganhará com isso.

— Ela é má e gananciosa! Vai fazer essa ruindade que o senhor está dizendo, sim. Para ela não existe ninguém além dela mesma. É ruim, não vai pensar um minuto para prejudicar outra pessoa. Tenho certeza!

— Se assim for, se ela fizer o mal, será toda sua.

Gervásio olhou para Farias e disse:

— Meu amigo, vou lhe pedir mais uma vez: abandone essa ideia de vingança, acredite que a Lei é justa. Será muito melhor para você.

— Nunca! Por culpa dela estou aqui neste lugar horrível. Ela não pode ficar impune! Usarei todas as armas que possuir para destruí-la!

Damião fez um sinal com a mão. Gervásio entendeu, segurou o braço de Farias e puxou-o. Farias fez uma reverência para Damião, este os abençoou com um sorriso e saíram.

Enquanto os dois se retiravam, Farias, impressionado com aquela figura, perguntou:

— Gervásio, quem é esse homem? É um santo?

Gervásio sorriu e respondeu:

— Não, ele não é um santo. É um espírito de luz e, como todos, está nos encaminhando para o aperfeiçoamento. Ele está e estará sempre aqui para nos ajudar. Agora, vamos para onde você quer, para junto dela. Feche os olhos...

Farias confiava em Gervásio, pois ele o estava ajudando. Quanto a Damião, não entendia bem o que sentia; pensou: *Ao mesmo tempo que o respeito, sinto medo de sua presença.*

Assim refletindo, acompanhou Gervásio.

A FORÇA DO AMOR

Quando abriu os olhos, Farias estava dentro do carro de Márcia, que voltava para casa. Ela, enquanto dirigia, ouvia música e ia pensando nele.

Ele foi um covarde! Se eu estivesse no lugar dele, teria contado tudo para a minha família. Não teria me curvado perante uma chantagem. Só sinto que tenha morrido tão rápido. Se soubesse que seria assim, não teria feito nada, bastaria só esperar.

Ao ouvir aquilo, Farias, tomado de ódio, quis se jogar sobre ela, mas foi impedido por Gervásio.

— Não deve fazer isso.

— Ela não está nem um pouco preocupada com meu destino.

— Estou vendo, mas ela está agora dirigindo um carro. Se a atacar, poderá causar um acidente e prejudicar não só ela como outras pessoas. Se isso acontecer, será sua culpa, você será o responsável. A Lei se voltará contra você.

— Eu serei o responsável? Nunca fiz mal a ninguém. Ao contrário: sempre procurei ajudar. A ela mesma, ajudei, ensinei tudo o que sabia. É ela que é má.

— Está certo, mas você está aqui para vingar-se dela, não para pôr em risco a vida de outras pessoas. Tenha calma. Vai poder usar sua força, mas só contra ela.

Enquanto isso, Márcia, alheia à presença deles, chegou à garagem do prédio. Tomou o elevador e entrou em seu apartamento, acompanhada por Farias e Gervásio. Abriu a porta. Foi direto para seu quarto. Havia trabalhado muito, estava cansada. Tirou a roupa e dirigiu-se ao banheiro para tomar um banho. Farias seguiu-a, dizendo:

— Você vai agora conhecer meu ódio. Vou destruí-la. Já sei como farei. Está com vontade de beber, Márcia? Beba. Vai se sentir melhor.

Ela, parecendo ouvir, foi até a sala, pegou um copo, encheu de vinho e começou a beber. Farias continuou:

— Isso! Beba muito! Vou fazer com que perca tudo o que conseguiu com sua maldade.

Ela continuou bebendo. Lembrou-se de Osvaldo, e o ódio voltou: *Quem ele pensa que é? Nunca conseguirei esquecer o gesto que fez, mandando-me aquele beijo com a ponta dos dedos e deixando-me ali sozinha. Nua. Não perdoarei nunca! Vou tê-lo de volta! Farei qualquer coisa. Amanhã bem cedo irei novamente à casa de dona Durvalina, levarei o dinheiro e mandarei fazer o tal trabalho. Ninguém impedirá minha vingança.*

Por estar cansada e embriagada, dormiu logo, mas foi um sono agitado. Sonhava e acordava, sem conseguir dormir tranquilamente. Pela manhã, acordou, sentindo dores pelo corpo, a cabeça doendo muito. Não entendia por que não havia dormido bem. Pensou: *Não dormi a noite toda. Deve ser o ódio que estou sentindo por Osvaldo. Vou até a casa de dona Durvalina mandar fazer o trabalho. Ele tem de voltar. Eu o quero arrastando-se a meus pés, e, depois, o abandonarei para nunca mais voltar a vê-lo!*

Era muito cedo, mas mesmo assim pegou o carro e saiu dirigindo sem destino. Foi fazer algumas compras para esperar o tempo passar. Quando acreditou ser a hora certa, foi em direção à Marginal e à casa de dona Durvalina. Teve alguns problemas, pois não conhecia muito bem o caminho, mas finalmente encontrou a rua. Deixou o carro no mesmo lugar que deixara da outra vez, longe da casa, e foi caminhando. Havia muitas crianças brincando. Pensou: *Como é bom ser criança... Elas brincam sem entender sua real situação. Eu também fui assim, brincava sem entender a pobreza em que vivia, mas assim mesmo eu era feliz. Só quando cresci foi que realmente entendi minha situação.*

Umas dez casas antes da de dona Durvalina, algumas crianças haviam desenhado no chão uma amarelinha. Ela se lembrava muito bem dessa brincadeira. Sorriu.

Viu Lenita, que, sentada em um degrau, olhava as crianças brincando. Márcia notou que ela estava com o rosto triste. Sem saber por que, aproximou-se, perguntando:

— Por que não está brincando?

— Não posso. Sou doente e não posso pular muito.

— Doente? Que doença?

— Não sei. Parece que é do coração. O médico disse que não posso fazer esforço, por isso fico só olhando.

Márcia sentiu um grande aperto no coração. Aquela menina, não sabia por que, representava muito para ela. Sentiu muita vontade de abraçá-la, mas novamente se lembrou de quem era e que não podia misturar-se com aquelas pessoas, embora fossem parte de sua família. Apenas sorriu e continuou andando. Seu coração pedia que voltasse, abraçasse e ajudasse aquela menina, mas sua mente a impedia de fazê-lo. Estava quase chegando à casa de dona Durvalina, quando ouviu gritos desesperados das crianças. Voltou-se e viu Lenita deitada no chão, e as outras crianças gritando. Correndo, foi até elas:

— O que aconteceu?

— Não sei, dona. Ela caiu e ficou assim.

Márcia viu Lenita muito branca e respirando com dificuldade.

— Onde ela mora? Onde está sua mãe?

— Ela está morando na minha casa e não tem mãe, mora com a avó e ela está trabalhando. Vou chamar minha mãe.

Márcia, pegando a menina no colo, desesperada, disse:

— Faça isso. Vá chamar sua mãe. Vou levá-la a um hospital.

O menino saiu correndo. Márcia lembrou que o carro estava distante. Embora a menina fosse muito magrinha, não conseguiria chegar ao carro com ela nos braços. Tornou a deitá-la no chão, falando para as outras crianças:

— Fiquem com ela, mas não muito perto; ela precisa ter ar para respirar. Vou buscar meu carro e volto logo.

As crianças, assustadas, acenaram com a cabeça para ela ver que tinham entendido e afastaram-se um pouco. Depois de colocar a menina novamente no chão, Márcia saiu correndo em direção ao carro.

Quando voltou, a mãe do menino já estava agachada junto à Lenita, que continuava desacordada. Márcia parou o carro, falando:

— Vou levá-la a um hospital. Seria bom se a senhora viesse comigo.

A mulher começou a levantar a menina. Márcia ajudou-a e as duas a colocaram no banco traseiro. A senhora entrou também e foi segurando a cabeça de Lenita. Márcia acelerou o carro, ligou as luzes de emergência e saiu em disparada. Perguntou:

— Onde é o hospital mais perto daqui?

— O hospital público fica distante, mas logo ali na outra esquina há um hospital particular. Só que a avó dela é pobre e não pode pagar um tratamento.

— Isso não é problema. Para onde devo ir? Onde fica esse hospital?

A mulher foi ensinando o caminho. Em pouco tempo, estavam em frente a um grande hospital. Márcia viu uma placa com a inscrição "Emergência". Estacionou. Apressada, saiu do carro e entrou correndo no hospital. Voltou acompanhada por duas enfermeiras que traziam uma maca.

Pegaram a menina e entraram apressadamente. Márcia e a outra mulher as acompanharam. Lá dentro, as enfermeiras seguiram com a menina por uma porta. Márcia e a senhora ficaram esperando, sentadas em uma poltrona. O porteiro entrou e dirigiu-se a Márcia:

— Desculpe, mas a senhora deixou seu carro em um lugar proibido, reservado para as ambulâncias. Também deixou as chaves no contato.

Márcia, muito nervosa, só naquele momento percebeu que havia esquecido as chaves. Tremia muito e disse:

— Por favor, será que poderia tirá-lo de lá para mim? Estou muito nervosa.

O porteiro, sorrindo, saiu. Logo depois voltou, entregando-lhe as chaves. Márcia agradeceu.

A recepcionista fez um sinal para que ela se aproximasse. Márcia não percebeu. Nervosa com tudo que estava acontecendo, não tirava os olhos da porta por onde Lenita entrara. Seu coração batia rápido. Pensava: *Ela não pode morrer. Sinto que me é muito importante. Precisa viver.*

A recepcionista tornou a fazer o sinal. Márcia, sem entender muito bem o que a mulher desejava, aproximou-se do balcão.

— Chamei-a porque percebi, pelas roupas que a menina está vestindo, que ela não é sua parente. Preciso abrir uma ficha, mas para isso necessito dos dados pessoais. A senhora os tem?

— Não, não tenho. Apenas a socorri.

— Há algo mais: este é um hospital particular, por isso só daremos a ela o primeiro atendimento. Se tiver de ficar internada, terá de ir para um hospital público.

Márcia não acreditou no que estava ouvindo.

— Está me dizendo que por não ter dinheiro ela não terá um atendimento adequado? Poderá morrer?

— Não, não é isso. Só terá de ir para um hospital público.

— Quero... quero não, *exijo* que ela tenha todo o atendimento que precisar! Não sei os dados dela, mas aquela senhora deve saber. Depois que ela for atendida quero falar com o médico para saber sua real situação.

Voltou para a poltrona, perguntando para a senhora:

— Sabe o nome da menina? Onde estão seus pais?

— Não sei o nome todo. Sei que se chama Lenita, mas não sei o resto. Ela não tem pais: a mãe morreu quando ela nasceu, e o pai, dois anos depois. Desde que nasceu vive com a avó, que é minha amiga. São muito pobres. A avó acabou de perder o barraco onde morava numa favela e está em minha casa até conseguir um lugar.

Ao ouvir aquilo, Márcia sentiu novamente aquele aperto no coração. Relembrou o rosto de Ricardo, seu irmão. Embora não gostasse da mãe, às vezes sentia saudades de seu irmão. Agora ficara sabendo que ele não vivia mais. Com um nó na garganta e a voz embargada, disse:

— Sinto muito por tudo isso. Vá, por favor, até o balcão e dê as respostas que souber. Vamos esperar e ver o que o médico tem para dizer a respeito do tratamento que a menina terá de fazer.

A mulher levantou-se e foi até o balcão. Márcia ficou relembrando seu tempo de infância e as brincadeiras que fazia com o irmão. Estava presa nesses pensamentos quando um médico entrou na sala e falou com a recepcionista. Ele olhou para Márcia, que seguia todos os movimentos que eles faziam. Dirigiu-se até ela, dizendo:

— Soube que queria falar comigo. Acredito ser a respeito do estado da menina. Quero dizer-lhe que ela agora está muito bem e fora de perigo, só que a doença que tem precisa de acompanhamento, e ela está muito desnutrida. Infelizmente não poderá continuar neste hospital, mas o ideal seria que tivesse um tratamento contínuo, aqui ou em outro lugar. Gostaria muito que ficasse conosco e que eu pudesse continuar tratando-a, mas não sei quais são as condições da família.

Este é um hospital particular, e eu infelizmente não sou dono, apenas trabalho aqui.

— Entendo, doutor. Só lamento que tenha de ser assim. Mas não se preocupe: ela ficará aqui o tempo que for necessário. Deixe tudo por minha conta. Faça o que for preciso.

O médico sorriu e disse:

— Obrigado. Sei que apenas socorreu a menina, que não a conhece, por isso, estou muito agradecido em seu nome. Falarei com a família e continuarei tratando dela em meu consultório sem cobrar. É tudo que posso fazer. Quem sabe, juntos, poderemos fazer com que ela tenha uma boa qualidade de vida.

— Farei o possível para que ela tenha tudo o que precisar, doutor. Essa menina precisa de auxílio e eu tenho como ajudar. Não se preocupe, faça tudo o que estiver a seu alcance.

O médico cumprimentou-a com a cabeça e voltou pela mesma porta de onde tinha saído. Precisava ficar atento ao estado de Lenita.

A senhora voltou e disse:

— Dei as informações que sabia. Preciso avisar a avó da menina para que venha até aqui e complete as informações.

Márcia voltou a lembrar-se de sua mãe e disse:

— A menina ficará aqui por alguns dias. A avó deve estar preocupada e não sabe para que hospital viemos. Providenciarei tudo com a recepcionista, depois levarei a senhora de volta, para que comunique todo o acontecido a ela.

Foi até o balcão.

— O que preciso fazer para que ela tenha todo o atendimento necessário?

— Deixe um cheque com esta quantia. Quando a menina tiver alta, devolveremos o que sobrar, ou cobraremos o excedente.

Márcia verificou o valor, tirou da bolsa um talão de cheques, preencheu uma das folhas e entregou-a à moça, dizendo:

— Vou deixar este cheque e meu telefone. Se precisar de mais, basta me telefonar.

— Está bem. Assim que a família chegar, darei seu telefone para que possam agradecer.

Ao ouvir aquilo, Márcia estremeceu. Disse com uma firmeza que assustou a moça:

— Nem pensar! Não se atreva a fazer isso. Estou ajudando a menina, mas não quero ser mais incomodada por sua família. Portanto, este telefone não pode ser dado a ninguém. A ninguém, entendeu?

A moça, assustada, respondeu:

— Não entendo por que quer se manter anônima. O ato que está fazendo é muito bonito. Mas, se é assim que deseja, manterei o sigilo. Vou anotar aqui na ficha que seu telefone não deve ser dado a ninguém. Está bem assim?

— É isso mesmo o que desejo.

Márcia voltou para junto da mulher que a acompanhava.

— A menina está bem e já providenciei para que fique aqui o tempo que for necessário. Agora, podemos ir. Mais tarde, traga a avó dela até aqui; acredito que esteja desesperada para saber o que aconteceu com a menina.

— Não precisa me levar: moro aqui perto e vou a pé. Não sei quem é a senhora, mas apareceu do céu. Obrigada por tudo. Pode me dizer seu nome? A avó de Lenita vai querer saber para agradecer.

— Meu nome não importa. O importante é que ela continue cuidando bem da menina. Diga a ela que mantenha o tratamento com o médico. Providenciarei os remédios que precisar.

— Ela adora essa menina e faz tudo que pode por ela. Trabalha muito.

— Assim espero. Bem, vou embora, mas antes tenho de fazer algo.

Voltou para o balcão e falou para a recepcionista:

— Será que podia chamar o médico novamente? Preciso falar com ele.

A moça chamou pelo interfone:

— Doutor, aquela mulher que ajudou a menina deseja falar com o senhor.

— Está bem, irei em seguida.

Após alguns minutos, ele voltou. Olhando para Márcia, disse:

— Está querendo perguntar-me algo mais?

— Não, sua explicação sobre a doença e o tratamento foi completa, mas o senhor disse que vai continuar tratando da menina em seu consultório. Ela vai precisar ser medicada, por isso vou deixar meu telefone com o senhor. Dê a ela toda a medicação de que precisar, em seguida me telefone, e eu mandarei o dinheiro dos remédios para sua conta bancária. Por favor, dê-me o número da conta e da agência. Não se preocupe: basta me telefonar e dizer o valor. No mesmo dia eu farei o depósito. Não economize, gaste o que for necessário.

O médico ficou olhando para ela sem entender todo aquele interesse, mas considerou que aquilo não era de sua conta. A menina seria tratada e para ele isso era o que importava.

— Não estou preocupado, sei que cumprirá com o prometido. Não se preocupe; ela terá todo o tratamento necessário.

— Sei disso, doutor. Telefonarei mais tarde para saber como ela está. Será que poderia vê-la antes de sair?

— Claro que pode. Ela agora está dormindo, mas seu estado é muito bom. Está tudo sob controle. Venha comigo.

Ela o acompanhou, entrando por aquela mesma porta. Foi levada até o quarto. Lenita dormia tranquilamente. Sua cor natural já voltara. Márcia, emocionada, ficou olhando para aquele rostinho e pensando: *Você é tão bonita! Não se preocupe: farei tudo que for possível para ajudar você a crescer e a se tornar uma linda moça. Você é muito querida. Não sei qual o motivo, porém sinto que te amo muito. Vou embora, mas, daqui para a frente, acompanharei sua vida.*

Deu um beijo na testa da menina e saiu. Não percebeu, mas um vulto luminoso aproximou-se sorrindo e também beijou sua testa.

Márcia foi para o seu carro e partiu. A imagem de Lenita não saía de sua cabeça: *Queria cuidar dela para sempre, mas sei que minha mãe não permitirá, parece que é muito apegada à* menina. Só de pensar que para tê-la comigo terei de aceitar minha mãe também, sinto um frio correr pela minha espinha. Que sentimentos estranhos são esses? Como posso gostar tanto de uma e odiar tanto a outra?

Estava distraída com seus pensamentos. Só quando chegou à rua de seu prédio lembrou-se de dona Durvalina.

Com tudo o que aconteceu, acabei esquecendo-me dela, mas talvez tenha sido melhor. Lenita precisa muito de minha ajuda. Farei tudo o que puder, farei com que meus pensamentos sejam todos para ela. Preciso encontrar uma forma. Não sei ainda, mas com certeza pensarei em algo. Sempre penso!

Entrou em casa. Pela primeira vez sentiu que o apartamento era muito grande para ela sozinha. Olhou através da porta de vidro para a piscina.

Este apartamento é tão grande... a piscina quase nunca é usada. Para Lenita, ela seria muito boa. Aqui há muito espaço para brincar.

Sentia o coração leve. Encontrara um motivo para viver, além de seu trabalho. Encontrara alguém em quem sentia que podia confiar e que podia amar.

Embora Gervásio e Farias permanecessem a seu lado o tempo todo, não conseguiam se aproximar, muito menos intuir maus pensamentos. Desde que Márcia encontrara Lenita e se preocupara com ela, e durante todo o tempo em que estivera no hospital, ela ficara como que protegida por uma aura de luz que brotava de seu coração.

Durante a viagem de volta, no carro, seu pensamento foi só para Lenita e pelo grande amor que sentia por ela. Gervásio e Farias entraram em seu apartamento, mas ela os afastava com o pensamento de amor. Farias ficou nervoso:

— O que está acontecendo? Por que não posso mais chegar perto dela?

— Você ouviu o que Damião disse: se ela não praticar aquela maldade, se deixar o coração só com o sentimento de amor, você não poderá se aproximar.

— Não é justo! Ela não pode ter mudado tanto.

— Sempre podemos mudar. As chances que Deus nos dá são imensas.

— Não consigo acreditar. Ela logo vai mostrar quem é na realidade.

— Vamos esperar, Farias... vamos esperar...

Márcia voltou-se. Estava se encaminhando para o quarto, quando olhou para o lugar onde pela última vez vira Osvaldo. Tornou a vê-lo indo embora, com aquele sorriso sarcástico. Imediatamente todo o orgulho ferido e o ódio voltaram, e ela pensou com muito ódio: *Como fui me esquecer dele? Aquele idiota! Livrou-se por causa de Lenita, mas amanhã vou voltar à casa de dona Durvalina e mandar fazer o trabalho.*

No mesmo instante em que sua faixa de pensamento mudou, Farias e Gervásio perceberam que ela agora podia ser atacada. Farias foi para junto dela e começou a falar:

— Isso mesmo. Ele não presta. Ele humilhou você. Precisa se vingar! Se beber, vai se sentir melhor.

Como se o estivesse ouvindo, ela olhou para o bar e, imediatamente, a vontade de beber voltou. Deixando-se novamente influenciar por Farias, encheu um copo. Ele bebia junto a ela por meio do vapor do álcool. Ela, envolvida por ele, encheu um copo atrás do outro. O ódio por Osvaldo era muito grande. Quanto mais pensava nele, mais bebia. Logo percebeu que estava completamente embriagada. Deitou-se em um sofá na sala e caiu em sono profundo. Farias, também embriagado, adormeceu a seu lado.

Naquela noite, Márcia teve de novo um sono agitado e sem descanso. Pela manhã, acordou sentindo-se muito mal e com dor de cabeça. Acompanhada por Farias, foi para o chuveiro. Enquanto tomava banho, ia pensando: *O Osvaldo, como estará em sua nova vida? Aquele idiota! Ontem se livrou por causa de Lenita... Lenita? Lenita? Como será que ela está?*

Saiu do chuveiro, pegou o telefone e ligou para o hospital. Informaram-na de que a menina estava bem e que a avó a acompanhava. Enquanto falava sobre Lenita, mais uma vez se deixou envolver por uma profunda ternura. O vulto luminoso aproximou-se, o que obrigou Farias a se afastar. O espírito envolveu-a em sua luz e assim fez com que ela ficasse mais tranquila. Com aquele sentimento de ternura e amor, Márcia dirigiu-se para a sala, o vulto acompanhando-a. Farias também a seguiu, só que agora à distância. Ela, sentada em seu sofá preferido, pensava: *Preciso ajudar a menina, só não sei como. Posso aparecer para minha mãe e pedir a ela que não conte a ninguém quem sou. Ela pode dizer que sou uma pessoa que a está ajudando por causa da menina. Não... Não posso fazer isso. Ela é minha mãe. Na realidade, não tenho motivos para odiá-la tanto. Ela me deu tudo o que podia, me ensinou o que sabia. Quando me mandou para a casa de dona Leonor, foi pensando em meu bem, e acertou. Preciso ajudar Lenita, não posso deixar que ela fique desamparada.*

O vulto luminoso a seu lado a olhava com muito carinho. Com um sorriso radiante em seu rosto, a envolveu novamente em sua luz. Ela continuou pensando: *Isso mesmo: tomarei um banho e irei ao hospital. Se minha mãe me reconhecer, conto a ela minhas intenções de trazê-las para morar comigo. É isso mesmo que tenho de fazer. Hoje, sou uma mulher realizada. Se pensar bem, devo isso a ela. Foi ela quem, pensando em meu futuro, me encaminhou.*

O vulto sorria. Ele sabia que só estava ali porque ela trazia agora em seu coração pensamentos de amor e gratidão.

Enquanto tomava banho, Márcia pensava em Lenita e no tratamento de que precisava.

Sinto que, se não a ajudar, ela fatalmente morrerá, o médico foi bem claro. Minha mãe está em situação ruim, mas, por mais que eu queira, não sei por que não consigo sentir pena dela; ela me é completamente estranha, não consigo confiar. A única de minha família por quem sinto algo é Lenita. Por ela, serei capaz de tentar viver com minha mãe.

Ao pensar em Lenita, seus olhos se iluminavam e a sua aura também. O vulto a seu lado sorria e dizia:

— Meu amor, você tem de conseguir. Precisa esquecer e perdoar o passado. Só assim poderemos ser felizes novamente. Você tem de conseguir.

Ela sentiu um suave perfume, que não era do sabonete que estava usando. Com o perfume, sentiu saudade, mas não sabia do quê.

Está decidido: irei ao hospital e, depois que Lenita tiver alta, vou trazê-la para cá. Se o preço será ter de trazer também minha mãe, é o que farei. Pagarei.

Enquanto se vestia, via a menina sorrindo para ela e correndo por aquele apartamento enorme. Farias percebeu que a faixa de ondas dela havia mudado de novo. Começou a sacudir Gervásio, que dormia tranquilamente:

— Gervásio! Gervásio, acorde! Ela vai sair e parece que está disposta a trazer a menina e sua mãe aqui para casa. Acorde!

Gervásio abriu os olhos e falou um pouco atordoado:

— Por que está gritando?

— Ela vai sair e parece estranha. Acho que vai buscar a menina!

— Será mesmo? Que quer fazer?

— Precisamos impedir. Ela não pode fazer isso. Precisamos fazer com que ela volte a pensar em Osvaldo.

Antes que Gervásio falasse algo, Farias lançou-se sobre ela, mas não conseguiu alcançá-la. Uma luz a protegia como se fosse um escudo. Ele foi jogado para longe. Ficou desesperado, sem saber o que fazer, e começou a gritar:

— Gervásio, o que aconteceu? Por que não consigo me aproximar?

— Porque ela está tendo pensamentos bons e firmes, por isso um daqueles lá de cima a está protegendo. Enquanto ela continuar assim, não poderemos nos aproximar.

— Não pode ser! Ela é lá de ter bons pensamentos? Ela é muito má, cínica e calculista!

— Sempre há uma hora para se arrepender e conseguir o perdão e o amor de Deus. Se ela continuar assim, tudo para você estará perdido. Não conseguirá se aproximar.

Farias não se conformou. Jogou-se várias vezes sobre ela e várias vezes foi repelido e atirado longe.

Márcia só via diante dela o rosto de Lenita, e aquele sentimento de ternura tomou conta de todo o seu ser.

Não posso permitir que ela morra por falta de assistência ou por má alimentação. Tenho muito dinheiro e posso dar tudo de que ela precisa. Irei até lá e contarei a ela que, quando sair do hospital, virá aqui para minha casa e será muito feliz.

O vulto de branco sorria e deu-lhe um beijo no rosto. Ela sentiu uma brisa suave passando por seu corpo.

Estou me sentindo muito bem. Parece que encontrei um novo sentido para minha vida. Sinto que agora serei realmente feliz, podendo dividir com Lenita tudo o que possuo.

Farias continuava se jogando sobre ela. Não se conformava com o fracasso e gritava:

— Não é justo, Gervásio! Depois de tudo que ela me fez, ser protegida dessa maneira. Ela não presta! Merece castigo, e não perdão!

— Meu amigo, se ela continuar assim, não poderemos fazer nada. Torça para que você tenha razão e ela volte a ter sentimentos de ódio e vingança. Só assim você poderá se aproximar e tentar fazê-la ser novamente o que sempre foi: má, calculista e mesquinha. Se conseguir isso, ela será toda sua, mas, se ela não voltar a ser como antes, você terá de ir embora e esquecer.

— Esquecer? Nunca! O que ela me fez não tem perdão! Como vou esquecer que por causa dela fui atirado naquele vale horrível? Por causa dela estou aqui nesta situação! Não vou esquecer nem perdoar. Nunca!

— Não adianta ficar assim. Tem de ter paciência e esperar. O perdão é muito bom. Tente perdoar e verá como se sentirá muito bem. Acredite na Lei; ela é justa e sábia.

ORGULHO FERIDO

Márcia terminou de almoçar, pegou o carro novamente e saiu rumo ao hospital. Não conhecia muito bem o caminho, nunca antes estivera por aquele lado da cidade. Ao sair da Marginal, perdeu-se. Não sabia onde estava e que caminho deveria tomar. Parou em um posto de gasolina e pediu informação ao frentista. Ele lhe ensinou o caminho, e ela continuou procurando. Estava passando por uma rua quando viu o carro de Osvaldo estacionado em frente a um portão. Seu corpo todo estremeceu e seu coração começou a disparar. Diminuiu a velocidade. Estava se aproximando, quando viu de dentro da casa algumas pessoas saindo. Osvaldo vinha abraçado à esposa, as crianças corriam à sua frente. Junto vinha um outro casal, mais velho, que Márcia deduziu serem os pais dele.

Ele conversava distraído e não viu seu carro. Ela acelerou justamente para que ele não a visse. Estacionou mais à frente e pelo retrovisor ficou observando. Todos se abraçaram. Osvaldo ficou o tempo todo com as mãos no ombro da esposa. Sorrindo, entraram no carro e saíram no sentido contrário ao dela. Mais uma vez, o ódio voltou. Márcia falou alto:

— Ele está feliz com a esposa, não está nem um pouco preocupado comigo! Não está se importando se estou só e carente! Não está lembrando nem que um dia eu existi. Isso não vai ficar assim! Não vou a hospital algum! Vou para a casa de dona Durvalina mandá-la fazer o que tem de ser feito!

Continuou dirigindo. Passou em frente ao hospital. Dali para frente sabia como chegar a seu destino. Dirigiu, por mais alguns minutos, e finalmente chegou. Desta vez, parou o carro em frente à casa. Não estava com disposição de andar. Bateu palmas e a mesma senhora que morava no quarto da frente atendeu:

— Pois não.

— Preciso falar com dona Durvalina. Ela está?

— Não sei. Ela mora na terceira porta. Pode entrar.

Márcia entrou e caminhou até a porta. Bateu, e dona Durvalina atendeu.

— Pois não. Posso ajudar em alguma coisa?

Ela estranhou aquela figura. Uma mulher alta, com cabelos negros e olhos brilhantes; podia-se dizer que era bonita e não tinha nem trinta anos. Márcia ficou olhando, pensando estar diante de outra pessoa. Aquela que estava à sua frente em nada se parecia com a outra com quem havia conversado. Meio sem jeito falou:

— A senhora é dona Durvalina?

— Sou eu mesma. Posso ajudar em alguma coisa?

— Estive aqui outro dia e falei com a senhora. Disse que faria um trabalho para mim; disse também que eu poderia vir a qualquer hora. Como trabalho, será muito difícil eu vir durante a semana, por isso vim hoje. A senhora pode me atender?

— Sinto muito, mas de domingo eu não trabalho.

— Imaginei isso, porém é muito urgente. Sei que o preço da consulta é cinquenta. Pagarei cem.

A mulher pensou por um instante e falou:

— Está bem. Vai precisar esperar um pouco, tenho de me preparar. Pode ir lá para o fundo. A porta está só encostada. Entre e irei em seguida.

Márcia, com um sorriso vitorioso, dirigiu-se à porta. Abriu, entrou. Ficou impressionada. O quarto parecia bem maior. O ambiente estava claro, iluminado por uma luz lilás. No fundo, um altar com flores e alguns santos. Velas acesas de várias cores. Olhando aquilo, pensou: *Definitivamente, este não é o mesmo lugar em que estive naquele dia. Será que estou ficando louca?*

Estava ali olhando, quando dona Durvalina entrou:

— Está estranhando alguma coisa?

— Estou. No outro dia, isto aqui parecia escuro e feio. Hoje parece iluminado e bonito.

— Bem se vê que a moça não entende nada de minha religião. Durante a semana, para atender as pessoas, eu trabalho com a esquerda, mas também trabalho com a direita. Tenho meus santos e protetores. Dependendo da consulta, eu uso um lado ou o outro.

Enquanto falava, puxou uma cortina preta, separando os dois ambientes. Acendeu algumas velas pretas, pegou charutos e a garrafa de cachaça, ficou em pé, com os olhos fechados. Seu corpo começou a tremer e de repente soltou uma gargalhada estridente.

Márcia, assustada, viu a transformação da mulher à sua frente. Novamente não lembrava nem por um instante a dona Durvalina que acabara de conhecer. A mulher sentou-se no chão, acendeu um charuto e tomou um pouco da cachaça.

Márcia agora já sabia o que tinha de fazer e ajoelhou-se à sua frente. Como da outra vez, a mulher pegou suas mãos. Deu uma gargalhada e falou:

— Então a moça voltou? Resolveu mesmo fazer o trabalho?

— Sim, e precisa ser hoje.

— A moça pensou bem no que vai ter de pagar?

— Pensei. Não me incomodo, pagarei o que for preciso.

— Já que é assim, só me resta atender seu pedido. Vou fazer o trabalho. Espero que a moça não se arrependa.

— Não vou me arrepender. Resolvi hoje. Não tenho tempo e não sei comprar o material necessário, por isso vou deixar o dinheiro com a senhora para comprar tudo.

— Está certo, moça, mas antes preciso lhe falar mais uma coisa. Este trabalho que vou fazer pode dar certo, mas também, dependendo da pessoa que for receber, ele pode não funcionar. Se ela for uma pessoa boa, com bom sentimento, vai ter proteção e nada vai acontecer. A moça está entendendo?

— Quer dizer que pode não acontecer nada? Quer dizer que estarei gastando meu dinheiro em algo que pode não acontecer?

— Isso mesmo. Se a pessoa pra quem o trabalho for feito é protegida, não vou conseguir realizar. Estou avisando para que depois, se não der certo, a moça não volte pra reclamar.

— Ele não é uma boa pessoa! Ele não tem bons sentimentos, é um canalha. Eu o odeio! Vou arriscar, sei que dará certo!

— A moça é quem sabe. Há outra coisa que preciso avisar. Se o trabalho der certo ou se não der, isso não importa; o que importa é a intenção da moça. Se fizer, vai ter de pagar o preço, dando certo ou não.

— Já disse que não me preocupo com isso. Só vamos saber se dará certo fazendo o trabalho.

— Moça, depois que eu fizer, vai ser difícil desfazer. Pense bem...

Márcia irritou-se com toda aquela conversa. Ela já havia pensado muito e era exatamente aquilo o que queria. Falou quase gritando:

— Já pensei bem. Não voltarei atrás. Vou pagar o que for preciso. A senhora não quer receber o pagamento?

— A moça não está falando com senhora nenhuma, a moça está falando com um Exu.

Márcia se assustou com o olhar que a mulher lhe dirigiu. Disse:

— Está bem, desculpe. É que estou muito nervosa. Mas mesmo assim volto a perguntar: o senhor não quer receber?

— Está bem, moça, se quer assim, vamos fazer. A moça dá o nome de todas as pessoas, deixa o dinheiro do meu cavalo e outro tanto pra comprar tudo que precisar, e amanhã meu cavalo compra tudo. Eu preparo e ela faz a entrega. Vai demorar sete dias pra moça ver se deu resultado. Está bem assim?

— Está. É só o que quero: ver o resultado.

— Está bem. Agora a moça pode ir embora e esperar até a semana que vem. Se der certo, a moça não precisa mais voltar, só se quiser fazer outro trabalho.

Enquanto falava, bebia e soltava baforadas de charuto sobre Márcia.

Márcia levantou-se, tirou da bolsa os cem da consulta, os cinco mil do trabalho e mais duzentos para que o material fosse comprado. Entregou tudo à mulher e saiu.

Já no carro, sorria satisfeita com o resultado que teria. Estava feito. Ela veria Osvaldo a seus pés, pedindo perdão. Era tudo que queria. A seu lado, sentados no banco de trás, Gervásio e Farias também sorriam alegres. Gervásio falou:

— Agora ela é toda sua. Pode fazer cumprir sua justiça. Essa é a Lei. Temos de voltar e falar com Damião. Ele vai dizer o que pode ser feito.

— Como pode dizer o que deve ser feito? Ele já disse que eu poderia fazer cumprir minha justiça.

— Ele disse e é verdade, mas para tudo existe uma ordem. Precisamos voltar e falar com ele.

— Está bem. Já que é assim, que seja, mas estou feliz, porque vou poder me vingar!

UMA FAMÍLIA FELIZ

    Enquanto isso, Osvaldo passeava por um parque de diversões, onde, após o almoço, levou as crianças. Enquanto elas brincavam, ele e Clarice passeavam abraçados. Ela não acreditava na felicidade que estava sentindo. Disse:

— Estou tão feliz, Osvaldo! Você voltou a ser o homem que conheci e com quem me casei; voltou a ser amoroso comigo e com as crianças.

— É mesmo, meu amor, tenho de reconhecer que a fiz sofrer muito. Sua partida me fez perceber o quanto amo você e as crianças, e me fez compreender que só poderei ser feliz ao lado de vocês.

Clarice deu um beijo em seu rosto, dizendo:

— Agradeça à sua mãe e a Marlene. Foram elas que me deram a ideia de jogar uma última cartada.

— Que está dizendo? Minha mãe? Marlene? — perguntou, admirado.

— Sim, foram elas. Sua mãe estava cansada de ver você naquela vida desvairada, esquecendo-se de mim e das crianças, e Marlene você conhece: é só bondade. As duas me convenceram de que a melhor coisa que eu poderia fazer seria abandonar você. Sabíamos que seria uma cartada difícil e definitiva, mas sua mãe dizia sempre:

— *Filha, você precisa fazer isso. Sei que meu filho ama você e as crianças. Ele só não se deu conta disso ainda. Por isso tem de fazer com que ele sinta a falta de vocês. Não conhece o ditado? Para dar valor, é necessário perder.*

— *E se ele não sentir nossa falta? Se ele não se preocupar e não for me procurar?*

— *É um risco que você precisa correr. De que adianta ficar ao lado de um homem que não a respeita, que está sempre ausente na educação dos filhos? Você é muito boa, não merece isso.*

— Minha mãe te disse isso, Clarice?

— Disse, e muitas vezes, Osvaldo. Marlene ajudava muito, sempre dizendo:

— *Sua sogra tem razão, Clarice. Vocês merecem muito mais. Você tem de confiar na bondade de Deus e ter certeza de que Ele nunca abandona Seus filhos. Vocês se casaram e ele abençoou seu lar com duas crianças. Se assim fez, foi para que tudo desse certo. Deus é pai. Às vezes, Ele nos manda alguma dificuldade, por nossa própria culpa, para nos ensinar ou porque temos alguma dívida para resgatar.*

— Marlene é uma mulher maravilhosa, Clarice. Trabalha para minha mãe nem sei há quanto tempo. Está sempre em dificuldades, mas não reclama nunca. Como pode?

— Não sei. Ela sempre diz que se a pessoa sofre é porque merece. São coisas lá de sua religião... acredita na vida após a morte, em reencarnação e tudo o mais.

— Você acredita em reencarnação?

— Não sei. Às vezes penso: por que existem tantas diferenças aqui na Terra? Dizem que Deus é Pai de todos... então, por que a muitos Ele dá tudo e a outros não dá nada? Será que Ele tem filhos preferidos?

Osvaldo ficou ouvindo Clarice e pensando. Quando ela terminou de falar, ele continuou:

— Pensando dessa forma, a gente chega à conclusão de que, se existe um Deus, tem de haver reencarnação. Só isso poderia realmente explicar as diferenças que existem. Deve existir algum motivo para que as pessoas tenham vidas tão diferentes: uns sofrem tanto e outros, nada...

— Estive pensando muito sobre isso. Marlene mesmo... desde que a conheço, sempre sofreu todo tipo de desgosto. Por quê? Uma mulher tão boa e prestativa, sempre disposta a dividir o que tem... ela tem sempre uma palavra de consolo, e em sua pobreza ainda encontra meios para ajudar aqueles que mais precisam. Não dá para entender.

— É muito complicado mesmo. Bem, mas isso não importa. Estou feliz em voltar a encontrá-la e amá-la. Elas duas tinham razão: amo muito você e as crianças. Ficaremos sempre juntos e nada vai nos separar novamente.

Clarice correspondeu ao beijo suave que ele deu em seus lábios falando:

— Não sei se a reencarnação existe, nem se essa história de almas gêmeas é verdadeira, mas, se isso tudo for verdade, com certeza estivemos juntos nos amando em outra encarnação e somos almas gêmeas, porque eu o adoro.

As crianças saíram de um brinquedo e vieram correndo ao encontro dos dois, pedindo sorvete. Ainda abraçados, foram até um carrinho e compraram o preferido de cada um. Os quatro, cada um com seu sorvete, continuaram andando pelo parque. As crianças praticamente engoliram de uma vez o sorvete para poderem brincar de novo. Quem os visse, com certeza diria:

— Esta é uma família feliz.

E, realmente, era.

OPORTUNIDADE DE REPENSAR

Márcia acordou e foi trabalhar. Naquela semana, por ser a última do mês, ela teve muito trabalho e precisou ficar todos os dias até mais tarde no escritório. Osvaldo não telefonou, mas ela quase não teve tempo de pensar nele e, quando pensava, contava nos dedos os dias que faltavam para o domingo. Sabia que teria de esperar até lá. Dedicou todo o seu tempo ao trabalho, quase não pensou em Lenita também. Na terça-feira, a recepcionista do hospital ligou:
— Dona Márcia, sou Regina, aqui do hospital.
— Hospital?! Ah, sim... Lenita! Como ela está?
— Está bem, vai receber alta hoje, após o almoço. É por isso mesmo que estou ligando. O cheque que a senhora deixou é superior aos gastos e teremos de devolver o restante. Estou ligando para saber se a senhora vem até aqui ou se prefere que o dinheiro seja depositado em uma conta de banco.

— Nem uma coisa nem outra. Esse dinheiro foi reservado para Lenita. Desconte do cheque as despesas e dê o troco à avó da menina, para comprar alimentos e tudo o que for necessário para atender às necessidades de Lenita.

— Farei isso. A senhora é mesmo uma santa. Agradeço em nome da menina e de sua avó. Obrigada.

Desligou o telefone. Márcia, ainda com o aparelho na mão, pensou: *Uma santa? Eu? Ainda bem que a menina está bem. Mas precisa de tratamento. Vou arrumar um meio de ajudá-la.*

No hospital, a recepcionista colocou o telefone no gancho. Pelo interfone, pediu à enfermeira do andar que enviasse a avó de Lenita até a recepção. Pouco depois, ela chegou perguntando:

— A senhorita mandou me chamar?

— Sim. Sua neta vai receber alta, e a moça que deixou o cheque pediu que déssemos o troco à senhora, para comprar toda a alimentação de que a menina precisar.

— Quem é essa moça?

— Ela pediu que seu nome e endereço não fossem fornecidos. Quer continuar anônima.

— Preciso saber quem é. Preciso agradecer tudo o que fez por minha menina.

— Sinto muito, mas ela impôs essa condição. Não podemos quebrar o prometido.

— Moça, por favor, preciso saber quem é ela.

— Só posso lhe dizer que o nome dela é Márcia e que é uma mulher muito rica.

— Márcia?! Márcia? Você disse Márcia?

— Foi exatamente isso que disse. O nome dela é Márcia. Mas por que o espanto? É um nome como outro qualquer.

— Moça, por favor, preciso saber o endereço dela. Preciso disso mais do que nunca!

— Minha senhora, desculpe, mas não posso.

— Por favor, moça, preciso agradecer. Se ela não tivesse socorrido minha neta, ela agora poderia estar morta. O mínimo que posso fazer é agradecer do fundo do meu coração.

Regina ficou pensando por alguns segundos, olhando para a ficha de Lenita, que estava em suas mãos. Voltou a olhar para a velha senhora:

— Pensando bem, não vejo inconveniente algum em lhe dar o endereço. O gesto dela foi muito bonito, não deve ser ignorado. Ela não quis que a senhora soubesse quem era porque agiu com boa vontade, apenas querendo ajudar a menina, não para receber agradecimento. Vou lhe dar o telefone que ela deixou, é de seu escritório. A senhora pode telefonar e agradecer, mas, por favor, não diga a ninguém que fiz isso... posso perder meu emprego.

— Não vou dizer, pode ficar tranquila.

Regina anotou o número do telefone, o nome e o endereço da empresa em que Márcia trabalhava, e entregou o papel à avó de Lenita, que o dobrou e guardou na bolsa. Agradeceu e voltou para o quarto. Precisava preparar Lenita para irem embora.

Márcia voltou ao trabalho. Aquela semana estava mesmo puxada. O trabalho, como sempre, foi entregue e elogiado. Todos os seus auxiliares também trabalharam muito. Não gostavam dela, mas eram obrigados a admirá-la como profissional. Possuía um grande conhecimento sobre tudo que fazia.

No sábado de manhã, saiu e foi fazer algumas compras. Sabia que, na semana seguinte, Osvaldo voltaria, e queria que ele a encontrasse em uma camisola deslumbrante. Fez compras, depois foi ao cabeleireiro, voltou para casa, arrumou-se e foi ao teatro. No domingo, acordou cedo e voltou àquele parque em que estivera observando as pessoas. Sentou-se no mesmo banco e ficou pensando: *Ele voltará, e desta vez exigirei que abandone a esposa e que se case comigo. Está na hora de ter meus filhos. Só agora estou percebendo como sou sozinha. Não tenho ninguém a meu lado a quem possa me dedicar e com quem dividir tudo o que tenho. Preciso mudar esse estado de coisas. Vou formar minha família, está mais do que na hora.*

Continuou olhando as pessoas correndo, andando, e os pais brincando com as crianças. Um homem de corpo atlético e bonito passou por ela, lançou-lhe um olhar e, sorrindo, continuou correndo. Ela o acompanhou com os olhos. Ele era realmente bonito e seu sorriso também. Ele sumiu, para logo depois passar correndo por ela e sorrir novamente. Ela não se conteve e sorriu. Ele continuou correndo e, cada vez que passava por ela, sorria. Em uma das voltas, acenou com a mão e foi correspondido. Ele sumia de um lado, ela ficava olhando para o outro, esperando sua chegada. Em uma das vezes que apareceu, ele parou e sentou-se a seu lado. Suava muito, mas mesmo assim era bonito. Estava de *short* e podiam-se ver suas pernas grossas de puro músculo. Devia ter uns trinta e poucos anos. Os cabelos castanhos, um pouco grisalhos nos lados, davam a ele uma aparência magnífica. Aquela beleza viril a encantou. Enxugando o rosto com uma toalha que carregava no pescoço, ele falou:

— Meu nome é Ronaldo. Muito prazer.

Ela, meio sem jeito por não estar acostumada a ser assediada, respondeu:

— O meu é Márcia. Muito prazer.

— Você não costuma vir aqui, não é? Venho quase todos os domingos e nunca a vi antes.

— É verdade. Esta é a segunda vez que venho. Gosto de admirar a natureza e ver as pessoas felizes e despreocupadas.

— Não pratica esporte?

— Não. Sempre trabalhei e estudei muito, nunca me sobrou tempo.

— Tempo a gente sempre arruma. O esporte não faz bem só para o corpo, mas para a mente também.

— Acredito. Só que nunca senti vontade. Quem sabe agora eu passe a me interessar.

Ele deu um largo sorriso:

— Espero, sinceramente, que se interesse, Márcia, porque assim poderemos nos ver mais vezes e, quem sabe, nos tornar amigos. Preciso ir embora. Foi um prazer conhecer você e espero vê-la mais vezes por aqui. Até logo...

— Você me verá, com certeza. Até logo...

Ele foi embora. Márcia ficou olhando até que ele desaparecesse, pensando: *Ele é realmente muito bem-apessoado e simpático. Seu sorriso é franco e bonito. Seus olhos... que olhos eram aqueles? Meu Deus, que homem!*

Sorriu por estar tão impressionada e sentindo algo que nunca sentira antes. Os olhos dele possuíam alguma coisa que a atraía, e muito. Foi para casa resolvida a voltar no próximo domingo, na mesma hora. Precisava vê-lo novamente.

Passou o resto do domingo tranquila. Leu, tirou uma soneca, assistiu à televisão. Cada vez mais constatava que era uma pessoa só, completamente só.

TRISTEZA E ACEITAÇÃO

Na segunda-feira, levantou-se e foi para o escritório. Aquele era o dia. Com certeza, Osvaldo telefonaria, louco de vontade de vê-la. Chegou à empresa, estacionou o carro na garagem e subiu pelo elevador. Aquela era sua rotina diária. Ao entrar no saguão, a recepcionista, ao vê-la, disse:

— Dona Márcia, esta senhora a está esperando por muito tempo. Disse que precisa conversar com a senhora e que é urgente.

Márcia voltou-se e viu diante de si sua mãe. Estremeceu. Ela estava vestida de maneira simples, com roupas que denotavam sua origem. Márcia ficou calada, sem conseguir se expressar. O sangue sumiu de seu rosto. Agindo como se não a conhecesse, a mulher falou:

— Vim até aqui para agradecer o bem que fez à minha neta e para lhe dizer que agora ela está muito bem.

Márcia, ainda confusa, acreditando que mais uma vez ela não a havia reconhecido, disse:

— Não precisava fazer isso. Qualquer pessoa na mesma situação teria feito o que eu fiz.

— Precisava agradecer, sim. Com o dinheiro que sobrou, vou poder tratar dela por um bom tempo. Muito obrigada mesmo.

Enquanto falava, a mulher ia olhando para ela profundamente. De repente, parou de falar e ficou só olhando. Por seu rosto correram duas lágrimas. Márcia percebeu que ela a havia reconhecido. Percebeu também que a recepcionista da empresa acompanhava toda a conversa. Ficou com medo de que a mãe falasse algo comprometedor na frente dela. Num instante, disse:

— Por favor, entre aqui em minha sala; quero que me fale mais a respeito da menina.

Entrou na sala e a mãe a acompanhou. A funcionária da recepção ficou encantada e admirada pelo fato de a Bruxa (era assim que a chamavam) ter feito uma boa ação. Correu para contar aos outros empregados.

Márcia, depois que fechou a porta, falou:

— A senhora tem mais alguma coisa para me dizer?

— Márcia! É você mesma! A minha Márcia, que tenho procurado há tanto tempo. Márcia... Por que se afastou da gente? Por que nunca mais deu uma notícia sequer? Não pensou que eu ia morrer de preocupação?

— Não sou a Márcia que a senhora está pensando! A Márcia que conheceu fugiu um dia de toda aquela pobreza, miséria e tristeza, do meio de pessoas pobres e infelizes! Sou outra pessoa, venci na vida, graças a meu trabalho e boa vontade. Não pertenço, aliás, nunca pertenci, a seu mundo! Sempre odiei todos vocês, nasci em sua casa por engano!

— Não fale assim. Somos sua família, sou sua mãe...

— Não tenho família, não tenho mãe, não me importo com como estão vivendo e onde! Estive esse tempo todo isolada porque não queria ter contato algum com vocês. Quero continuar assim!

— Márcia, minha filha, não pode imaginar o quanto tenho sofrido sem notícias suas...

— Agora com certeza vai sofrer ainda mais, pois descobriu que sou rica e poderosa, enquanto a senhora continua na miséria de sempre! Quanto quer para esquecer que me viu? Quanto quer para não contar a ninguém que sou sua filha? Posso pagar o que quiser, tenho muito!

Ao ouvir aquilo, a velha senhora limpou as lágrimas com as mãos e olhou firme para Márcia, respondendo:

— Como você é mesquinha! Não quero e não preciso de nada. Sou sua mãe e continuarei sendo para sempre. Não vou dizer a ninguém e não precisa pagar por meu silêncio. Dinheiro algum pagaria a vergonha e a tristeza que estou sentindo neste momento por ter gerado um monstro como você. Peço a Deus que tenha pena de sua alma, que lhe mostre o caminho do bem e do amor, que a proteja. Deus a abençoe, minha filha...

Seu coração estava despedaçado. Enxugando as lágrimas que insistiam em cair, saiu da sala, passando pela moça que a havia atendido e que percebeu que ela estava chorando. Preocupada, perguntou:

— Por que está chorando? Aconteceu alguma coisa? Quer um pouco de água?

A mulher estava com muita raiva. Pensou em dizer o que havia acontecido, dizer que aquela que estava dentro daquela sala, posando como uma grande senhora, era sua filha. Pensou, mas não disse. Enxugou as lágrimas respondendo:

— Estou bem. Só um pouco emocionada, nada mais. Até outro dia.

A moça, intrigada, insistiu:

— Está bem mesmo?

A velha senhora fez sim com a cabeça e saiu.

Enquanto descia sozinha no elevador, muito magoada com a atitude daquela filha que havia criado com todo o amor, deixou as lágrimas correrem sem se preocupar em disfarçar. Chorando, pensava: *Não consigo acreditar que esta é a mesma menina que gerei dentro de mim. Meu Deus! Depois que desapareceu, quantas noites fiquei sem dormir, preocupada com ela. Sempre me preocupei muito. Nunca entendi por que simplesmente desapareceu de minha vida. Fiquei tão feliz quando, no hospital, suspeitei que ela poderia ser minha filha tão procurada e amada. Agora que tive a confirmação, só posso lamentar e chorar muito.*

Já na rua, andando meio perdida, parou na calçada, fechando os olhos. Pensou: *Esta deve ser mais uma prova pela qual terei de passar. Meu Deus, preciso de forças para não fraquejar. Estou velha e cansada, minha vida toda tem sido de provas e sacrifícios, não sei se suportarei mais esta. Por favor, ajude-me a não me revoltar e bradar contra Sua justiça. Estou cansada.*

Imediatamente um vulto se aproximou, abraçou-a e com carinho falou em seu ouvido:

— Minha filha, não se desespere. Tudo um dia vai terminar. Sua filha precisa muito de seu amor e de sua ajuda. Deus está e estará sempre com você, enquanto acreditar em Seu amor e em Sua justiça. Reaja contra esse sentimento de ódio, mágoa e desilusão que agora está sentindo. Confie no amor, na justiça e na Lei.

Ela não ouviu, mas sentiu dentro de si um consolo muito grande. Lembrou-se de Lenita, que estava em casa e que precisava de sua proteção. Lembrou-se de Márcia quando criança, correndo para que ela a abraçasse. Lembrou-se de seu marido, que já havia partido para Deus, e de seu outro filho, que como ela tivera também uma vida triste. Com o olhar distante, continuou pensando: *Márcia ao menos está feliz. Do que estou reclamando? Indo embora, encontrou seu caminho. Ela tem razão: se tivesse continuado conosco, teria tido um destino igual. Que Deus a abençoe. Que Deus me perdoe por este momento de fraqueza, me perdoe se, por um instante, duvidei de Sua sabedoria, justiça e amor.*

Continuou andando. Precisava ir depressa, porque tinha um longo dia de trabalho pela frente. Havia telefonado no dia anterior, avisando a sua patroa que chegaria um pouco mais tarde, mas não podia abusar. Já trabalhava havia muito tempo para ela, eram na realidade amigas, mas sua obrigação teria de ser cumprida. Acelerou o passo e tomou o ônibus, calma e tranquila. Pelo menos um de seus filhos estava feliz.

Enquanto o ônibus andava, ela pensava em seu passado, no filho que tão cedo fora embora: *Ricardo era tão bonito, me amava e se preocupava comigo. Queria muito encontrar a irmã desaparecida. Lembro o dia em que pela primeira vez trouxe Cinira para me conhecer; era ainda uma menina:*

— Mamãe, esta é Cinira, ela trabalha lá na fábrica.

— Muito prazer. Fique à vontade.

Notei que era uma menina simples, mas muito bonita. Começaram um namoro. Fiquei um pouco preocupada porque eram muito crianças, mas não fiz nada. Ricardo estava muito feliz, aquilo era o suficiente para que eu a aceitasse. Namoraram por quase um ano. Numa tarde de domingo, os dois chegaram juntos. Ricardo, com o rosto um tanto preocupado, disse:

— Mamãe, estamos com um problema e a gente não sabe como resolver. A gente precisa de sua ajuda.

Senti que algo muito grave estava acontecendo. Comecei a ficar aflita:

— O que está ocorrendo? Fale logo, estou ficando nervosa, Ricardo!

— Cinira está esperando uma criança. Ela está grávida.

— Oh, meu Deus! Vocês ainda são crianças... Você só tem dezessete anos, e ela quinze, meu filho...

— A gente sabe disso. Os pais dela são muito severos, não vão aceitar. Quando souberem, vão colocá-la para fora de casa. Por isso a gente precisa da sua ajuda, mamãe.

— Vou fazer o que puder para ajudar vocês. O que querem?

— A gente precisa de dinheiro para que ela possa fazer um aborto.

— Aborto?! Aborto? Não! Não posso fazer isso. Sabe que não tenho dinheiro. Ganho o suficiente para nosso sustento, mas, mesmo que tivesse, não lhe daria para um aborto. É um crime. Essa criança é um espírito de Deus, não podem matar!

— A gente não tem condição de criar uma criança, mamãe... que vamos fazer? Não tem outro caminho...

— Sempre tem um caminho, e esse não é o melhor. Talvez o mais fácil, mas não o melhor.

— A gente não sabe o que fazer.

— Você gosta realmente dela?

Lembro que olhei para aquela menina que mantinha os olhos baixos e chorava. Ele respondeu:

— Claro que gosto! Eu a amo, por isso não quero que sofra. O pai dela não vai aceitar.

— Se gosta mesmo, vai assumir essa criança e a ela também. Vocês vão se casar e virão morar aqui.

— Aqui? Esta casa é só um quarto e sala.

— A gente dá um jeito. Qualquer coisa é melhor que um aborto.

Só então Cinira levantou os olhos, que brilhavam mostrando a felicidade que sentia.

— A senhora vai fazer isso mesmo? — disse ela. — Vai deixar a gente vir morar aqui?

— Claro que sim, minha filha. Antes de te conhecer, meu filho era triste e calado. Hoje está feliz, mudou completamente. Sei que se amam, como não iria ajudar?

Naquele mesmo dia, fomos até o cartório. Mas a gente não imaginava como seria difícil realizar aquele casamento. Os dois eram menores de idade, por isso não poderiam se casar sem o consentimento do juiz. Depois de muita luta, eles conseguiram convencer o juiz de que se amavam e que queriam realmente aquela criança. Na festa de casamento só havia um pequeno bolo, mas muitos amigos. Seis meses depois, nasceu Lenita. Quando a vi no berçário, senti uma ternura enorme. Eu a amei desde o primeiro instante. A meu lado, olhando a criança através do vidro, Ricardo também estava feliz e orgulhoso:

— Mamãe, ela não é linda?

— É sim, meu filho. É a menina mais linda do mundo. Vamos fazer o possível para que seja muito feliz.

Cinira ficaria no hospital por dois dias. Lenita nasceu às duas da tarde. À noite, Cinira começou a ter uma hemorragia. Os médicos não conseguiram explicar o motivo, só disseram que fizeram o possível, mas não adiantou, a hemorragia não foi estancada. Uma semana após o nascimento de Lenita, Cinira morreu.

Ainda pensando, olhou pela janela do ônibus. Lá fora, o sol brilhava. Lágrimas começaram a correr por seu rosto, e ela as enxugou com as mãos. Não queria relembrar tudo pelo que havia passado, mas a lembrança do desespero em que seu filho ficara a fazia sofrer muito.

Como Ricardo ficou desesperado ao saber que a esposa havia morrido... eu tentava consolar meu filho, mas, mesmo já conhecendo algo sobre a vida espiritual, eu mesma não conseguia aceitar. Dizia:

— Por que, meu Deus? Eles se amavam tanto... Esta criança, apesar de tudo, foi muito bem-vinda. Não é justo. Meu filho é tão bom, o que será dele agora?

Levamos Lenita para casa. Ela realmente era muito bonitinha. Ricardo entrou em uma depressão profunda. O fato de eu trabalhar há muito tempo nas mesmas casas facilitou-me levar a menina comigo para trabalhar, com a permissão de minhas patroas. Aos poucos, todas se apaixonaram por ela. Dois anos atrás, Lenita estava com quase dois anos e parecia ser uma criança saudável. Em uma noite, percebi que ela estava tendo dificuldades para respirar. Eu e Ricardo a levamos a um pronto-socorro. Depois de a examinar, o médico disse:

— Ela tem um problema de coração, vai precisar ficar internada para que sejam feitos vários exames.

Assustados, eu e Ricardo nos olhamos. No mesmo instante nos lembramos de Cinira morrendo em um hospital. Ele não queria deixar a menina, mas eu o convenci de que seria o melhor.

Com o coração apertado, a gente deixou Lenita ali. No dia seguinte, na hora da visita, fomos até o hospital. Ela estava com uma boa aparência. Ao ver a gente, a enfermeira disse:

— O doutor Tavares pediu que fossem até seu consultório. Precisam conversar.

Preocupados, fomos até ele, que nos recebeu com o rosto sério:

— Fizemos os exames e descobrimos que ela tem um problema sério no coração. Talvez, quando crescer um pouco mais, tenhamos de fazer uma cirurgia.

— Cirurgia? O senhor tem certeza?

— Sim, mas vamos iniciar um tratamento. Ela terá de tomar este remédio todos os dias. Veremos como vai reagir.

A gente levou Lenita para casa. Ricardo permaneceu calado durante todo o trajeto. Eu não sabia em que ele pensava, mas não me atrevi a perguntar. Três dias depois, ele chegou em casa com uma motocicleta:

— Mamãe, sabe bem que Lenita vai precisar de um tratamento. A gente não pode continuar morando aqui nesta favela. Por isso resolvi mudar de emprego. O que ganhava na fábrica era muito pouco. Trabalhando com esta moto, poderei ganhar muito mais e em breve a gente vai poder mudar.

Senti um aperto no coração, mas sabia que não podia fazer nada. Apenas disse:

— Tem certeza de que essa é a melhor coisa a fazer, meu filho?

— Tenho, mamãe, sim. Preciso ganhar mais, e essa é uma ótima maneira. Além do mais, com a moto, se Lenita passar mal durante a noite, vai ser muito mais fácil levar ela para o pronto-socorro.

— Está bem, Ricardo. Se acredita ser o melhor, que seja.

Ele começou a trabalhar para uma empresa. No final do primeiro mês de trabalho, chegou em casa muito feliz:

— Olhe aqui, mamãe: recebi meu primeiro salário, e é mais que o dobro daquele que recebia na fábrica. Se continuar assim, logo a gente vai poder mudar.

— Fico feliz por você. Será muito bom mudarmos para um lugar melhor.

Seis meses depois, em uma noite, ele começou a sentir uma dor de cabeça muito forte. Dei a ele um comprimido com chá, dizendo:

— Deve ser o começo de uma gripe.

A dor passou, e ele voltou a dormir. Duas horas depois, acordou gritando:

— Mamãe, não estou aguentando a dor. Está muito forte.

Preocupada, perguntei:

— Quer ir até um hospital?

— Não, vou tomar outro comprimido e, se amanhã não passar, eu vou.

Dei para ele outro comprimido. Ele dormiu mais um pouco, mas pela manhã a dor ainda continuava, agora mais forte. Ele não tinha condições de dirigir a moto. Pegamos um táxi e fomos a um hospital. Após o exame, o médico disse:

— Terá de ficar internado. Estou suspeitando de que esteja com meningite.

O chão sumiu de meus pés. Senti que ia desmaiar, mas o médico me amparou. Sem deixar transparecer meu desespero, me despedi de Ricardo. Naquela mesma noite, ele morreu. Era meningite da mais letal, não houve uma maneira de ser salvo.

Ainda pensando, ela olhou novamente para fora, enquanto o ônibus seguia seu caminho.

Está faltando pouco, preciso prestar atenção. Estou tão envolvida em meus pensamentos que posso até perder meu ponto.

Ela, no entanto, não conseguia parar de pensar: Como me revoltei contra Deus! Quando recebi a notícia da morte de Ricardo, comecei a gritar:

— Deus, como pôde fazer isso comigo? Sou uma pessoa boa. Não faço nada de mau para ninguém. Tenho vivido uma vida inteira de sofrimento e miséria. Perdi meu marido, minha nora. Tenho uma filha que não sei por onde anda. E agora meu filho? Não é justo. Não é justo!

Eu chorava muito. A enfermeira, vendo que eu estava sozinha, me deu uma injeção e fiquei dormindo no hospital por algumas horas. Quando acordei, estava mais calma, mas não conseguia perdoar Deus por me tratar daquela maneira. Precisava providenciar o sepultamento de meu filho. Sabia que precisava voltar para casa e continuar vivendo, pois havia deixado Lenita com uma vizinha. Lenita... ah, minha Lenita... foi por ela que suportei tudo. Eu não podia morrer. Ela precisava de minha proteção e afeto, não podia deixar que ficasse sozinha neste mundo. Quanto a Márcia, não posso fazer nada. Estou há muito tempo vivendo sem ela. Agora sei que ela está bem, e isso me basta. Meu ponto de ônibus está chegando, preciso descer.

Levantou-se, tocou a campainha e desceu.

RESULTADO DO TRABALHO

 Depois que a mãe saiu, Márcia sentou-se em sua cadeira. Tremia, não sabia se de emoção ou de raiva. *Por que ela teve de me encontrar? Por que eu tive de dizer todas aquelas coisas? Por que eu a odeio tanto? Por que nunca consegui nem consigo agora acreditar em seu amor, ou pelo menos confiar nela?*
 Ficou assim sem trabalhar por algum tempo. O interfone tocou. Era o doutor Fernando, que havia se recuperado e voltado, querendo que ela fosse à sua sala. Ela se levantou, foi até o banheiro, retocou a maquiagem, passou as mãos pelos cabelos e foi até ele. Recebeu suas orientações e voltou para sua sala. Como sempre, o trabalho para ela era o melhor remédio. Enquanto trabalhava, esquecia-se de tudo, até de Osvaldo.
 O dia passou rapidamente. Osvaldo não ligara, mas ela nem se deu conta disso. Nos momentos de folga, só pensou

em Lenita, em sua mãe e no ódio que viu em seus olhos quando esta disse sentir vergonha de tê-la gerado.

Quando o expediente terminou, foi para sua casa. Só quando lá chegou foi que lembrou ser segunda-feira; o fim do prazo estabelecido por dona Durvalina fora no domingo.

Ele não telefonou. Será que o trabalho não vai dar certo?

Foi até a cozinha. Seu jantar estava preparado, mas ela novamente estava sem fome. Ficou por ali, andando de um lado para outro, sentindo um imenso vazio que tomava conta de todo o seu ser. Foi se deitar. Estava dormindo quando o telefone tocou. Meio adormecida, atendeu:

— Alô... Quem é?

— Sou eu, Osvaldo. Sei que já é muito tarde, mas preciso te ver agora!

Ela, de um pulo, sentou-se na cama.

— Osvaldo? Mas é muito tarde. Onde você está?

— Estou aqui embaixo, em um telefone público. Preciso subir e te ver agora.

Ela sorriu e pensou: *Sim! O trabalho deu certo!*

— Pode subir. Estou esperando.

Enquanto ele subia, ela foi até o banheiro, escovou os dentes, passou seu perfume preferido e colocou a camisola nova que havia comprado especialmente para aquele dia. Olhou o relógio: era mais de uma hora da manhã. A campainha tocou, ela foi abrir a porta.

Assim que se encontraram, uma onda de desejo os envolveu. Começaram a se beijar sem nada dizer, ali mesmo na porta. Ele parecia alucinado, e ela também. Entraram. O amor foi violento e selvagem. Não foi dita palavra alguma. Quando terminaram, ele pareceu voltar à realidade:

— Não sei o que estou fazendo aqui. Aconteceu algo em minha casa que me desgostou e eu senti uma necessidade imensa de ver você, de te possuir!

— O que aconteceu em sua casa?

— Prefiro não falar, foi horrível. Não sei se poderei continuar vivendo ao lado de Clarice, mas sinto que a amo, e muito.

Ao ouvir suas últimas palavras, Márcia estremeceu.

— Como pode dizer que a ama depois de me possuir de forma tão apaixonada?

Ele não soube responder.

Enquanto isso, Clarice, em sua casa, chorava desesperadamente.

— Meu Deus, o que aconteceu esta noite? Por que tudo tem de mudar tão drasticamente? Estávamos tão felizes. Por que aquela dor tão intensa? De onde veio aquele mau cheiro terrível?

Chorava, e com razão. Ela e Osvaldo tinham jantado com as crianças. Após colocá-las na cama, prepararam-se para dormir. Antes, porém, planejaram momentos de amor. Assim que começaram as primeiras carícias, de suas bocas começou a sair um mau cheiro insuportável, o que fez com que afastassem os rostos. Insistiram, mas foi em vão: ao invés do prazer, uma dor terrível tomou conta dos dois. A dor foi tão intensa que foram obrigados a desistir. Imediatamente, Osvaldo se lembrou de Márcia e sentiu por ela um desejo incontrolável. Não resistiu: saiu e foi à sua procura. Ele, durante o trajeto, por muitas vezes parou o carro, procurando entender o que havia acontecido. Desesperado, pensou: *Eu amo Clarice com toda a ternura que só um amor verdadeiro pode ter. Por que está acontecendo tudo isso? Será que estamos doentes?*

Pensava em voltar, mas o desejo por Márcia foi maior que o amor por Clarice. Não resistiu e, por isso, foi até ela.

Depois de amar Márcia, Osvaldo saiu do apartamento dela, pegou o carro e ficou andando sem destino. Sentia que amava Clarice. Sentiu também que no fundo detestava Márcia, mas sabia que não poderia mais viver sem ela. Queria voltar para casa, mas temia sentir novamente aquele cheiro horrível que o perfume de Márcia havia eliminado. Sabia que Clarice também deveria estar sofrendo. Andou... andou.

Vou para casa. Amo Clarice e nossos filhos. Algo que não entendo deve ter acontecido, mas amanhã mesmo vamos, os dois, ao médico fazer alguns exames para descobrir o motivo daquela dor e daquele cheiro...

Chegou em casa. Clarice estava deitada, ainda chorando. Entrou no quarto, pensando que ela estivesse dormindo. Deitou-se a seu lado e percebeu que não havia mais aquele odor ruim. Deu um beijo na testa da esposa, que abriu os olhos vermelhos de tanto chorar. Ela ficou com medo de abrir a boca e novamente o mau cheiro voltar. Ele a abraçou, falando:

— Meu amor, sei que, como eu, está sofrendo muito. Mas não importa o que aconteceu esta noite, nós nos amamos. Vamos amanhã mesmo a um médico para descobrir o que está acontecendo. Amo vocês, e nada vai conseguir nos separar, nem que tenhamos de viver como irmãos dentro desta casa. Mas nunca vou te abandonar... se fizesse isso, estaria abandonando a mim mesmo. Não consigo mais viver longe de vocês. Deve haver uma explicação para tudo isso que está acontecendo e nós a encontraremos, desde que continuemos juntos.

Ao dizer aquelas palavras, Osvaldo, sem perceber, afastou com violência o vulto negro que os tentava envolver. Clarice voltou a chorar. Ele a abraçou e a beijou com amor. O mau cheiro não voltou. Deitaram-se e dormiram abraçados, como sempre.

No dia seguinte pela manhã, ao levantar, Osvaldo ligou para o escritório avisando que só iria trabalhar na parte da tarde. Foi para a cozinha. Clarice estava dando café para as crianças, que iriam em seguida para a escola. Ele se aproximou, beijou seus lábios e sentou-se para tomar café. Da rua ouviu-se uma buzina, e Clarice saiu para levar as crianças até o ônibus escolar. Voltou, sentou-se ao lado de Osvaldo e tomaram café juntos. Ela já havia marcado hora com seu ginecologista. Eram ainda oito horas, e a consulta seria às onze. Após terminar o café, ela se levantou, tirou a louça de cima da mesa e levou-a até a pia. Osvaldo também se levantou e a abraçou por trás. Ela se encostou em seu peito e fechou os olhos. Ao sentir o corpo do homem amado encostado ao seu,

Clarice estremeceu. Ele a virou de frente e a beijou. Ela correspondeu ao beijo e, assim abraçados e aos beijos, foram para o quarto. Assim que se deitaram, o mau cheiro voltou e as dores se fizeram sentir. Ela, desesperada, levantou-se chorando e dizendo:

— Não adianta. Não vamos conseguir nunca mais. Isto está se tornando uma tortura.

No mesmo instante, ele sentiu um desejo enorme por Márcia, muito embora neste horário ela devesse estar no escritório.

Não faz mal, vou até lá. Fecharemos a porta e nos amaremos ali mesmo. Preciso vê-la. Tem de ser agora!

Sentia seu perfume, que o embriagava. Vestiu-se, pegou a chave do carro e foi para a garagem. Entrou no carro e deu a partida. Já estava saindo, quando parou, pensando: *Não posso ir. Amo minha mulher. Isso que está acontecendo tem de ter uma explicação. Vamos ao médico, como planejado.*

Seu corpo doía de desejo por Márcia, mas ele resistiu. Entrou em casa novamente, e Clarice estava ali, sentada na cama e chorando. O mau cheiro havia passado. Ele a levantou e a abraçou, dizendo:

— Tudo isso tem de ter uma explicação. Vamos ao médico e descobriremos. Nós nos amamos e nada vai nos separar.

Beijou seus lábios de novo, e o beijo foi suave e amoroso.

Dez minutos antes das onze, estavam no consultório do ginecologista. Osvaldo segurava fortemente a mão de Clarice, como se temesse perdê-la. O desejo por Márcia aumentava, mas ele, suado e nervoso, resistiu.

O ginecologista, após ouvir a história dos dois, ponderou:

— Estou estranhando, porque a senhora já é minha paciente há muito tempo e nunca observei que tivesse alguma ferida, que seria um dos prováveis motivos para sentir dor. Vamos fazer um exame.

Auxiliada por uma enfermeira, Clarice deitou-se na mesa e o médico a examinou. Quando terminou, disse:

— Exatamente o que falei: aparentemente não há nada errado, mas vamos pedir alguns exames de laboratório, só com eles poderei fazer um diagnóstico preciso. Quanto ao senhor, vou pedir alguns exames também.

Osvaldo e Clarice ficaram um pouco mais tranquilos. Ele perguntou:

— O que o senhor acredita que possa estar acontecendo conosco?

— Não sei como responder a essa pergunta. Tenho quase vinte anos de profissão e nunca vi algo parecido. Precisamos esperar o resultado dos exames. Fiquem tranquilos, acharemos as respostas.

Confiantes, sentiam que o médico iria ajudá-los. Foram para a escola pegar as crianças e depois almoçaram em um restaurante. As crianças estavam felizes de passar o dia com o pai. Não estavam acostumadas a vê-lo, porque quando acordavam ele já havia ido para o trabalho e quando voltava elas já estavam dormindo. Só depois que Osvaldo assumiu o amor pela esposa e pelos filhos foi que ele começou a chegar em casa cedo o suficiente para jantarem e ficarem juntos.

DESCULPA PARA O SUICÍDIO

    Enquanto isso, Gervásio e Farias saíram da sala de Damião. Farias, confuso, sem saber que caminho seguir, perguntou:
— Gervásio, quem é na realidade Damião? Ele parece não pertencer a um lugar como este.
— Não sei muito também, só coisas que ouço aqui e acolá. Parece-me que ele é um espírito muito iluminado, que escolheu trabalhar aqui na tentativa de ajudar aqueles que se suicidam. Na maioria das vezes, os suicidas sempre culpam alguém por seu ato. Sofrem muito por isso, até o dia em que se convencem de que ninguém nem nada pode ser culpado, a não ser eles próprios. Damião está sempre presente a cada atitude que é tomada por qualquer um. Quando percebe que chegou a hora e que existe uma chance de o espírito entender e livrar-se do ódio, ele manda chamá-lo à sua presença. Ele, então, o ajuda a pensar e a tomar o melhor

caminho. Dizem também que ele está aqui para ajudar um amigo, ou melhor, inimigo.

Farias acompanhava o que Gervásio dizia.

— Ajudar um inimigo? Deve estar brincando! Não posso acreditar que alguém quisesse viver em um lugar como este sem necessidade! Só para ajudar um inimigo. Sinto muito, mas não acredito!

— Existem espíritos que fazem muito mais que isso. Muitos deles renascem sem necessidade, só para ajudar um amigo ou inimigo. Por isso o céu e o inferno não são como os imaginamos na Terra.

— Que está dizendo? Não existe céu e inferno? O que acha que é o vale? Aquilo parece um inferno muito pior do que o imaginado.

— Se fosse o inferno descrito na Terra, todos os que estão no vale permaneceriam lá para sempre, sem esperança de sair, o que não é verdade, porque um dia todos os espíritos encontrarão a luz divina.

— Um dia, poderão mesmo sair dali?

— Sim, é um lugar de aprendizado e reflexão, mas todos terão a oportunidade de sair, podendo, assim, resgatar seus erros.

— Está dizendo que todos são levados ao suicídio porque querem? Eu mesmo fui levado por aquela mulher perversa. Se ela não tivesse aparecido em minha vida, eu estaria até hoje vivendo feliz ao lado de minha família.

— Não conheço a história de vocês em uma vida anterior, mas sei que você só não a enfrentou por covardia. Portanto, a culpa não foi dela, e sim sua.

— Não aceito isso! Não podia deixar que as pessoas soubessem que eu tinha uma vida que, para muitos, poderia não parecer digna. Eu tinha uma imagem que não podia ser destruída. Se tudo fosse descoberto, seria meu fim!

— Por que as pessoas não poderiam saber?

— Porque todos acreditam ser um crime, um pecado.

— E você, no que acredita?

— Também acho um crime, um pecado.

— Então você é culpado duas vezes. A primeira, por ser covarde; a segunda, por praticar algo que achava ser pecado, mas assim mesmo o cometia.

— Não é pecado, Gervásio?

— Deus é justo e perfeito, não permitiria que um espírito nascesse para o erro, Farias. Ele quer que todos os seus filhos encontrem o caminho para a felicidade. Às vezes coloca à nossa frente outros espíritos a quem precisamos ajudar, ou simplesmente para nos testar.

— Testar? Está dizendo que aquela mulher com quem tive um longo relacionamento poderia ser um teste?

— Não sei o motivo, mas pode ser sim, Farias. Não sabemos os caminhos para nossas vidas.

— Nunca soube nada sobre esse assunto. Não tinha tempo, precisava trabalhar.

— Se soubesse algo sobre isso, teria sido diferente?

Farias voltou seu pensamento para o passado. Viu-se praticando atos que para ele eram errados, mas que lhe faziam muito bem. Pensou na outra mulher que fizera parte de sua vida, mas de quem sentia vergonha. Pensou em quantas vezes dissera que não voltaria mais à sua casa, e em quantas vezes voltara.

— Não sei. Sempre acreditei que os sentimentos eram mais fortes que eu.

— Talvez fosse uma tendência a que você devesse resistir. Ou simplesmente aceitá-la sem discutir.

— Não sei. Estou cada vez mais confuso, mas, mesmo que eu aceitasse, os outros e minha família não aceitariam e me condenariam para sempre.

— Quem lhe garante isso? Mais de uma vez você duvidou do amor de Deus e de sua família. Quem lhe garante que, se eles viessem a descobrir, após um primeiro susto e até uma grande revolta, o amor que sentiam por você não seria superior e eles simplesmente ignorariam o fato, continuando a amá-lo para sempre?

— Não. Não acredito que isso pudesse acontecer. Eles não poderiam compreender nunca! Como exigir isso deles, se eu mesmo não compreendia?

— Isso você nunca saberá, porque não tentou. Só estou falando tudo isso e fazendo você pensar, para que entenda que, embora Márcia tenha contribuído para o seu suicídio e deva ser punida, não foi a única culpada; você também teve sua parcela, e grande, de culpa, porque foi covarde e não conseguiu enfrentar aquilo que considerava errado.

— Talvez você tenha razão. Mas, mesmo assim, se ela não tivesse me obrigado, estaria até hoje vivendo muito bem e, quem sabe, com o tempo, eu teria coragem de abandonar aquela mulher, ou de assumi-la de vez.

— Nunca saberá... nunca tentou... na primeira oportunidade, se acovardou e encontrou o caminho que parecia ser o melhor.

Farias ficou calado; apenas abaixou a cabeça e, pensativo, acompanhou Gervásio.

CONHECENDO A ESPIRITUALIDADE

    Márcia chegou à empresa sorridente e feliz. Entrou em sua sala e pediu um café. Enquanto esperava, ia pensando: *Todo o trabalho e o dinheiro gasto valeram a pena. Ele voltou melhor do que eu poderia imaginar. Senti que está inteiramente a meus pés. Vou ficar com ele por algum tempo e depois vou abandoná-lo. Ele vai ver quanto custa um dia ter tentado me humilhar. Poderá ficar com aquela esposinha, mas nunca poderá amá-la ou possuí-la novamente. Quando vier me procurar, eu o expulsarei para sempre. Nunca mais vou querer vê-lo na minha frente. Nunca mais!*
    Trabalhou o dia todo, mas não conseguia esquecer Osvaldo, o modo como ele a havia amado e como, com certeza, voltaria naquela noite.
    Ele vai querer amar a esposinha novamente, não vai conseguir e voltará a me procurar. Vou adorar vê-lo a meus pés, implorando

meu amor. Valeu mesmo a pena o dinheiro gasto. A felicidade que estou sentindo, não há dinheiro que pague.

No dia seguinte pela manhã, Osvaldo e Clarice foram à clínica fazer os exames pedidos pelo médico. Decidiram que, enquanto os resultados não chegassem, evitariam ter contato físico. Perceberam que, assim fazendo, poderiam viver em paz, mas sabiam que aquele estado de coisas não poderia durar por muito tempo. Amavam-se e, naturalmente, se queriam de todas as maneiras. Não poderiam ficar por muito tempo sem esse contato.

Após fazer os exames, Osvaldo foi para seu trabalho, Clarice pegou as crianças na escola e foi almoçar na casa de sua sogra.

Dona Sílvia considerava-a como filha e sofria muito ao ver o que Osvaldo fazia com ela, por isso lhe dava toda a atenção e carinho. Quando Clarice tinha quinze anos, seus pais vieram do Paraná para São Paulo e foram morar ao lado da casa em que Osvaldo morava. Entre as duas famílias nasceu uma amizade sincera, e entre os dois, um amor que os levou ao altar. Viveram felizes por pouco tempo. Quando nasceu a primeira filha, Osvaldo sentiu-se rejeitado e dividido no amor que Clarice dava à criança. Foi se distanciando e conheceu Márcia. Daí para frente deixou Clarice e os filhos completamente abandonados. Por ser um empresário bem-sucedido, não deixava faltar nada que o dinheiro pudesse comprar, mas sua presença foi ficando cada vez mais breve. Isso durou muitos anos. Sua mãe acompanhava tudo e sofria ao ver o que ele fazia. Tentou muitas vezes falar com ele, mas foi em vão: ele simplesmente sorria e continuava como antes. Ela e Marlene, sua empregada e amiga há muitos anos, davam conselhos a Clarice para que o abandonasse, mas Clarice o amava e tinha medo de perdê-lo para sempre. Até que, uma noite, ao se aproximar dele pedindo carinho, depois de ele ter chegado tarde da noite, como era seu costume, ele a repeliu ferozmente. No dia seguinte, ela decidiu seguir os conselhos da sogra e de Marlene e foi embora para a casa de seus pais, que haviam voltado para o Paraná. Desse dia em diante, tudo mudou. Osvaldo agora era o homem com quem havia se casado, fiel e cumpridor de seus deveres. Ela estava feliz, e sua sogra sabia disso.

Naquela manhã, Clarice chegou com as crianças para o almoço. Dona Sílvia já a esperava. Depois do almoço, as crianças foram para a rua brincar. Clarice e a sogra estavam sentadas à mesa; Marlene coava o café. Dona Sílvia, que estava prestando atenção ao comportamento da nora desde que ela chegara, perguntou:

— Clarice, o que está acontecendo? Você me parece que não está bem. Osvaldo mudou novamente? Voltou à sua antiga vida?

Clarice olhou para a sogra e para Marlene, que se voltou para ouvir sua resposta. Começou a chorar e entre lágrimas falou:

— Não. Ele continua apaixonado e nos dando toda a atenção. Estou muito preocupada, mas ele não tem culpa, está sendo maravilhoso, apesar de tudo.

— Tudo o quê? O que está acontecendo? Você me parece muito tensa, seu rosto denota um sofrimento muito grande. Conte logo.

Clarice contou. As duas ouviram caladas. Quando terminou de narrar os acontecimentos, concluiu:

— Não sei o que fazer. Eu e ele nos amamos muito, mas temo que, se isso continuar, nosso casamento se acabe definitivamente. Não poderemos viver por muito tempo como irmãos. Não sei o que fazer... Não encontro explicação... Fomos hoje a um laboratório para fazer alguns exames, para que o médico consiga descobrir o que está acontecendo. Não sei... Tenho a impressão de que isso não vai resolver.

Marlene, ao ouvir aquilo, voltou-se para olhar Clarice de frente e perguntou:

— Você disse que tudo isso só acontece quando estão fazendo amor?

— Sim. Se ficarmos conversando ou simplesmente de mãos dadas, nada acontece. Só quando estamos envolvidos em carícias mais profundas é que aquele cheiro horroroso surge e as dores também. Somos obrigados a parar.

Marlene ficou olhando sem nada dizer. Dona Sílvia perguntou:

— Vocês foram ao médico e ele disse que aparentemente está tudo bem?

— Disse, mas temos de esperar o resultado dos exames que fizemos hoje.

Marlene segurou suas mãos, falando:

— Isso está me parecendo coisa-feita.

— Como assim? Que coisa-feita é essa?

— Existem espíritos maus que são usados para fazer maldade.

— Não acredito nisso e, mesmo que acreditasse, quem poderia querer nosso mal? A troco de quê?

— Os espíritos maus são as mesmas pessoas más que um dia desencarnaram. Quando desencarnamos, continuamos sendo como sempre fomos. Se éramos bons, continuamos bons; se éramos mentirosos, maus, fofoqueiros, briguentos, continuamos da mesma forma. Dependendo do grau da maldade praticada, os espíritos se tornam escravos de outros mais espertos. É como um presidiário que vai parar em uma cela onde existem presos antigos e poderosos: ele é obrigado a se adaptar ao que estes querem.

— Isso será verdade? Quer dizer que, mesmo não tendo erros, como acredito não ter, posso ser vítima de um espírito como esse?

— Deus é Pai supremo e justo. Nunca, jamais permitiria que um filho seu sofresse sem motivo. Você hoje pode ser e é, sei disso, uma pessoa boa e cumpridora de seus deveres, mas nada pode nos garantir que no passado, em outra vida, tenha sido sempre assim.

— Está dizendo que posso hoje responder por algo que fiz no passado e de que não me lembro?

— Isso mesmo. Essa é a Lei.

— Que Lei é essa? Não importa o que fiz ontem, importa o que sou hoje.

— Você pode pensar assim, mas suas vítimas de ontem podem pensar de maneira diferente e exigir uma justiça da qual se acham merecedoras.

— Se for verdade, isso não é justo.

— Aqui na Terra, quando um crime é cometido, a lei não prende o infrator e o condena? Por que com a justiça de Deus seria diferente?

— Se é assim, estou pagando por erros passados. Se realmente alguém fez algo para destruir meu casamento, é porque mereço? Está dizendo que não há uma maneira de escapar? Está dizendo que nada pode ser feito? Está dizendo que o mal poderá vencer sempre?

— Existe uma luta constante entre o mal e o bem. Todos somos espíritos aprendizes, estamos aqui para nos encontrarmos com amigos de outrora, para nos ajudarmos mutuamente, e com inimigos, para tentarmos uma reconciliação. Se alguém lhe fez um mal que pode até destruir seu casamento, o único caminho que conheço é o do amor e do perdão.

— Perdão? Amor? Como posso perdoar e amar uma pessoa que está tentando destruir a mim e à minha família?

— Esse é o único caminho que conheço.

— Se existe alguém que faz uma maldade dessas, deve existir alguém que a desfaça e a mande de volta para quem fez. Vou procurar uma pessoa assim e mandarei tudo de volta.

— Não faça isso, Clarice. Se assim o fizer, estará também se tornando escrava e sofrerá muito por isso.

Dona Sílvia, que até agora só ouvia as duas, colocou sua mão sobre as de Clarice, que gesticulava muito enquanto falava.

— Clarice, minha querida — disse ela —, sabe quanto gosto de você e de meus netos. Seria a última pessoa neste mundo a lhe dar um mau conselho. Conheço Marlene há muito tempo, sei de toda a sua vida e como tem suportado todas as dificuldades em nome do que acredita. Pode parecer estranho, mas ela sabe o que diz, tem muito conhecimento e, sempre que aconselhou alguém, foi para o bem. Escute o que ela tem para dizer e siga seus conselhos, sei que não vai se arrepender.

Clarice confiava naquelas duas mulheres que estavam à sua frente, mas não admitia que existisse alguém que pudesse fazer mal a outra pessoa. Pensou um pouco e falou:

— Não estou entendendo muito bem o que estão falando. Só sei que meu casamento está se destruindo e com ele a minha felicidade e a dos meus filhos! Não posso ficar parada e rezando, sem nada fazer para impedir isso! Sei que amo e sou amada...

Marlene a interrompeu:

— Acabou de dizer as palavras mágicas. Sabe que ama e que é amada... essa é exatamente a arma que deve usar. O amor que existe entre vocês é o que os libertará de qualquer mal.

— Preciso que me diga o que tenho de fazer. Quero fazer o certo e farei qualquer coisa para salvar o meu casamento.

— A primeira coisa a fazer é pedir a Deus que proteja a pessoa que cometeu esse crime. Que Deus a ilumine para que se arrependa.

— Não sei quem é, nem sei se acredito nisso. Como posso pedir por um estranho?

— Não importa quem seja. Não importa se acredita ou não. Apenas seja sincera. Dona Sílvia, peça a Rosa que segure as crianças na casa dela por uma hora mais ou menos. Vou fazer algo, e elas não podem estar presentes. Precisarei de sua ajuda.

Dona Sílvia levantou-se, foi até a vizinha, onde as crianças brincavam, falou com a dona da casa e voltou. Sentou-se novamente e disse:

— Podemos ficar à vontade. Ela vai prender as crianças lá.

Marlene tirou tudo o que havia em cima da mesa, colocou uma jarra com água e sentou-se ao lado de Clarice e de dona Sílvia. Segurou as mãos de cada uma e fez com que elas segurassem as suas, formando assim uma corrente. Rezou um pai-nosso, abriu uma página do Evangelho e leu a Parábola do Filho Pródigo. Quando terminou de ler, falou:

— Senhor meu Pai, como um dia o filho pródigo pediu perdão e o regresso para o lar, neste momento estamos aqui pedindo perdão por todos os crimes praticados. Sabemos que somos devedores, mas sabemos também que de Suas mãos só podem cair bênçãos. Senhor, neste momento, unidas no mesmo amor em torno de nosso irmão Osvaldo, pedimos que suas bênçãos caiam sobre ele e sua família; que de nossos corações, neste momento, possam sair raios de luz que atinjam, onde estiverem, a pessoa interessada e os espíritos envolvidos. Que eles possam, Senhor, entender que o mal hoje feito só poderá lhes trazer muito mais sofrimento amanhã. Confiamos em Sua justiça e sabedoria.

Ao terminar, ela abriu os olhos, pegou dois copos com água e deu um deles a Clarice e dona Sílvia para que bebessem, enquanto ela bebia o outro. Clarice e a sogra não viram, mas, se tivessem visto o que Marlene via, ficariam deslumbradas. A cozinha foi tomada por luzes coloridas de um lilás suave que as envolviam e subiam. Marlene contemplava aquela luz e em pensamento agradecia: *Obrigada, Senhor meu Pai, por ter ouvido nossas preces. Em Suas mãos colocamos nossas vidas.*

Quando as luzes desapareceram, ela falou:

— Agora está tudo bem. Nossas preces foram ouvidas, e tudo seguirá como tem de ser. Devemos confiar e esperar o resultado.

Clarice e a sogra abriram os olhos. Realmente, acompanharam com sinceridade a oração que Marlene proferira. Clarice não sabia por que não conseguia sentir ódio. Em seu coração só existia o grande amor que sentia por seu marido e seus filhos. Dona Sílvia sorria confiante. Conhecia Marlene havia muito tempo e sabia do quanto ela era capaz quando se tratava de fazer o bem.

O telefone tocou, e dona Sílvia foi atender. Era Osvaldo:

— Mamãe, Clarice ainda está aí?

— Está. Estamos tomando café. Por quê?

— De repente senti uma vontade imensa de falar com ela, de ouvir sua voz.

— Espere um pouco, vou passar o telefone.

Sorrindo e fazendo com os dedos um sinal de positivo, passou o aparelho para Clarice, que, também sorrindo e com lágrimas nos olhos, atendeu.

— Alô, Osvaldo.

— Clarice, meu amor, que bom ouvir sua voz. Agora há pouco senti tanto medo de perder você, senti tanta vontade de estar a seu lado. Estou ligando para dizer que te amo muito...

— Também te amo, Osvaldo. Sinto que daqui para frente tudo vai ficar bem. Seremos felizes para sempre.

— Vou chegar cedo em casa. Um beijo.

Ela colocou o aparelho no gancho e agora chorava copiosamente. Sem perceber, estava ajoelhada e dizendo:

— Obrigada, meu Deus, por me mostrar que estou no caminho certo. Por favor, continue nos abençoando e iluminando nossos inimigos.

Marlene, também de mãos postas, completou:

— Que, com certeza, foram nossas vítimas no passado.

Clarice, entre lágrimas e sorrisos, abraçou as duas e começou a dançar enquanto falava:

— Sinto que nosso amor vai ser mais forte que tudo. Juntos, venceremos qualquer maldade.

No momento em que Marlene terminava a oração, Márcia, no escritório, sem saber por que, parou de escrever. A imagem de Lenita surgiu à sua frente, e ela se enterneceu. Seus pensamentos voltaram-se para aquele rostinho tão querido. Fechou os olhos por um instante e, como se voltasse a um passado desconhecido, lembrou-se daquele sonho no qual se via em um lugar muito lindo, ao lado de Lenita e de um homem desconhecido que sorria para elas.

Embora ele fosse desconhecido, ela sentia que o amava. Em seguida, aparecia alguém que tirava a menina de seus braços com violência. Lembrou que, quando sonhava, nesse momento ela sempre acordava.

— Que estranho! Que sentimento é esse que sinto por uma menina desconhecida até outro dia? Como será que ela está? Sei que precisa de cuidados, mas por que tem de viver ao lado daquela mulher que tanto odeio? Será que a odeio mesmo? Não entendo esse sentimento que nutro por ela. Sinto que é uma pessoa em quem não posso confiar.

Voltou ao trabalho, que, como sempre, para ela era o mais importante.

Na casa de dona Sílvia, assim que Marlene e Clarice terminaram de agradecer a Deus pela graça recebida, as crianças entraram correndo. Clarice abraçou-as, falando:

— Agora vamos embora. Preciso preparar o jantar para o papai. Hoje vou fazer uma comida especial, aquela de que ele mais gosta.

Pegou as crianças e foi embora. Estava leve e confiante. Sabia que o amor deles era a única arma que possuía e, com certeza, a usaria. Ao abrir a porta de casa, sentiu um perfume de limpeza. A empregada já havia ido embora, e tudo estava perfeito. Gostava de cozinhar, por isso ela mesma preparava as refeições todos os dias. As crianças estavam sujas e cansadas de tanto brincar. Mandou que fossem para o banho enquanto ela preparava o jantar.

Não eram ainda sete horas quando Osvaldo chegou. Deu-lhe um beijo nos lábios e foi para a sala brincar com as crianças. Da cozinha, Clarice escutou um barulho. Foi para a sala, e Osvaldo estava deitado no chão com as duas crianças em cima dele. Rolavam pelo tapete e riam muito. Ela, da porta, viu aquela cena e sorriu, pensando: *Com a ajuda de Deus, nada poderá impedir que essa felicidade dure para sempre, que meus filhos possam crescer ao lado do pai amoroso que Osvaldo se tornou, e que eu continue sendo feliz ao lado do homem que tanto amo.*

Voltou para a cozinha e terminou o jantar. Enquanto jantavam, as crianças, felizes por terem o pai em casa àquela hora, falavam muito, contando do dia que haviam tido na casa da avó que tanto amavam e das brincadeiras com os amiguinhos.

Osvaldo ouvia os filhos com atenção. De vez em quando voltava seus olhos para Clarice, que o fitava também. Realmente se amavam muito.

Terminaram o jantar. As crianças ficaram mais um tempo assistindo à televisão, depois foram para a cama. Clarice foi para o quarto e preparou a cama para dormirem. Ela e Osvaldo haviam combinado que não se tocariam enquanto não recebessem o resultado dos exames. Ela andou por todo o quarto, para assegurar-se de que tudo estava limpo e cheiroso. Deitou-se. Logo depois, Osvaldo entrou e deitou-se também.

Ela lia um livro que Marlene lhe havia emprestado. Ele tirou o livro de sua mão e beijou-a para dar boa-noite. Um beijo que a princípio parecia ser sem maiores consequências tornou-se quente e sensual. Sem perceber, começaram a se acariciar, esquecendo a promessa feita de esperar o resultado dos exames. Quando estavam no auge das carícias, a dor e o mau cheiro voltaram. Pararam imediatamente; Osvaldo levantou-se e foi para a sala. Clarice, desta vez, o seguiu e não chorava. Sentou-se a seu lado, e os dois perceberam que a dor e o mal-estar haviam desaparecido. Osvaldo sentiu novamente aquele desejo enorme por Márcia. O desejo era tanto, que ele não resistiu: foi para o quarto e começou a se trocar para sair. Clarice colocou-se diante dele, falando:

— Espere. Não vou deixar você sair. Precisamos conversar.

— Não temos o que conversar. Nunca mais conseguiremos fazer amor. Mas eu te amo.

— Também te amo, por isso mesmo precisamos conversar. Preciso te contar o que aconteceu hoje na casa de sua mãe.

Ele parou, olhou para ela e disse:

— Não posso ficar. Tenho de sair. Preciso ir a um lugar, e quando voltar conversaremos.

— Vai procurar a outra mulher?

Ele se sentiu como uma criança pega fazendo uma travessura.

— O que está dizendo? Que outra mulher? Está louca?

— Não estou louca. É exatamente sobre isso que precisamos conversar.

O desejo por Márcia era intenso. Ele precisava vê-la e possuí-la de qualquer maneira.

— Agora não posso ficar. Preciso sair.

Clarice, desesperada por não conseguir impedir o marido, gritou:

— Se sair agora, quando voltar não me encontrará mais aqui. Vou embora, e sozinha. As crianças ficarão.

Ao ouvi-la dizer aquilo, ele parou e perguntou, desesperado:

— Está dizendo que vai me abandonar e a seus filhos?

Desta vez ela não chorava. Conseguiu forças sem saber de onde e respondeu:

— Sim. Porque, se você sair esta noite, tudo estará perdido para nós. Serei a pessoa mais revoltada e infeliz deste mundo e não terei nada para oferecer a meus filhos, a não ser revolta e ódio. Não é isso que quero para eles, que merecem muito mais: carinho e segurança, o que só nosso amor pode lhes dar.

Osvaldo sentiu que ela falava a verdade e que cumpriria o que estava prometendo. Sentiu um vazio imenso só de pensar em ficar sem ela. Abraçou-a com força, enquanto quase gritava:

— Deus, me ajude! O que estou sentindo é mais forte que eu!

Clarice, vendo o desespero do marido, abraçou-o e o conduziu de volta para o quarto. Ele se deitou, procurando dormir, mas foi em vão: seu desejo por Márcia era incontrolável. Ele se levantava e se deitava, não conseguia parar. Ia até a porta do quarto, voltava, parecia que estava a ponto de enlouquecer. Clarice lembrou-se de tudo que Marlene havia dito. Calmamente se ajoelhou e começou a falar em voz alta:

— Meu Deus, Pai poderoso e amoroso, não permita que o mal tome conta de nosso lar. Estamos aqui para cumprir nossa missão perante nós mesmos e nossos filhos. Não permita, Senhor, que esta missão seja interrompida. Que Sua luz divina caia sobre nós e sobre nossos inimigos. Abençoe, Senhor, o nosso lar. Ajude-nos, meu Pai. Que nosso amor possa superar tudo o que está acontecendo. Confiamos, Senhor, em Seu amor.

Osvaldo não entendia o que ela estava fazendo, mas sentiu que aos poucos o desejo foi sumindo e uma paz imensa tomou conta de todo o seu ser. Levantou-se, abraçou a esposa, ajudou-a a levantar-se e beijou-a nos lábios em um gesto de gratidão e amor. Sabia que aquela oração tivera sobre ele um poder enorme. Abraçado a ela, falou:

— Agora estou bem, não vou mais sair. Mas você vai me contar tudo o que está acontecendo. Sinto que sabe de algo, e eu também preciso saber.

Ela o beijou nos olhos, falando:

— Vamos para a cozinha. Vou fazer um chá e enquanto bebemos vou contar tudo o que aconteceu hoje na casa de sua mãe.

Abraçados, foram até a cozinha. Passaram pelo quarto das crianças, onde ambos dormiam profundamente. Entraram e cobriram os dois. Na cozinha, Clarice preparou um chá. Enquanto enchia as xícaras, disse:

— Estou muito cansada, parece que participei de uma batalha. De qualquer modo, se houve essa batalha, parece que ao menos desta vez eu ganhei. Eu, não... nós ganhamos. Nosso amor provou que é mais forte que tudo. Marlene tinha razão.

Clarice não pôde ver e não sabia, mas realmente havia participado de uma batalha. Osvaldo, enquanto sentia aquele desejo imenso por Márcia, estava totalmente envolto por um vulto negro que lançava sobre ele baforadas de charuto. Quando ela começou a rezar, uma luz intensa entrou no quarto, arremessando o vulto para longe. Ele resistiu muito, por isso ela se sentia agora muito cansada. Ele teve de parar de jogar fumaça de charuto sobre Osvaldo, mas não foi embora. Estava agora na cozinha, sentado em um canto. Fumava seu charuto e bebia sua cachaça prestando atenção em tudo o que eles falavam, esperando o momento exato para atacá-los novamente.

Enquanto tomavam o chá, Clarice contava todo o acontecido. Osvaldo ouvia, sem acreditar.

— Isso tudo é invenção da cabeça de Marlene. Ela é chegada a essas coisas de espiritismo. Isso nunca teve sentido para mim, essa história de reencarnação, de outras vidas... é tudo uma grande bobagem.

— Eu também pensava assim, mas, depois de tudo o que aconteceu hoje, não pude deixar de me interessar por esse assunto. Marlene me emprestou alguns livros e os estou lendo, apenas com a intenção de estudar e entender, e estou gostando das explicações que têm neles.

— Supondo-se que tudo isso fosse verdade, quem se interessaria em destruir nosso casamento?

— Deduzimos que só poderia ser uma mulher abandonada ou que goste muito de você.

Ao ouvir aquilo, Osvaldo imediatamente pensou em Márcia, mas não podia afirmar perante a esposa que mantinha um caso fora do lar havia muito tempo. Disfarçou, falando:

— Não existe outra mulher. Mas, se existisse, eu a mataria com minhas próprias mãos.

— Seria um outro engano. Marlene me convenceu de que esse seria o pior caminho a seguir. Ao contrário, devemos fortalecer nosso amor e rezar muito por essa pessoa, pedindo a Deus que seja iluminada e que se arrependa dessa loucura que praticou. De acordo com o que Marlene disse, devemos rezar bastante por esse espírito que tentou e continuará tentando nos separar.

Ao ouvir aquilo, o vulto que estava sentado levantou-se e aproximou-se mais para poder ouvir melhor. Clarice continuou:

— Marlene disse que esse espírito, quando vivo, talvez tenha sido muito mau para com outras pessoas ou com ele mesmo. Quando se viu do outro lado, perseguido pelos demais, pensou que realmente era escravo e por isso continuou se dedicando à maldade. Devemos rezar e pedir muito para que Deus lhe mostre estar errado, e assim ele poderá ajudar as pessoas e libertar a si próprio.

O vulto ficou pensando: *Será que ela está dizendo a verdade? Será que a tal escada existe mesmo? Será que estou sendo enganado durante esse tempo todo?*

Osvaldo a interrompeu, perguntando:

— Você diz que temos de perdoar e rezar por eles? Não estou entendendo, Clarice.

— Jesus veio à Terra para nos ensinar exatamente isso. Ele disse: "Perdoai setenta vezes sete". Com isso, quis nos mostrar que o perdão deve ser infinito. Falou também da importância de perdoar.

Osvaldo, depois de pensar um pouco, falou:

— Nunca fui dado a acreditar em religião alguma. Embora tenha sido criado na igreja católica, depois de adulto me limitei a comparecer a casamentos e missas de sétimo dia. Sempre acreditei ser a religião um atraso de vida. Sempre acreditei que Jesus tinha sido um anarquista de sua época. Agora, escutando você, chego a pensar que estive errado o tempo todo. Jesus não promoveu a anarquia, a desordem, mas sim a compreensão com os inimigos. Vou ler mais sobre sua história. Preciso saber mais sobre ele e sobre tudo o que disse.

— Também farei isso. Sinto necessidade de saber mais. Sinto que precisamos saber para conseguirmos lutar contra todo o mal que está sobre nosso lar.

— Supondo-se novamente que isso seja verdade, o que devemos fazer para nos livrar desse mal?

Clarice se levantou. Pegou uma jarra com água e a colocou sobre a mesa, exatamente como Marlene havia feito. Segurou as mãos de Osvaldo e fechou os olhos, dizendo em voz alta:

— Aqui estamos, Senhor, dentro de nosso lar, juntos e confirmando nosso amor. Não sabemos muito sobre a vida eterna, mas sabemos que o Senhor é um Pai supremo e amoroso. Por isso lhe pedimos humildemente que nos proteja e a nossos filhos, para que possamos continuar vivendo em paz a fim de cumprir nossa missão aqui na Terra. A essa pessoa que porventura tenha nos feito algum mal, se ela existir, pedimos que Sua luz a ilumine e a traga de volta para Seus braços; a esse espírito, ou espíritos, em pacto com ela, também seja enviada muita luz, para que eles entendam que o espírito é livre, por isso não precisa ser escravo, a não ser de si mesmo. Senhor, tenha compaixão de nós todos e derrame Suas graças sobre nosso lar.

Ela fez aquela oração com tanto fervor que Osvaldo, sem perceber, a acompanhou com toda a emoção e fé. O vulto saiu de lá correndo; precisava de esclarecimentos sobre o que havia ouvido. Precisava saber se o que ela dissera era realmente verdade. Precisava saber se a tal escada realmente existia.

Após a oração, Clarice bebeu um pouco de água e serviu-a também para Osvaldo. Guardou o resto da jarra para dar às crianças no dia seguinte.

Levantaram-se e foram para o quarto em um estado de muita paz e amor. Dormiram abraçados, como antes.

O ENCONTRO DO AMOR

Márcia acordou violentamente. Sentou-se na cama e demorou um pouco para perceber que estava em seu quarto. Sabia que havia sonhado com algo horrível, mas não se lembrava do quê. Levantou-se e foi até a sala ver se havia alguém lá. Sentia uma presença, mas não sabia o que era. Andou pela casa toda procurando encontrar algo. Certificando-se de que não havia nada, voltou e deitou-se novamente. Fechou os olhos para continuar dormindo, mas não conseguia. Algo a impedia, pensamentos desencontrados passavam por sua mente. Meio adormecida, via o rosto de Farias pedindo a ela que não contasse nada do que sabia. Esse rosto de repente se transformava no rosto de Lenita, que estava chorando. Sua mãe, Osvaldo e muitas imagens passaram por sua cabeça. Uma imagem demorou mais tempo: era o rosto de um homem alto e forte, com uma expressão de ódio e que fumava um charuto, jogando baforadas sobre ela. Essa imagem fez com que acordasse novamente. Desta vez sabia o que havia sonhado. Sentou-se na cama e lembrou-se do trabalho que tinha encomendado. Seu corpo tremia e doía, como se houvesse levado uma surra. Levantou-se novamente, foi ao bar, pegou um copo e encheu de vinho, tomando quase tudo de uma vez. Sabia que precisava dormir, porque teria de levantar cedo para ir ao trabalho. Um pouco tonta com o vinho, adormeceu, mas seu sono não foi tranquilo. Dormia e acordava a todo instante. Pela manhã, acordou cansada e com olheiras profundas. Lembrou que os comprimidos para dormir haviam terminado e que deveria voltar ao médico para que ele receitasse mais. Trocou-se e foi trabalhar.

Durante o dia, por várias vezes, sentiu tonturas e fraqueza. Esses momentos vinham com tal intensidade que ela se desviava do trabalho e, quando voltava ao normal, não se lembrava de onde havia parado. Ficou preocupada: aquilo não era normal. Nada, nunca, por pior que fosse seu estado emocional, conseguira um dia sequer afastá-la de suas obrigações no trabalho.

Decididamente, tenho de ir a um médico.

Estava tão preocupada com sua saúde que não pensou em Osvaldo em nenhum momento do dia. Estava muito preocupada consigo mesma para pensar em alguém que não fosse ela própria. O dia arrastou-se, e ela ligou para seu médico, marcando uma consulta para o dia seguinte.

Osvaldo, no trabalho, pensava em Márcia e em tudo o que Clarice havia dito. Lembrou-se da expressão no rosto de Márcia no dia em que dissera que não a veria mais.

Ela seria bem capaz de fazer algo assim, só por orgulho ferido. Embora acredite que ela tenha coragem para tanto, custo a acreditar que o tenha feito. Durante todo esse tempo em que estivemos juntos, sempre foi muito cordata e deixou muito claro que não queria um envolvimento maior do que aquele que mantínhamos. Será que ela fez algo? Mas, se Clarice tiver razão, nosso amor será mais forte. Que Deus proteja Márcia para que ela encontre alguém que a ame e a quem ela ame também.

Não pensava aquilo por medo, mas pelo amor que um dia julgara sentir por ela e porque a admirava como mulher e profissional. Sabia que havia conquistado tudo com seu esforço e trabalho. Mesmo que quisesse, não conseguia sentir raiva de Márcia, muito menos ódio. Entendia seus motivos e, colocando-se em seu lugar, julgou que, tendo oportunidade, também faria o mesmo. Procurou afastar seu pensamento dela e voltou a pensar em Clarice e em seus filhos, e no quanto os amava.

Seguindo os conselhos de Marlene, eu e Clarice devemos confirmar a todo instante nosso amor. É isso que farei. Eu a amo e ficarei a seu lado, custe o que custar.

À noite, quando chegou em casa, Márcia novamente reparou que aquele apartamento era muito grande para ela sozinha. Percebia agora a solidão em que vivera o tempo todo. Pegou um copo com vinho e sentou-se em uma poltrona. Ligou a televisão, mas não conseguia prestar atenção ao que estava passando. Só então se lembrou de Osvaldo.

Não me procurou mais depois daquela noite... Será que o trabalho perdeu o efeito? Será que ele não vai voltar?

Seu coração se apertou. Mais do que nunca, sentia falta de Osvaldo ou de alguém para lhe fazer companhia. Pensando nele, resolveu sair e andar um pouco de carro pela cidade. Queria cansar o corpo para poder dormir tranquila, como fazia antes.

Dirigia seu carro distraída, e só percebeu que o semáforo havia fechado quando estava sobre a faixa. Freou bruscamente, e um carro que vinha logo atrás bateu no seu. O barulho foi grande, e ela saiu vociferando em direção ao motorista, que também saía de seu carro.

Ao vê-lo, ela parou. Ele, sorrindo, falou:

— Desculpe, estava distraído e não pensei que fosse parar.

Ficaram se olhando. Ele perguntou:

— Você não é a moça do parque? Sou Ronaldo, não está me reconhecendo?

Claro que ela o reconhecera. Jamais esqueceria um homem como aquele. Sorrindo, respondeu:

— Agora estou me lembrando. Você é o corredor?

— Isso mesmo. Não se preocupe com o estrago de seu carro, vou mandar consertar e arcarei com todas as despesas.

— Acontece que preciso do carro para trabalhar.

— Sem problema. Tenho várias agências de automóveis, posso lhe emprestar um enquanto o seu permanecer no conserto.

Márcia sorriu. Havia mentido, porque para trabalhar usava o carro da empresa. Só dissera aquilo por estar sem palavras e muito emocionada por vê-lo novamente. Ele, amável, falou:

— Seu carro ainda pode andar, o estrago não foi muito grande. Podemos ir a algum lugar tomar algo e festejar a coincidência desse nosso reencontro casual, porém muito feliz.

Ela não sabia o que responder. Nunca fora dada a galanteios, e ele parecia ser um galanteador nato.

— Não sei o que dizer. Já é tarde e estou voltando para meu apartamento.

— Ora, vamos tomar algo, depois iremos até uma de minhas agências pegar outro carro. Poderá escolher o que quiser.

Percebendo sinceridade no que dizia e achando que ele era um homem bonito e agradável, ela simplesmente fez um sinal com a cabeça, dizendo:

— Está bem, vamos. Só que não posso demorar muito. Amanhã preciso acordar cedo.

— Não se preocupe: será rápido, o tempo suficiente para que eu possa admirar um pouco sua beleza.

Ela entrou em seu próprio carro e o seguiu. Pararam em frente a um barzinho frequentado por jovens que dançavam ao som de uma música muito alta. Entraram, sentaram-se e pediram um drinque, mas o barulho era insuportável. Ele, com seu bonito sorriso, disse quase gritando para que ela o ouvisse:

— Aqui não vai dar para conversarmos. Gostaria de saber mais sobre você e falar-lhe de minha vida. Que tal irmos para outro lugar?

Ela sorriu.

— Acredito que seja a melhor coisa que temos para fazer. Aqui, realmente, está impossível.

Resolveram ir a um restaurante, onde o ambiente fosse mais calmo. Quando se dirigiam para os carros, Ronaldo falou:

— Vamos antes até uma de minhas agências. Deixaremos seu carro e você pegará outro.

Ela sorriu, dizendo:

— Perdoe-me, mas eu menti. Não preciso de outro carro para trabalhar. Uso o da empresa.

Ele sorriu e instintivamente deu um beijo em sua testa.

— Melhor ainda. Mesmo assim, vamos até a agência e deixamos seu carro lá. Depois, iremos ao restaurante e a levarei para casa.

Ela consentiu. Em hipótese alguma poderia discordar daquele homem maravilhoso.

Fizeram exatamente isso. No restaurante, enquanto esperavam a comida, e depois, enquanto comiam, ele, muito falante, contava sua história.

— Meus avós vieram da Itália e aqui conseguiram conquistar muitas coisas. Ficaram ricos, e eu praticamente nasci em berço de ouro. Estudei muito, aqui e no exterior. Com vinte e quatro anos, conheci Magali, por quem me apaixonei de uma maneira violenta, e em menos de seis meses estávamos casados. Vivemos felizes até que, ao dar à luz nosso primeiro filho, ela e a criança morreram.

Márcia percebeu em seus olhos uma certa tristeza enquanto relatava os fatos.

— Sinto muito. Deve ter sofrido demais.

— Não pode imaginar o quanto. Entrei em uma depressão profunda, parecia que o mundo havia terminado. Sentia-me como se houvesse morrido com ela. Não dormia nem comia, minha única vontade era morrer para poder reencontrá-la.

Ela ficou realmente consternada.

— Sinto muito. Mas o que fez para reagir?

— Após muito tempo, com a ajuda de minha mãe, que não se conformava em me ver daquela maneira, e, também, de alguns amigos, me recuperei e decidi que continuaria vivendo.

— Ainda bem que reagiu. Hoje me parece muito bem.

— Quando voltei à vida, resolvi que daquele dia em diante me dedicaria exclusivamente às minhas agências e ao esporte, que, depois dos carros, é o que mais amo.

— Isso eu percebi: gosta mesmo de correr.

— Correr, fazer musculação e jogar tênis. Às vezes nadar, mas não é meu esporte preferido.

— Nossa! Onde arruma tempo para tudo isso?

— Acordo muito cedo. Quando se gosta do que se faz, o tempo nunca é problema.

— Parece que tem uma vida muito agitada, diferente da minha, que se divide em trabalho, trabalho e trabalho.

— Não tem namorado?

Ela se lembrou de Osvaldo.

— Não. Nem para isso tenho tempo. Só mesmo o trabalho faz parte da minha vida.

— Isso precisa mudar. A vida é muito boa se for bem vivida. Vou lhe confessar: após sair da depressão, nunca mais outra mulher despertou em mim qualquer sentimento de amor. Talvez por medo de sofrer novamente, não permiti que isso acontecesse... até agora.

Ao ouvir aquilo, Márcia estremeceu.

— O que está querendo dizer?

— Que agora estou sentindo algo estranho novamente. Desde aquele dia no parque, não consegui mais esquecer você. O pensamento foi tão forte que, por isso, deve ter acontecido o acidente, somente para nos reencontrarmos.

Márcia não conseguia acreditar no que estava ouvindo. Aquele homem maravilhoso não podia estar dizendo a verdade.

— Não acredito no que está dizendo. Não me conhece. Não sabe quem sou. Nós nos encontramos apenas uma vez.

— Também não entendo. Só sei que estou perdidamente apaixonado e, se você quiser, poderemos iniciar um relacionamento, para que possamos nos conhecer melhor.

Ela, sorrindo e não podendo esconder sua felicidade, respondeu:

— Você deve estar louco! Não pode estar dizendo a verdade!

— Claro que sou louco e claro que estou dizendo a verdade! Depende de você, só de você...

Ele falava manso, de uma maneira que fazia com que Márcia pensasse que estava dormindo e sonhando. Enquanto ele falava, ela pensava: *O que é isso? Este é o homem que sempre sonhei encontrar, mas que ao mesmo tempo pensei não existir. Devo estar sonhando mesmo...*

Mas não estava. Ele sorria, e muito, demonstrando a sinceridade com que falava. Ela se entregou completamente a seus encantos. Após terminarem de jantar, foram para o apartamento dela. Ao chegarem em frente ao prédio, ele estacionou, saiu do carro, deu a volta e abriu a porta para que ela descesse, pegando sua mão para ajudá-la. Ela, emocionada, pensava: *Este homem não existe...*

Ele olhou em seus olhos e disse:

— Você bem poderia me convidar para um drinque de boa-noite.

Ela não resistiu. Sorriu, dizendo:

— Vamos subir? Terei imenso prazer em lhe oferecer um drinque.

Subiram. Ao entrar, Ronaldo encantou-se com o tamanho do apartamento e o bom gosto da decoração.

— Este lugar é muito bonito e grande. Mora com seus pais?

— Não, não tenho família. Moro sozinha.

— Está me dizendo que mora sozinha em um apartamento deste tamanho? Não se sente muito sozinha?

Ela, séria, respondeu:

— Trabalho muito. Não tenho tempo nem para sentir solidão.

— Acredito que esteja na hora de pensar mais em você e menos no trabalho. Trabalhar é importante, mas não pode se transformar na prioridade da vida.

Ela não respondeu. Encaminhou-se até o bar para preparar um drinque. Ele a seguiu e, abraçando-a por trás, começou a beijar seu pescoço e seus cabelos. Ela não resistiu por muito tempo e em poucos minutos já estavam no quarto amando-se com muito carinho e amor. O amor foi intenso, porém suave. Márcia sentiu prazeres que nunca antes havia sentido. Quando terminaram, ele, emocionado, falou:

— Decididamente, você é a mulher de minha vida. Com você eu até me casaria. O que acha?

— Casar? Nunca pensei nisso. Tenho meu trabalho, que me toma muito tempo.

— Não vai mais precisar trabalhar, se não quiser. Tenho o suficiente para lhe dar a mesma vida confortável que tem agora. Só quero ficar a seu lado para sempre.

Ela não acreditava: *Decididamente, estou sonhando. Não pode estar acontecendo, é bom demais!*

Ele continuou falando:

— Mas, se preferir continuar trabalhando, também não me oporei; você é quem vai decidir o que quer fazer, desde que diminua o ritmo e fique a meu lado para sempre.

— Espere um pouco... você está indo rápido demais. Nós não nos conhecemos.

— Tem razão. Vamos ficar juntos por três meses. Depois desse tempo, se tudo der certo, e sei que vai dar, nos casaremos e seremos felizes para sempre. Que acha de minha proposta?

— O que posso dizer, com um argumento como esse?

Ela simplesmente balançou a cabeça, beijou-o e foi beijada com amor e muito carinho.

Quando ele foi embora, ela ficou sentada em sua cama, pensando em tudo o que havia acontecido naquela noite. Beliscava-se para ver se estava acordada mesmo ou se tudo não havia passado de um sonho. Era bom demais para ser realidade.

É verdade? Tudo aconteceu mesmo? Ele esteve aqui, me amou? É o homem mais maravilhoso que conheci em toda a minha vida. Vamos nos casar e seremos felizes. Muito felizes.

Adormeceu. Naquela noite, sem necessidade de comprimidos ou vinho, teve um sono tranquilo. Estava feliz, e a felicidade embala qualquer sono e sonho.

No dia seguinte, Márcia, como em todos os dias, acordou na hora. Só que naquela manhã sentia-se diferente.

Estou muito feliz. Finalmente, encontrei um homem de verdade. Será que o verei novamente? Será que não foi só por uma noite, como muitos outros que passaram por minha vida?

Foi para o trabalho. Estava ainda envolvida pelas lembranças da noite anterior. Por mais que tentasse, não conseguia esquecer aquele homem maravilhoso.

Ele é tão bonito, agradável, me fez tão feliz! Custo a acreditar que realmente tenha acontecido... mas aconteceu...

Perto das dez horas, um mensageiro chegou trazendo um ramo de rosas vermelhas acompanhadas por um cartão, que dizia:

*Rosas para a mulher mais
perfeita que já conheci.
Com amor,
      Ronaldo.*

Márcia, depois que as recebeu, já com a porta da sala fechada, pegou as rosas, cheirou-as, leu o cartão e começou a dançar e a pensar, feliz: *Ele é realmente sensacional! Eu o amo!*

À noite, ele foi até sua casa e novamente se amaram. Ela parecia estar delirando de tanta felicidade. Nos braços dele, com os olhos fechados, pensava: *Finalmente encontrei o homem ideal, o amor de minha vida. Sinto que seremos felizes para sempre.*

A AJUDA SEMPRE VEM

 Clarice e Osvaldo, em seu quarto, mantinham uma distância considerável, para evitar tudo o que conheciam e não queriam que se repetisse. Continuavam lendo para entender melhor aquela nova doutrina. Precisavam conhecer e acreditar. Todas as noites, após colocar as crianças para dormir, sentavam-se na mesa da sala, discutindo partes de algum livro que achavam interessantes. No final, os dois juntos faziam uma oração e iam dormir. Nunca mais tentaram uma aproximação íntima; temiam que todo aquele horror ocorresse novamente. Amavam-se o suficiente para apenas estar juntos, fazendo companhia um ao outro.
 Quinta-feira era o dia da semana em que Clarice estava acostumada a almoçar na casa de sua sogra. Como sempre fazia, pegou as crianças na escola e rumaram para lá.
 Ao vê-los chegar, dona Sílvia os recebeu com sorrisos, abraços e beijos. Percebeu que Clarice, embora continuasse

um pouco abatida, trazia nos olhos uma certa tranquilidade. Enquanto almoçavam, perguntou:

— Minha filha, como estão as coisas com Osvaldo? Aquilo voltou a acontecer?

— Sim, mas, com tudo o que Marlene me ensinou e disse, consegui impedir que Osvaldo saísse de casa. Conversamos muito e agora, embora mantenhamos distância, estamos conseguindo viver muito bem e temos estudado os livros que ela me emprestou.

Marlene, que também estava almoçando, disse:

— Fico contente que tenha entendido e feito com que Osvaldo entendesse também. Acredito que esse é o princípio do fim de seus sofrimentos.

— Acredita mesmo?

— Sim. Já que estão fazendo leituras diárias, gostaria de participar de uma delas qualquer dia desses.

— Quando quiser, será para nós um imenso prazer. Sabe o quanto Osvaldo a admira. Embora estejamos lendo e querendo realmente aprender, existem algumas dúvidas que poderá nos esclarecer.

— Posso tentar, mas, apesar de estar há tanto tempo lendo e estudando, às vezes ainda tenho muitas incertezas. O importante é sempre procurar as respostas quando houver dúvidas, mas posso lhe garantir que, após esclarecer uma, sempre surge outra. Assim é que vamos aprendendo cada vez mais. Mas responderei o que souber; se não souber, vamos procurar as respostas juntos.

— Sei que com sua ajuda aprenderemos muito. Vou falar com Osvaldo. Que tal marcarmos para quinta-feira à noite? É o dia em que trabalha aqui; assim, dona Sílvia poderá ir também.

— Puxa! Pensei que não iriam me convidar. Cheguei a pensar que não queriam minha presença.

Marlene e Clarice riram. Marlene disse:

— Como poderia ficar de fora num momento importante como esse na vida de seu filho? Sabe que o amor que sente por ele e toda a família é também uma arma importante.

— Se meu amor for uma arma, posso garantir que sou a mulher mais armada do mundo. Amo de coração a todos, são parte de minha vida.

Clarice aproximou-se e beijou aquela mulher que amava como se fosse sua mãe. Sabia de sua sinceridade ao dizer aquelas palavras.

— Dona Sílvia, a cada momento sinto que venceremos toda a maldade. Temos, sim, a maior arma do mundo.

Na quinta-feira seguinte, como combinado, Osvaldo, ao sair do trabalho, passou na casa de sua mãe. Ela e Marlene estavam prontas, esperando-o. Ele as apanhou e rumaram para sua casa. Clarice recebeu-as com um sorriso feliz e sincero. Amava aquelas duas mulheres e sabia que, se houvesse alguma salvação para sua família, viria de Deus, mas por meio delas.

Ao entrar na sala, Marlene percebeu que em um canto havia um vulto sentado, fumando um charuto e acompanhando todos os movimentos do casal. Ela simplesmente olhou, mas não disse nada. Clarice estava com a mesa posta para o jantar. Havia feito um prato especial para receber as queridas visitantes.

— Que bom que chegaram! Espero que gostem da comida que preparei. Após o jantar vou limpar a mesa e prepará-la para nossas orações. Está bem assim, Marlene?

Marlene, embora estivesse observando o vulto, agia normalmente, como se não estivesse acontecendo nada. Respondeu:

— Está ótimo. Agora não conversaremos sobre assuntos pesados. A hora das refeições deve ser sempre tranquila.

Marlene, enquanto falava, continuava acompanhando o vulto. Sentou-se em uma cadeira da qual podia observar todas as suas expressões. Durante o jantar, conversaram sobre muitas coisas. O assunto preferido foram as crianças e suas brincadeiras. Como não podia deixar de ser, riram muito.

Jantaram em paz. Por mais que Marlene houvesse pedido, não adiantou: as dúvidas de Clarice e Osvaldo em relação aos livros que estavam lendo eram muitas, e eles não viam a hora de tê-las esclarecidas. Algumas coisas não estavam claras para eles. Marlene respondia a todas as perguntas, sem desviar os olhos do vulto, que agora estava mais perto, esperando o momento para atacá-los novamente. Clarice disse:

— Só não entendo por que um espírito, ao invés de fazer o bem, prefere fazer o mal. Em tudo que tenho lido, há sempre um castigo para um mal praticado.

Marlene olhava para o vulto, e este, querendo saber qual seria a sua resposta, agora a fitava também, sem saber que estava sendo visto por ela. Ela se levantou e se dirigiu até onde ele estava. Ao chegar perto, virou-se para os demais, dizendo:

— Vamos fazer de conta que aqui há um espírito que tenha recebido um certo pagamento de alguém para fazer o mal que prometera e estaria aqui espreitando, esperando um descuido qualquer de cada uma de suas possíveis vítimas. Ele faz isso porque alguém disse que era o certo. Provavelmente, quando vivo, não teve instrução alguma sobre a vida depois da morte. Talvez não tenha cumprido bem suas obrigações e por isso, ao acordar, se viu em um lugar muito feio. Quando percebeu que estava vivo, mesmo depois da morte, ficou perdido, sem entender nada. Outros espíritos mais espertos disseram a ele que eram os chefes por terem chegado antes e que se ele quisesse sair daquele lugar e continuar bebendo e fumando, como fazia antes, deveria fazer tudo o que eles mandassem. Ele, em sua ignorância, acreditou, porque, ao se ver naquele lugar ruim, pensou que estava perdido, que aquele era o único caminho que tinha para seguir.

O vulto a seu lado, ao ouvi-la falando, perguntou:

— Existe outro caminho? Sei que sou um pecador sem perdão e tenho de passar toda a eternidade no inferno em que vivo! Jamais vou poder entrar no céu, por isso tenho de seguir nesse caminho, tentando encontrar, quem sabe, a escada de que já ouvi falar muitas vezes, mas nem eu nem aqueles que mandam em todos os outros sabemos onde está! Todos dizem que nunca ninguém a encontrou.

Marlene ouviu aquele quase lamento, mas fez que não ouviu e continuou:

— Todos nós, inclusive os espíritos, deveríamos saber que Deus é um Pai amoroso. Se nos manda algumas provas, se nos castiga de vez em quando, é porque, sabendo que estamos nos desviando do caminho, quer nosso desenvolvimento como espírito. Ninguém, encarnado ou não, está condenado a uma vida eterna de sofrimento. Um dia a felicidade vai vir, através do caminho do bem, do amor e do perdão. Jesus, quando passou pela Terra, ensinou que cada um tem de fazer sua parte. A gente precisa aprender qual é nossa parte. Para isso, Ele coloca em nosso caminho outros espíritos, encarnados ou não, para nos ensinar. Assim, por meio da dor ou da felicidade, sempre aprendemos mais. Por isso devemos agradecer por todas as oportunidades que nos são dadas.

Todos a ouviam atentamente, inclusive o vulto, que voltou a sentar-se no chão e, pensativo, fumava seu charuto e tomava um gole de cachaça. Marlene seguia seus movimentos e sorriu ao perceber que o havia atingido com suas palavras. Continuou:

— Muitas pessoas, quando voltam para o plano espiritual, pensam ainda estar vivas. Sentem necessidades básicas do corpo, como fome e sede. Aqueles que, durante a vida, bebiam cachaça ou fumavam charuto, continuam sentindo essa necessidade, e por isso trabalham em troca dessas coisas. Com o tempo perceberão que nada disso faz mais falta ao espírito, portanto não precisam fazer o mal ou o bem em troca de nada. Podem continuar só fazendo o bem e com certeza encontrarão uma escada que os conduzirá à luz e à felicidade.

O vulto olhou para ela, depois para o charuto e para a garrafa que tinha nas mãos. Largou os dois e, segurando e sacudindo Marlene, perguntou quase gritando:

— Você sabe onde fica essa escada? Você sabe? Precisa me mostrar onde está e como faço para encontrar. Precisa me ensinar...

Marlene, embora o visse sacudindo-a, não sentia nada. Acompanhava tudo o que ele fazia. Intimamente agradecia a Deus, pois sentia que aquele espírito estava prestes a ser salvo. Continuou falando:

— Quando retornamos à Terra para uma nova escola de aprendizado, deixamos no plano espiritual amigos que nos amam e que sofrem se não conseguimos vencer os desafios. Muitos deles esperam com ansiedade nossa volta. Portanto, espírito algum precisa ficar perdido sem destino; ele sempre terá alguém que ama e está esperando a sua volta. Basta desejar profundamente e pedir a Deus essa graça.

Clarice tentou se levantar para tirar a louça da mesa e arrumá-la para a leitura do Evangelho, mas, a um sinal de Marlene, voltou a sentar. As crianças não gostavam quando eles começavam a falar daquele assunto, por isso se levantaram e foram para a sala de televisão. Dona Sílvia, mais acostumada com o modo como Marlene trabalhava, segurou a mão de Clarice e a de Osvaldo e, fazendo um sinal, baixou a cabeça e fechou os olhos. Eles entenderam e fizeram o mesmo. Os três ficaram em profunda oração, sinceramente querendo ajudar quem estivesse ali. Marlene, ainda em pé no canto e percebendo que o vulto estava examinando-a e entendendo o que ela falava, continuou:

— Todos somos filhos de Deus, portanto, eternos como Ele. Todos temos um passado do qual, com um pequeno esforço e a ajuda de bons irmãos espirituais, podemos nos lembrar. Por isso, meus irmãos, já que estamos, neste momento, com muita fé e caridade, vamos, juntos, elevar nossos pensamentos até Deus, nosso Pai, para que possamos ser atendidos e socorridos por aqueles que amamos e por quem fomos amados um dia, e, com certeza, teremos essa graça.

Os três, sentados e com as mãos entrelaçadas, seguiam atentamente o que ela falava. O vulto levantou-se, andou até a mesa e viu que eles estavam em profunda oração. Marlene continuava parada e seguindo todos os seus movimentos.

Uma luz intensa desceu sobre a cabeça dos três. O vulto assustou-se e deu um passo para trás. Marlene, com os braços abertos e com as mãos para o alto, por trás dele, continuava em oração. Ao ver a sala toda iluminada, ele, assustado, voltou a sentar-se em seu canto, continuando a ouvir Marlene, que não parava de falar nas pessoas que nos amavam e queriam nos ajudar. Ele, ouvindo aquilo, fechou os olhos por um segundo. Depois, de sua garganta partiu um grito desesperado:

— Teresa! Teresa! Estou lembrando. Teresa!

Em seguida começou a chorar, falando:

— Teresa, o que fiz de nossas vidas? Teresa, onde você está? Onde estão nossos filhos?

Osvaldo, Clarice e dona Sílvia não viam aquela cena, mas Marlene sim. Ela, profundamente emocionada, continuou:

— As pessoas que amamos estão sempre ao alcance de nosso pensamento. Para tê-las ao nosso lado, só é necessário pedirmos a Deus, nosso Pai, sua permissão. Ele é infinito em Sua bondade e perdão, precisamos apenas acreditar e pedir com sinceridade.

O vulto começou a chorar violentamente, com soluços que não conseguia controlar. Seu coração queria sinceramente ver a esposa, e agora sabia que poderia vê-la, se Deus permitisse. O mesmo Deus que disseram tê-lo condenado para sempre. Aquela mulher que ele não conhecia estava dizendo que tudo era mentira, que Deus existia, sim, que só precisava pedir com sinceridade. Ajoelhou-se, baixou a cabeça e com a voz quase em lamento falou:

— Deus, meu Pai, não sei ainda qual o crime que cometi para estar aqui no inferno em que vivo até agora. Só sei que tenho alguém que muito amei, sei que ela me amou também. Senhor meu Deus, permita que eu a possa ver novamente e pedir seu perdão. Só Seu amor infinito, como está dizendo esta mulher, vai poder me ajudar agora.

Marlene, chorando baixinho, também pedia.

— Meu Pai, atenda, por favor, a esse irmão que está perdido. Assim como o pai recebeu de volta em sua casa o filho pródigo, recebe agora este seu filho com festa e louvor. É uma ovelha desgarrada que volta. Tem piedade, meu Pai.

Como por encanto, luzes foram formando uma escada que descia do alto. O vulto, ao ver aquela escada tão procurada, não se conteve: gritando e chorando, levantou-se e voltou a sacudir Marlene para que ela também visse. Gritava feliz:

— A escada! Ela existe. Ela existe! Você estava dizendo a verdade! Ela existe. A escada existe!

Da escada, uma forma começou a descer. Toda branca, com um suave tom de lilás em suas vestes, olhava para o vulto e sorria. Ele, ao ver aquele ser que se aproximava, voltou a se ajoelhar. Preso de muita emoção, quase não podia falar. De sua garganta partiu um som baixo, que com muito custo Marlene conseguiu ouvir:

— Teresa! É mesmo você? Está tão bonita! É você mesmo? Não estou sonhando? Não estou sofrendo uma alucinação?

Ao chegar ao pé da escada, o vulto iluminado abriu os braços e caminhou, sorrindo, até ele, que continuava ajoelhado. Pegou em suas mãos e, enquanto o levantava, disse:

— Sou eu mesmo, Clemente. Suas preces foram atendidas. Estou aqui para levá-lo a um mundo de amor, felicidade e muita luz. Lá encontrará outros amigos e a oportunidade de resgatar todos os seus erros. Deus é Pai justo e infalível, e nos ama a todos da mesma maneira, pecadores ou não.

Abraçaram-se com muito amor. Sobre eles caíram muitas luzes coloridas. Marlene ouviu uma suave música cantada por vozes de crianças. Seu coração encheu-se de felicidade. Presa de muita emoção, sem perceber começou a falar em voz alta:

— Obrigada, meu Deus, por este momento de deslumbramento. Sei que estou aqui na Terra resgatando faltas passadas, mas este momento compensa qualquer sofrimento. Obrigada, meu Pai, por receber este seu filho amado e desviado.

Marlene continuava a ver os dois se abraçando. O vulto luminoso voltou-se para ela, dizendo:

— Obrigada, minha irmã, por sua fé e caridade. Este é meu marido de outras vidas. Nós nos desencontramos há muito tempo e hoje, com sua ajuda, voltamos a nos ver. Que Deus a abençoe, e muito.

Marlene sorriu humildemente. Estava muito emocionada, por isso não conseguia dizer uma palavra sequer.

O vulto luminoso abraçou o outro e falou:

— Você veio a esta casa para fazer o mal, mas aqui recebeu o bem. Não acha que deve algo a estes irmãos?

Ele pensou, olhou para um lugar distante, e imediatamente em suas mãos surgiram os bonecos que um dia havia amarrado. Chorando arrependido, ele os foi desamarrando. Logo depois de desamarrados, sumiram de suas mãos em uma bola de luz. O vulto iluminado, sorrindo, acompanhou o outro, que muito feliz subia a escada que por tanto tempo havia procurado. Assim que sumiram, levaram com eles as luzes. Marlene sentou-se, falando:

— Está feito! Tudo está bem. Por meio do perdão, conseguiram combater e vencer o mal. Perderam um inimigo, salvaram um irmão e ganharam muitos amigos. Agora, vocês estarão livres para continuar suas jornadas.

Os três abriram os olhos. Dona Sílvia sorria enquanto os outros dois se olhavam sem nada entender. Clarice disse:

— O que está dizendo, Marlene? Estamos livres do mal? Tudo terminou? Mas como? A mesa não foi preparada, a louça está ainda sobre ela. Estávamos apenas conversando e ouvindo seus ensinamentos. Não abrimos os trabalhos. Não fizemos oração. Não lemos o Evangelho nem o comentamos, como sempre.

Marlene, tomando um pouco de água que estava em cima da mesa, falou:

— Todo esse ritual é importante e deve ser feito sempre que possível, mas a falta dele não faz com que os objetivos não sejam alcançados. Deus não entra em nossas casas por elas estarem arrumadas ou não, por serem ricas ou pobres. O que interessa a Ele são nossos corações, a fé que sentimos Nele e em seu julgamento. Por isso nossos corações é que devem estar sempre limpos do ódio, da mágoa e cheios de muita fé. Só assim Deus poderá entrar neles a qualquer momento.

Dona Sílvia, sorrindo com o espanto do filho, falou:

— Marlene é vidente e assim que aqui chegou deve ter visto algo. Enquanto falava conosco, dando respostas e nos esclarecendo, na verdade estava falando com um espírito que nós não víamos. Marlene, não foi isso que aconteceu?

— Foi isso mesmo, mas agora estou com muita vontade de tomar um café. Posso ir até a cozinha preparar?

Clarice levantou-se e a acompanhou. Gostava de seu próprio café, mas sempre achou o de Marlene melhor. Osvaldo e a mãe permaneceram na sala conversando.

— Mamãe, a senhora acredita mesmo que todo o mal foi embora? Acredita que estamos livres de tudo aquilo?

— Acredito, meu filho. Conheço Marlene há muito tempo, já vi coisas que ela fez, nas quais você não acreditaria. Por isso pode estar certo de que tudo agora está bem.

— Mamãe, se isso for verdade, essa mulher é uma santa. Por que tem uma vida tão miserável e com tanto sofrimento? Por que ela não usa esses poderes para ganhar dinheiro?

— Já perguntei isso a ela algumas vezes, e ela sempre responde que está aqui resgatando dívidas imensas contraídas no passado e que não possui poder algum, apenas uma fé muito grande no amor de Deus.

— Se for verdade mesmo, se eu e Clarice ficarmos livres daquele tormento, não existe dinheiro que pague; darei a ela o que for preciso.

— Meu filho querido, se quiser perder uma amiga e ouvir um palavrão muito grande, fale com ela que quer pagar.

— Ela fala palavrões?

Dona Sílvia soltou uma gargalhada.

— Fala, muitos! Ela mesma diz não ser santa.

Clarice e Marlene voltaram da cozinha; Clarice estava com uma bandeja na mão. Sentaram-se e tomaram o café. Osvaldo disse:

— Marlene, tem certeza de que tudo terminou? Pode nos dizer como aconteceu?

— Podem ficar tranquilos: tudo está terminado. Mas, neste momento, não quero falar a esse respeito. Talvez em outra hora eu conte toda a maravilha que presenciei aqui. Por enquanto, vamos, somente, agradecer as graças recebidas nesta noite.

Ela não quis comentar o que havia presenciado porque sabia que a viagem que os espíritos estavam fazendo agora seria longa. Eles precisavam só de pensamentos de amor.

Pouco depois, Marlene se despediu de Clarice.

— Preciso ir para minha casa. Fique tranquila, que agora está tudo bem, mas lembre-se de que o amor de Deus é infinito e Ele nunca abandona Seus filhos, pecadores ou não. Continue amando seu marido e seus filhos, e nada de mal poderá atingir vocês.

— Obrigada por tudo, obrigada por seus ensinamentos. Não sei como poderei pagar por tudo o que fez.

— Não tem de agradecer e muito menos pagar. Foi Deus quem fez tudo. Vocês são Seus filhos e têm muito amor no coração. Boa noite.

Osvaldo acompanhou Sílvia e Marlene até suas casas. Deixou primeiro sua mãe e, depois, seguiu com Marlene. Enquanto dirigia, disse:

— Marlene, preciso te agradecer por tudo o que fez em nossas vidas.

— Não tem de agradecer, não fiz nada. Tudo o que conseguiram foi porque mereciam. Deus nunca permite que uma injustiça seja feita. O mal só é permitido quando a pessoa que o faz encontra outra que, se tivesse oportunidade, faria o mesmo.

— Não estou entendendo...

— Vou dar um exemplo bem fácil. Uma vela acesa com má intenção só encontrará lugar no coração da pessoa que também acende velas com más intenções. Se o coração for livre de maldade, nada o atingirá.

— Mas a maldade nos atingiu. Sofremos por causa dela, muitos dias!

— Você estava desviado de seus deveres de esposo e pai. Dividido, sem saber o que fazer com a sua vida, não estava dando o valor devido a tudo o que havia conseguido. Foi preciso tudo isso acontecer para que desse valor a sua esposa e filhos, e escolhesse um caminho. Graças a Deus, você escolheu o caminho certo.

Osvaldo ficou calado, pensando. A imagem de Márcia surgiu em seu pensamento.

— Marlene, vou confessar um segredo: sei quem fez essa maldade. O que faremos com ela?

— Vamos, em nossas orações, agradecer a Deus a graça recebida e pedir-Lhe que a ilumine e a tire do caminho da perdição. Com seu ato, embora tenha sido cheio de má intenção, ela fez com que o amor entre você e Clarice ficasse mais forte, fez com que vocês procurassem entender mais sobre a vida daqui e após a morte. Deu a oportunidade para que um espírito que estava desgarrado, perdido e sofrendo muito se aproximasse de nós e encontrasse o caminho de volta para o Pai. No final, aquilo que teria sido para o mal se transformou em um bem para muitos. Devemos pedir muito por ela e aprendermos que nada neste mundo acontece sem a permissão e a vontade de Deus.

Osvaldo ficou calado. Os argumentos de Marlene eram irrefutáveis. Hoje se sentia um homem realizado ao lado da esposa e dos filhos. Só podia agradecer mesmo.

Ao chegar à casa de Marlene, pensou: *Este lugar é tão pobre! Como ela pode ser uma pessoa tão tranquila e sem revolta? Como pode só pensar no bem? Como, em sua pobreza, pode ainda encontrar meios para ser feliz?*

Estacionou o carro e, antes que ela descesse, beijou-a na testa, em um profundo reconhecimento por tudo o que ela havia feito por ele e por sua família. Ela apenas sorriu. Enquanto descia do carro, falou:

— Juízo, menino. Deus lhe deu mais uma oportunidade. Não a deixe escapar.

Ele sorriu, ligou o carro e partiu em direção à sua casa. Estava leve, feliz e tranquilo.

Em casa, Clarice o esperava. Sentia vontade de ficar abraçada ao marido, sentir sua presença fiel e verdadeira. Quando ele retornou, as crianças já estavam dormindo. Ela o esperava na cama, lendo. Ele se aproximou, beijou-a com suavidade e muito carinho, como se fosse a primeira vez. Em poucos minutos estavam se amando, sem problema algum, com muito amor e felicidade.

A FESTA

  Fazia já quase três meses que Márcia estava namorando Ronaldo. Todos os dias recebia maços de rosas, sempre acompanhadas de um cartão com frases apaixonadas. Ronaldo continuava sendo maravilhoso, como no primeiro encontro. Todas as noites ele ia até sua casa. Depois de se amarem e conversarem um pouco, ele ia embora, cheio de amor e paixão. Nos fins de semana, iam ao parque, e ela agora já estava até correndo um pouco a seu lado. Quando se cansava, ficava olhando-o correr, acenando com a mão ou jogando beijos quando passava por ela, que não cabia em si de tanta felicidade.

  Márcia esqueceu completamente Osvaldo e mais ainda ter um dia mandado fazer aquele trabalho. Nos primeiros dias, percebeu que ele nunca mais a procurou. Deduziu que tudo não passara de uma exploração e pensava: *Aquela mulher me enganou: pegou meu dinheiro e não fez nada. Mas não tem importância, foi até bom. Imagine se hoje eu tivesse Osvaldo atrás de mim? O que faria com Ronaldo? Como sempre ocorre em minha vida, tudo acabou dando certo.*

Faltava uma semana para os três meses combinados. Em uma sexta-feira; Ronaldo quis ir a um restaurante.

— Vai fazer três meses que estamos juntos. Quero comemorar com muito requinte. Vamos jantar em um restaurante. O lugar será uma surpresa, tenho certeza de que vai adorar. É muito bem frequentado, por isso quero que vá muito bonita. Sabe do imenso orgulho que tenho de seu porte e beleza. O que acha de minha ideia?

Márcia ouvia tudo com o coração disparando de tanta felicidade.

— Pode ficar tranquilo: vou usar uma roupa especial. Estarei muito bonita. Sabe que também gosto de desfilar com um homem elegante e bonito como você.

Ela se preparou com todo o requinte. Na hora marcada, ele chegou, também muito bem-vestido. Ao vê-la, falou:

— Você está deslumbrante. Eu te amo cada vez mais.

Beijaram-se e saíram. Foram a um restaurante de luxo, onde ela nunca havia ido. Todas as mesas estavam tomadas, com classe e requinte nunca vistos por ela. No centro havia uma pista de dança e um pequeno palco, onde violinos tocavam músicas suaves. Após terminarem o jantar, uma doce melodia começou a ser tocada. Ronaldo levantou-se e convidou-a para dançar. Ela o acompanhou, deslumbrada com tudo o que estava acontecendo.

Começaram a dançar. Enquanto tocava, o maestro, ao microfone, anunciou o nome de Ronaldo, pedindo-lhe que fosse até o palco acompanhado por sua noiva. Pararam de dançar. Márcia estranhou, não sabia que ele era conhecido naquele lugar. Ronaldo pegou sua mão e a conduziu até o palco. Todos os frequentadores os acompanhavam com os olhos. Assim que chegaram ao palco, uma nova música começou a tocar, exatamente a que Márcia mais gostava. Do alto do palco e sobre suas cabeças, pétalas de rosas começaram a cair. Ronaldo, emocionado, tirou do bolso uma caixinha que continha um lindo anel de brilhante e, enquanto o colocava no dedo dela, falou:

— Quero agradecer a presença de todos os meus familiares e amigos que aceitaram meu convite e gostaria de apresentar minha adorável noiva. Quero também comunicar que dentro de um mês realizaremos nosso casamento.

Todos se levantaram e começaram a aplaudir. Márcia, deslumbrada com aquela surpresa, começou a tremer, sem ter palavras para exprimir seus sentimentos. Ronaldo colocou a mão em sua cintura e a conduziu até o centro da pista, onde recomeçaram a dançar. Ela se deixava levar em seus braços ao ritmo daquela música. Sua cabeça rodava entre lágrimas e sorrisos. Beijou e foi beijada ardentemente por Ronaldo, que feliz disse:

— Isto não é nada em comparação a tudo o que lhe darei durante toda a vida que passaremos juntos.

— Meu amor, você não existe! Eu te amo muito, muito, muito!

Os convidados, após o término daquela primeira música, aproximaram-se, cumprimentaram o casal e começaram a dançar. Foi uma noite inesquecível para todos que ali compareceram. Márcia foi apresentada aos pais de Ronaldo, depois aos irmãos e sobrinhos, e no final a toda a família. Ela, gentil, sorria para todos. Quem visse aquele rosto angelical jamais poderia imaginar toda a maldade que era capaz de fazer.

No final da festa, antes que os convidados fossem embora, Ronaldo e Márcia saíram escondidos. As despedidas seriam demoradas, e eles não queriam esperar mais para se amar. Ele a levou a um hotel onde uma suíte os esperava. Vendo tudo aquilo, ela disse:

— Hoje está parecendo nossa noite de lua de mel. Depois de tudo isso, não posso imaginar o que fará quando ela chegar realmente.

— Isso você vai conferir em Paris.

— Paris? Está dizendo que vamos passar nossa lua de mel em Paris?

— E em toda a Europa. Teremos dois meses só para nos amarmos e conhecermos lugares. O que acha? Só não iremos se você não quiser.

— Claro que quero! Sempre quis conhecer Paris, mas, embora tivesse dinheiro, faltavam-me tempo e companhia. Sempre foi o sonho de minha vida!

— Então esse sonho será realizado. Gostou da surpresa que te preparei no restaurante?

— Adorei. Nunca poderia imaginar que algum dia eu fosse a protagonista de um conto de fadas.

— Como quis te fazer uma surpresa, não convidei ninguém de sua família. Nunca comentou nada sobre eles, por isso não sei onde estão e não quis te perguntar, mas para nosso casamento faço questão de que todos compareçam.

Uma nuvem passou pelo rosto dela ao lembrar-se da família. Fez força para que uma lágrima caísse de seus olhos. Vagarosamente e baixinho, falou:

— Não tenho ninguém. Meus pais morreram em um acidente quando eu tinha apenas seis meses. Fui criada por minha avó, que me deu tudo, e já faz dez anos que morreu. Sou sozinha no mundo.

Ao ouvi-la dizer aquelas palavras, um vulto iluminado que estivera a seu lado durante toda a noite balançou a cabeça e, demonstrando tristeza, disse:

— Não, meu amor, não faça isso. Diga a verdade...

Ela parou de falar, parecendo ouvir algo. Imediatamente, lembrou-se de Lenita e de sua mãe.

Não, não posso dizer a ele que minha família é pobre e vive naquele lugar miserável. Ele não entenderia.

Ronaldo, muito triste, abraçou-a e disse:

— Sinto muito. Deve ser muito triste não ter ninguém. Minha família é muito unida e agradeço todos os dias por ter todos ao meu lado. Mas agora você não ficará mais sozinha. De agora em diante, todos nós seremos sua família. Poderá nos amar e ser amada.

Ela, abraçando-o, falou:

— Não se preocupe: já me acostumei. Mas sei que de agora em diante nunca mais ficarei sozinha. Hoje tenho você, que é maravilhoso e é tudo para mim. Farei com que sua família me aceite. E daqui a algum tempo teremos nossos filhos.

A nuvem agora passou pelo rosto dele. Afastou-se dela, colocou as mãos em seus ombros e perguntou desesperado:

— Você está esperando uma criança?

Ela se assustou com sua atitude. Nunca o vira daquela maneira.

— Não. Mas pretendo, um dia, ter vários filhos.

Como se um peso fosse tirado de sua cabeça, ele a abraçou novamente.

— Ainda bem. Eu morreria se soubesse que você está esperando um filho. Isso nunca irá acontecer.

— Não estou entendendo... como, nunca vai acontecer? Igual a toda mulher, quero ter meus filhos.

— Poderá adotar quantos quiser. Darei a eles todo o amor deste mundo, mas nunca vou querer ver você esperando um filho. Tenho medo de te perder.

Só naquele momento ela se lembrou do trágico fim da primeira esposa de Ronaldo. Falou baixinho em seu ouvido:

— É isso, meu amor? Acredita que possa acontecer novamente? Não se preocupe: não vai acontecer. Nosso amor é perfeito demais para que algo de mau possa acontecer. Nunca ouviu aquele ditado: *Um raio não cai duas vezes no mesmo lugar?* Esqueça tudo isso, vamos viver nossa noite de amor. Teremos muito tempo para pensar em filhos.

Ele foi até o bar, onde havia uma garrafa de champanhe, encheu duas taças e ofereceu uma a ela, fazendo um brinde:

— Que nosso amor seja feliz e eterno.

Tomaram a champanhe. Ele colocou uma música para tocar e começaram a dançar. Embalados pela champanhe e pela música, em poucos minutos estavam deitados sobre a cama, acariciando-se. Em dado momento, ela segurou sua cabeça, colocou seus olhos bem perto dos dele e falou:

— Eu o amo... eu te amo muito...

Assim que abriu a boca para falar, um terrível mau cheiro saiu por ela ao mesmo tempo que Ronaldo sentia uma dor profunda. Ele, desesperado, afastou-se dela e levantou-se. O mau cheiro era tão forte que Ronaldo saiu correndo para o banheiro, fechou a porta e começou a vomitar. Ela, desesperada, correu atrás dele e passou a chorar e gritar:

— Meu amor, o que está acontecendo? Que cheiro é esse?

Ele cheirava seu corpo para ver se havia algum lugar em que o cheiro não estivesse.

— Não sei. Saiu de sua boca! Você deve estar doente!

— Por favor, abra a porta! Precisamos conversar. Precisamos entender o que está acontecendo!

— Já vou sair... espere um pouco...

Ela voltou para a cama. Ficou sentada olhando para a porta do banheiro. Depois de quinze minutos, a porta se abriu. Ele estava abatido, com o rosto de quem estava nitidamente passando muito mal. Assim que o viu, ela disse:

— Está vendo? O cheiro foi embora...

Bastou ela abrir a boca para o mau cheiro voltar e envolver todo o ambiente. Ele se vestiu rapidamente e começou a sair, quando ela, desesperada e chorando muito, o segurou pelas pernas.

— Não vá embora! Não me deixe! Eu te amo. Você me ama!

Ele tentou ficar, mas, a cada palavra que ela falava, parecia que o mau cheiro aumentava. Ele saiu quase correndo, batendo a porta violentamente e dizendo:

— Preciso respirar um pouco de ar puro. Se ficar aqui, acho que vou morrer.

Ela se viu sozinha no quarto. Chorava sem parar. Vultos negros, gargalhando, rodopiavam em volta do quarto todo e sobre ela. Ela continuava chorando, procurando entender o que havia acontecido. Um dos vultos, que agora eram muitos, passou perto de seu nariz a figura de dois bonecos amarrados um ao outro. Como por encanto, no mesmo instante, ela se lembrou de dona Durvalina e do trabalho que havia encomendado.

Preocupada, pensou: *Não pode ser. O trabalho não deu certo. Osvaldo nunca mais me procurou.*

Olhou para o relógio que estava sobre o criado-mudo.

Duas horas da manhã. Não vou encontrar aquele lugar durante a noite, mas amanhã, assim que clarear, vou até lá. Ela vai ter de me explicar o que está acontecendo. Logo hoje? Estava tudo tão perfeito. Eu amo Ronaldo! Não posso perdê-lo. Pagarei o que for preciso para que esse feitiço saia de minha vida!

Lembrou que não estava em seu apartamento. Ligou para a recepção e pediu um táxi.

O recepcionista não entendeu o que havia acontecido. Ronaldo havia pedido o que de mais luxuoso existia no hotel. Quando o viu sair correndo, quase alucinado, ainda vestindo o paletó, ficou apenas olhando e querendo entender. Pensou: *Agora ela pediu um táxi... que será que aconteceu? Infelizmente acho que não vou saber. Preciso mesmo é chamar o táxi.*

O mau cheiro do quarto desapareceu. Enquanto esperava o táxi, Márcia ia se lembrando de suas idas e vindas à casa de dona Durvalina. Lembrou-se do encontro que tivera com sua mãe e com Lenita. Lembrou-se de Farias e da maldade que havia feito com ele. Enquanto ela relembrava o passado, os vultos negros ficavam à sua volta, rindo e rodopiando em uma dança infernal.

O táxi chegou, ela desceu do quarto e, sem olhar para o recepcionista, foi embora. Chorou durante todo o caminho. O motorista tentou iniciar uma conversa, mas logo percebeu ser inútil. Ela estava com o pensamento distante e deixou claro que não queria conversar.

Entrou em casa. Olhou todo aquele luxo à sua frente, que agora não tinha o menor valor. A única coisa que queria era ter Ronaldo de volta.

Quando, finalmente, encontrei o amor de minha vida, ele simplesmente escapou por entre meus dedos. Não posso mais viver sem ele. Eu o amo...

Voltou a chorar. Foi para seu quarto, voltou para a sala, entrou nos demais quartos, foi para o banheiro. Não havia lugar em que se sentisse bem. Sofria muito.

Tentou ligar para Ronaldo. Precisava falar com ele, nem que fosse à distância, mas o telefone tocou várias vezes e ele não atendeu. Via a sua frente o rosto de nojo com que ele a olhara. Não conseguia dormir. Era sábado, mas dona Durvalina a atenderia de qualquer maneira. Sabia que bastava oferecer o dobro do preço cobrado. Não queria nada, só queria que o feitiço fosse quebrado.

Se dona Durvalina fez, ela terá de desmanchar.

Finalmente, adormeceu no sofá em que estava sentada, de frente para a porta de vidro que dava para a piscina. Acordava, olhava para o céu, voltava a dormir. Assim ficou durante toda a noite. Dormindo e acordando, esperando o amanhecer.

Acordou com a claridade do sol batendo em seu rosto. Abriu os olhos, lembrou-se de tudo o que havia acontecido. Parecia que o dia seria bonito. Ronaldo, como em todos os sábados em que não tinha uma viagem programada, iria até o parque correr. Ela resolveu: *Vou até lá. Talvez o encontre e poderemos conversar. Não posso lhe contar o que fiz, mas, como sempre, arrumarei um modo de levá-lo a pensar sobre o assunto, a esperar até que eu encontre uma solução.*

Só de pensar que poderia perdê-lo, sentiu um aperto no coração. Sabia que, se o perdesse, seria a mulher mais infeliz do mundo. Começou a chorar novamente. Foi ao banheiro, tomou um banho, cheirou seu corpo, e nada: não havia cheiro algum.

— Decididamente, foi feitiço mesmo.

Vestiu-se e foi para o parque. Ainda era cedo. Ronaldo costumava chegar mais tarde. Enquanto esperava, ficou observando as crianças brincando e as pessoas andando. Lembrou-se de seus planos de ter muitos filhos. Lembrou-se da festa maravilhosa que tivera, da viagem programada para Paris e toda a Europa, seu maior sonho. Começou a andar em volta do lago, pensando: *Este lago é tão bonito... o lugar ideal para morrer... se não conseguir trazer Ronaldo de volta, se não conseguir viver ao lado dele pelo resto de minha vida, esse será meu destino... Virei aqui à noite, quando não houver ninguém, e simplesmente mergulharei. Sem ele, não quero mais viver. O suicídio será o único caminho que terei para seguir.*

A seu lado, caminhando junto e soprando esses pensamentos para ela, iam vários vultos negros. Ela esperou quase até o meio-dia. Ronaldo não apareceu. Ligou para sua casa. A empregada informou que ele havia viajado e não dissera para onde. Seus olhos se encheram de lágrimas.

Definitivamente, eu o perdi para sempre. Como vou viver sem ele? Minha única esperança é dona Durvalina, só ela poderá me ajudar...

Voltou para seu carro e seguiu em direção à casa de dona Durvalina. Passou pela casa em que sua mãe morava com Lenita. Pensou nas duas, mas sua urgência no momento era trazer Ronaldo de volta. Bateu palmas, e a mesma senhora do quarto da frente atendeu:

— Pois não. Ah, é a senhora? Pode entrar.

Márcia entrou e bateu à porta do quarto. Dona Durvalina abriu e perguntou:

— A moça, aqui? Depois de tanto tempo? Não pensei que um dia ia voltar. O trabalho deu certo? Está feliz?

Márcia, furiosa, respondeu:

— O trabalho não deu certo! Vim aqui para que o desmanche! Pagarei em dobro sua consulta, mas preciso falar com a senhora hoje, sem falta!

A mulher, calmamente, respondeu:

— Não precisa ficar nervosa. Vou atender a senhora. Pode me esperar lá no fundo, a porta está aberta.

Márcia, agora, já conhecia o caminho e dirigiu-se para lá. Empurrou a porta e viu novamente o altar cheio de santos, flores e velas. Uma imagem de Jesus com os braços estendidos parecia sorrir para ela. Seus olhos, embora de vidro, pareciam ter vida. Ela ficou olhando-o e pensando: *Nunca em minha vida parei para saber mais sobre sua história. Nunca tive tempo para isso.*

Aproximou-se e viu-o de mais perto. Em sua alucinação, pareceu que Ele sorria.

Devo estar louca. É apenas uma imagem, nada mais.

Estava ainda diante d'Ele quando dona Durvalina chegou e perguntou:

— Está falando com Ele? Às vezes, é a melhor coisa que tem para se fazer. É o melhor caminho a seguir.

Márcia se voltou violentamente ao ouvir a voz da mulher e respondeu, muito nervosa:

— Não vim aqui para falar com uma imagem de gesso! Vim aqui para falar com a senhora, que é de carne e osso!

— A moça parece que não entendeu. Nunca falou ou tratou alguma coisa comigo. Sempre falou com um espírito.

— Com a senhora ou com o espírito, não importa! Preciso que desmanche o que fez!

— A moça vai esperar um pouco. Daqui a pouco vai falar com quem de direito.

Disse isso e novamente puxou a cortina negra. Colocou no chão uma garrafa de cachaça e alguns charutos. Fez um tipo de oração. Seu corpo começou a tremer e, em seguida, ela soltou uma gargalhada. Sentou-se no chão e olhou para Márcia, perguntando:

— O que a moça veio procurar aqui?

Márcia percebeu que a mulher falava diferentemente da última vez em que lá estivera. Parecia estar conversando com outro espírito.

— Vim aqui pedir para desmanchar o trabalho que fez.

— Não fiz trabalho algum pra moça.

— Como não? Paguei tudo o que foi pedido! O trabalho, além de não ter dado resultado, ainda se voltou contra mim! Quero que seja desmanchado. Pagarei o que for preciso!

— Espere um pouco, moça. Não fiz trabalho algum pra moça.

— Como não? Disse que ia amarrar uns bonecos, deu o preço e eu paguei!

— A moça nunca falou comigo, não. A moça falou com o outro, que se debandou pro outro lado, o que deixou o chefe muito bravo. Estou aqui no lugar dele. Só isso.

— Não estou entendendo. Está agora querendo se fazer passar por outra pessoa só para não devolver o dinheiro ou desmanchar o trabalho?

— A moça está entendendo muito bem. A moça veio aqui, pediu um trabalho, e a moça pagou. O trabalho foi feito...

— Até pode ser, mas só deu resultado por uma noite. Não sei se ainda está acontecendo com a outra pessoa aquilo que me foi prometido. Só sei que agora está acontecendo comigo. Eu não quero. Eu não quero!

Márcia gritava e chorava, tudo ao mesmo tempo. Seu corpo tremia ao lembrar-se da cena ao lado de Ronaldo, do mau cheiro e do rosto dele quando se afastou dela. Continuou:

— Isso não é justo. O homem que mais amo fugiu de mim, de meu amor. Não importa quem tenha feito. Quero que desmanchem...

— Moça, esse negócio de justiça é muito complicado. Tem sempre dois lados. Não foi avisada de que tinha um preço? Não foi perguntado se a moça estava disposta a pagar?

— Foi. Eu disse que queria e que estava disposta a pagar. Mas agora não quero mais. Quero que seja desmanchado. Pagarei o dobro; se for preciso, até mais. Pagarei tudo o que for preciso. Só quero ficar livre dessa maldição.

— Não foi dito que cinquenta por cento ia voltar pra moça? Ou mesmo até cem por cento?

Márcia parou, olhando para aquele homem com quem agora ela tinha certeza de que estava conversando. O rosto da mulher estava vincado, parecia mais forte e másculo. Na vez anterior, a mulher bebia e fumava charuto sem parar. Hoje ela não estava bebendo e fumava um cachimbo. A garrafa de cachaça e os charutos estavam lá, mas ela não tocou neles.

— Cinquenta por cento? Cem por cento? Do quê? O trabalho não deu certo. Osvaldo procurou-me só uma vez. Depois, nunca mais. Se não me procurou mais, é porque deve estar muito feliz. Se não deu certo, por que terei de pagar?

— O trabalho pode não ter dado certo, mas foi feito. Não foi dito pra moça que, mesmo que não desse certo, ia ser cobrado? Que o que valia era a intenção? A moça teve intenção, não teve? A moça quis afastar aquele homem da mulher, não quis?

Márcia ficou relembrando o primeiro dia em que ali estivera e tudo o que lhe fora dito.

— Naquele dia eu tive intenção porque estava com muita raiva, com muito ódio, mas hoje não. Só quero ser feliz. Quero que seja desmanchado, para que eu possa ter minha vida de volta, ter o homem que tanto amo novamente me amando. Quero ser feliz.

— Não foi dito pra moça que, depois de feito, ia ser muito difícil desmanchar o trabalho?

— Foi. Mas foi dito difícil, e não impossível. Deve haver um meio. Preciso saber qual é. Tem de me dizer. Pago o que for preciso. Dinheiro não é importante. Quero minha vida de volta. Quero ser feliz!

— Não dá não, moça. Eu não posso fazer nada. Não fui eu quem fez o trabalho.

— Como não pode fazer nada? Como não foi você quem fez o trabalho? É muito fácil dizer isso. Recebeu o dinheiro, conforme combinado. Paguei minha parte do modo que pediu. Agora, simplesmente, me diz que não pode fazer nada? Não vou aceitar isso. Não posso aceitar. Se aceitar, sei que nunca mais terei meu amor de volta. Preciso dele. Nunca conheci a felicidade e, agora que a consegui, não posso simplesmente perdê-la!

— A moça não tem de aceitar nada. A moça é livre pra procurar uma saída. Eu não sei como fazer. A moça foi avisada de que o que ela estava fazendo podia voltar pra ela mesma, não foi? Não posso fazer nada...

— Por sua culpa estou perdendo, se já não perdi, o único homem que amei na vida! O homem que poderia me dar a felicidade maior deste mundo!

— Por minha culpa? Acredita mesmo que foi por minha culpa? A moça veio aqui querendo um homem. Não se preocupou com o que ele queria. Agora quer um outro. A moça não sabe o que quer?

Márcia agora estava furiosa.

— Como não sei o que quero? Consegui tudo na vida exatamente porque sempre soube o que queria! Se você fez, outro vai desmanchar e eu vou encontrar! Exatamente porque sei o que quero. Quero aquele homem de volta. Ele voltará, nem que para isso eu tenha de gastar até meu último centavo!

— A moça é quem sabe. Eu não posso fazer nada. Só posso dizer uma coisa pra moça: não gaste seu dinheiro à toa. Não é com dinheiro que vai conseguir desmanchar o que mandou fazer. Não é, não...

— Se não for com dinheiro, será com o quê? Pode me explicar?

— Não posso, não. A moça mesma é que vai ter de descobrir.

— Seja o que for, descobrirei. Pode estar certo.

Márcia levantou-se e, sem se despedir, saiu. Estava com muita raiva, muito nervosa e com muito ódio.

Antes de entrar no carro, olhou para a casa que sabia ser de sua mãe e de Lenita. Pensou em ir até lá.

Elas estão aí. Poderia levá-las para viver em minha companhia. Quem sabe, fazendo uma boa ação, possa reverter o trabalho? Não. Não e não! Como posso me dedicar a elas? Estou com muitos problemas! Preciso encontrar uma forma de reverter tudo isso. Em algum lugar deve haver uma resposta. Vou encontrar esse lugar, nem que tenha de revirar o mundo. Elas que fiquem por aí! Viveram até hoje muito bem, poderão continuar vivendo. Não quero me envolver em suas vidas. Elas só me dariam mais problemas.

Acelerou o carro e saiu em disparada, sem olhar novamente para a casa, chegando até a virar o rosto para o outro lado.

Só me faltava agora encontrar aquela mulher, que se diz minha mãe, com suas lágrimas. Não quero vê-la nunca mais. Preciso encontrar um meio de me livrar dessa maldição. Não posso perder Ronaldo. Eu o amo. Ele também me ama. Vou encontrar alguém que possa me ajudar...

Antes de ir para casa, passou mais uma vez pelo parque, na esperança de ver Ronaldo correndo. Mas foi inútil: ele não estava ali. Sentada no banco, ficou relembrando os dias felizes que vivera com ele. Chorava como criança. Chorou muito e, de repente, parou.

Não posso ficar chorando. Não sou mulher de chorar. Tenho de fazer algo. Deve existir alguém que possa me ajudar.

Triste, voltou para casa.

No dia seguinte, pegou o jornal e começou a folheá-lo, na intenção de se distrair. Após ler alguns artigos financeiros e políticos, chegou aos classificados. Sem interesse, começou a lê-los. Notou que havia vários anúncios de videntes e pessoas que faziam consultas espirituais e desmanchavam trabalhos. Selecionou alguns números de telefone e começou a ligar. Marcou consultas noturnas, uma para cada dia da semana, com pessoas diferentes.

Uma delas vai me ajudar. É impossível que não exista neste mundo alguém que consiga desmanchar o mal que aquela mulher fez.

Ficou andando pelo apartamento. Cada pedaço a fazia lembrar-se de Ronaldo. Ela o amava desesperadamente, não podia perdê-lo.

Isso não! Vou encontrar uma maneira.

Sem que ela soubesse, à sua volta, rodopiando feliz, estava Farias, sempre acompanhado por Gervásio. Farias chegou junto a ela, falando em seu ouvido:

— Não está com vontade de beber? Um vinho agora seria muito bom... vá até o bar, vai ver como vai se sentir melhor... pegue um copo e beba... eu lhe farei companhia...

Como se estivesse hipnotizada, ela se dirigiu ao bar, pegou um copo, encheu-o de vinho e começou a beber. Farias, sentado a seu lado, aspirava o álcool com ela.

Márcia bebeu um copo após o outro. Completamente embriagada, dormiu no sofá da sala, sem forças para ir até seu quarto. Durante a noite, teve horríveis pesadelos. Farias, a seu lado, falava coisas que faziam com que acordasse e dormisse logo em seguida.

Farias apertava sua cabeça, causando dores violentas. Ela acordava, mas o efeito do álcool era mais forte, e voltava a dormir. Quase pela manhã, viu em seu sonho o corpo dele entre as ferragens, com sangue por todo lado, apontando-lhe o dedo e dizendo:

— Você me matou! Você me matou! Assassina! Assassina!

Ela deu um pulo e acordou, ainda vendo-o e ouvindo sua voz.

Olhou em volta e percebeu que estava em seu apartamento.

Ainda bem que foi um sonho. Por que ele disse que eu o matei? A morte dele foi um acidente. Por que não estou em meu quarto? Ai, que dor de cabeça! Por que tive de beber tanto?

Levantou-se, mas ainda sentia uma pequena tontura. No dia anterior, não comera nada, apenas bebera.

Estou fraca, preciso me alimentar. Que dia é hoje? Nossa! É dia de trabalho!

Deitou-se novamente no sofá. Seu corpo estava pesado. Farias subiu em seus ombros , dando a ela a impressão de estar com um peso enorme nas costas. Ele ria, enquanto pulava e falava:

— Você não presta. Quis subir a qualquer preço. Agora, perdeu o que mais queria e vai perder todo o resto. Vou me vingar. Foi sempre tão egoísta que não tem um amigo sequer para te ajudar. Você não presta!

Ela absorvia, sem saber, tudo o que ele dizia. Sentia uma profunda solidão. Lembrava-se de tudo o que havia feito contra muitas pessoas. Via Lenita, pálida, desmaiada em seus braços, e sua mãe, sorrindo e chorando, quando a encontrou. Em seguida, a figura de Farias preso nas ferragens. Sua cabeça rodava, mas ela precisava se levantar e ir trabalhar.

Preciso me levantar... tenho compromissos importantes marcados na empresa... nunca deixei de cumprir compromisso algum.

Tentou levantar-se novamente.

Vou tomar um banho e ficarei melhor. Não posso ficar deitada, preciso ir para a empresa.

Levantou-se. Voltou a se lembrar de Ronaldo.

Não posso perdê-lo. Não posso! Meu amor, onde você está? Volte, por favor. Não saberei viver sem você.

Tornou a se deitar. Seu corpo estava fraco, sua vontade estava dividida entre a obrigação do trabalho e a imensa dor que sentia por se ver ameaçada por algo que não sabia como enfrentar. Ficou deitada por mais algum tempo. Com muito esforço, levantou-se novamente e conseguiu chegar ao banheiro. Tomou um banho demorado e realmente se sentiu melhor.

Vestiu-se e, ainda com um pouco de dor de cabeça, foi para a empresa. Levou com ela a folha de papel em que havia marcado os endereços das pessoas que visitaria para encontrar uma solução para seu problema.

OPORTUNIDADE DE PERDÃO

    O dia se arrastou e, por muitas vezes, ela se distraiu com o trabalho. Quando alguém perguntava algo a respeito de um assunto qualquer, por várias vezes não soube responder. Sua cabeça e suas costas doíam muito. Farias continuava em cima dela e não parava de falar:

— Não adianta, você agora é minha. Nunca mais vou sair daqui! Nunca mais. Vou te levar à loucura. Quero te ver lá no vale, naquele inferno. Não vou te deixar em paz, nunca mais. Nunca mais!

    Naquele dia, pela primeira vez desde que começara a trabalhar na empresa, olhava a todo instante no relógio. Deixou seu trabalho para o dia seguinte. Sentia que não estava em condições de tomar nenhuma decisão. Tinha consciência de que, para voltar a ser a funcionária exemplar que sempre fora, teria de resolver seu próprio problema.

Pela primeira vez, também, não estava conseguindo separar sua vida particular da profissional. Seus superiores perceberam que ela não estava bem. Às três horas da tarde, doutor Fernando chamou-a em sua sala.

— Márcia, estou notando que hoje você não está bem. Está acontecendo alguma coisa? Está com algum problema?

— Desculpe, senhor, estou com uma terrível dor de cabeça. Mas tenho certeza de que logo estarei bem.

— É melhor que vá para casa ou a um médico. Estou preocupado. Sabe que temos decisões importantes para tomar e sempre contei com sua ajuda, mas hoje me parece que não podemos decidir nada. Vá para casa, cuide-se e volte amanhã.

Márcia não gostou do que estava ouvindo. Ela sempre fora elogiada e agora sentia que o chefe a recriminava. Perdeu o controle:

— O que está querendo dizer? Que não sou uma boa profissional? Que estou deixando meus problemas particulares interferirem em meu trabalho?

Ele estranhou a pessoa que estava à sua frente. Nunca antes a vira descontrolada dessa maneira.

— Que é isso? Só estou preocupado com sua saúde. Sei que é uma boa profissional, nunca poderia duvidar disso. Vejo, agora, que realmente não está bem e que precisa se tratar. Vá procurar um médico. Pode ficar em casa quantos dias forem necessários. Só volte quando de fato se sentir bem.

Ela percebeu que havia perdido o controle. Farias rodopiava à sua volta, gargalhando e muito feliz.

— Agora, sim. É isso mesmo o que quero ver! Fernando precisa te conhecer como é na realidade! Vai perder tudo o que conseguiu mentindo e enganando.

— Desculpe — ela disse ao seu chefe —, é que realmente não estou bem. Estou me sentindo muito fraca.

— Por isso mesmo deve consultar um médico. Fique em casa todo o tempo de que precisar.

— Mas tenho muito trabalho para concluir...

— Não se preocupe, vá procurar ajuda e se trate.

Ele falou com tal impostação de voz, que ela não teve como argumentar. Sentia-se mesmo muito mal; tentou sorrir e retirou-se da sala. Já em sua sala, pegou a bolsa e saiu. Farias e Gervásio a acompanharam.

Pegou o carro. Na rua, respirou fundo. Sentia que o ar lhe faltava.

Não posso ir para casa. Lá me sinto sufocar. Mas aqui também. Não sei o que fazer. Essa dor que sinto pela perda de Ronaldo é imensa. Vou dirigir um pouco. Melhor ainda: vou até sua casa. Ele não pode ter viajado assim de repente. Deve estar em casa ou em alguma de suas agências. Vou procurá-lo e pedir que volte. Se for preciso, contarei a ele tudo o que fiz. Não... isso não poderei fazer nunca. Ele não entenderia e, com certeza, não me perdoaria!

Continuou dirigindo. Ronaldo morava em uma mansão localizada em um bairro nobre da cidade. Parou o carro em frente a um enorme portão de ferro. Desceu e ficou parada, olhando para dentro do jardim. Um homem, ao vê-la ali parada, veio em sua direção.

— Pois não, senhorita, deseja alguma coisa?

— Preciso falar com o senhor Ronaldo. Ele está em casa?

— Sinto, senhorita, mas ele viajou no sábado pela manhã e não disse quando voltaria.

— O senhor sabe aonde ele foi?

— O patrão não costuma dizer aonde vai.

— Obrigada. Se ele voltar, por favor, avise que Márcia esteve aqui. Vou deixar meu cartão. Poderia me telefonar assim que ele voltar?

— Poderei dizer para ele que a senhorita esteve aqui, mas telefonar, não. Não se preocupe: ele mesmo vai ligar. A senhorita é muito bonita...

Márcia percebeu que não adiantava ficar ali.

— Obrigada, o senhor foi muito gentil. Até logo.

Voltou para o carro e continuou dirigindo. Foi a todas as agências de carro que sabia serem dele, mas nada. Em todos os lugares, recebia a mesma resposta:

— Ele foi viajar.

Cansada, resolveu ir para casa. Estava escurecendo, e ela teria tempo de tomar um banho, trocar de roupa e ir ao encontro da primeira mulher com quem havia marcado consulta.

Vou, hoje, nesta. Se não der certo, vou a todas as outras; uma delas vai ter de me ajudar. Preciso de ajuda. Sempre soube lidar com meu trabalho. Sempre soube afastar de meu caminho quem me incomodasse, mas, com essas coisas, não sei lidar. Não sei como fazer, mas alguém deve saber, e vou encontrar esse alguém.

No apartamento, como sempre, tudo estava em ordem. Entrou e se sentiu sozinha.

Precisava ter alguém com quem conversar. Precisava ter uma amiga, mas não tenho ninguém. Passei minha vida toda apenas querendo ganhar dinheiro e prestígio na empresa. Para quê? Para quê?

Foi para o banheiro. Tinha tempo de tomar um banho de imersão, que sempre lhe fazia muito bem quando chegava do trabalho tensa e cansada. Foi o que fez. Ficou deitada na banheira por mais ou menos meia hora. Depois disso, trocou-se, pegou as chaves do carro e se preparou para sair.

Quando estava saindo, olhou para o bar no canto da sala. Percebeu que já não havia ali muitas garrafas. Embora quase nunca bebesse, quando tinha decorado o apartamento, colocara no bar algumas bebidas de todos os tipos, que fariam parte da decoração e que estariam lá para o dia em que fosse receber alguns amigos. Todavia, esses amigos nunca vieram. As garrafas ali permaneceram por longo tempo. Agora, faltavam algumas, que ela mesma havia tomado.

Vou comprar as que estão faltando. Não quero meu bar vazio.

Saiu em direção ao endereço que havia anotado. A rua ficava em um bairro bom, com belas moradias. Estacionou o carro em frente a um prédio e subiu ao terceiro andar. Foi recebida por uma senhora bem-vestida e sorridente.

— Boa noite. Pode-se ver que é uma pessoa educada: chegou na hora marcada.

— Boa noite, dona Neide. Tenho urgência em resolver um problema e penso que talvez possa me ajudar.

— Vamos ver. Entre, por favor.

Márcia entrou. O ambiente ali era bem diferente daquele que encontrara na casa de dona Durvalina. Aquele apartamento revelava que a pessoa que ali vivia era de posses. Márcia perguntava-se: *Por que uma pessoa como essa se dedica a um trabalho desses? Deve cobrar um preço alto, mas não faz mal: pagarei o que for preciso. Só quero Ronaldo de volta.*

Dona Neide percebeu sua curiosidade, enquanto a encaminhava a uma sala nos fundos do apartamento, e disse:

— Parece não entender por que me dedico a um trabalho como este?

— Por favor, a senhora tem de me desculpar. É que não entendo muito bem dessas coisas. Nunca dei muita atenção, por isso estou surpresa.

— Não precisa se preocupar com isso. Dedico-me a este trabalho já há muito tempo, há quase vinte anos. Estou cumprindo minha missão aqui na Terra.

— Missão? Que missão?

— A de ajudar as pessoas que se encontram perdidas, sem um caminho para seguir.

— Consegue realmente isso?

— Na maioria das vezes, sim, mas depende muito da pessoa que me procura.

Ao ouvir aquilo, Márcia pensou: *Estou novamente falando com uma pessoa que vai querer me enganar. Quando não conseguir me ajudar, vai dizer, como dona Durvalina, que a culpa é minha. Agora, não tenho como escapar. Já que estou aqui, vou até o fim. Vamos ver no que vai dar, mas desta vez só darei dinheiro se houver garantia.*

Chegaram a uma porta. Dona Neide abriu-a e convidou Márcia para entrar. Lá dentro, encontrou um ambiente acolhedor. Ela, rapidamente, olhou tudo. Havia uma mesa forrada com cetim branco. Um incenso queimava sobre a estátua de alguém que Márcia não conhecia. O incenso soltava um aroma suave e bom. Sobre a mesa, cartas de baralho. Flores e velas acesas de várias cores. Márcia se impressionou com a paz que sentiu ali dentro. Dona Neide percebeu seu espanto:

— Nunca esteve em um lugar como este? Nunca consultou as cartas?

— Não, é a primeira vez. Nunca me interessei pelo futuro, porque sempre soube como conduzir minha vida para que o futuro fosse do modo que eu quisesse.

Dona Neide apenas sorriu. Mostrou a ela uma cadeira que estava diante dela e se sentou em outra que estava do outro lado. As duas ficaram frente a frente. A vidente fechou os olhos e com o baralho nas mãos fez uma espécie de oração. Depois, embaralhou as cartas e pediu que Márcia cortasse o monte três vezes com a mão esquerda. Márcia obedeceu. A mulher pegou de volta as cartas e perguntou seu nome. Márcia respondeu. Dona Neide começou a colocar as cartas sobre a mesa. Márcia acompanhava, em silêncio, todos os seus movimentos. Depois de colocar as cartas, a mulher ficou apenas olhando, sem nada dizer. Examinou, examinou e, finalmente, disse:

— A senhorita está com energias muito pesadas a seu lado. Aqui não diz o que fez, só mostra que mexeu com forças poderosas. Essas forças agora estão cobrando sua parte. Elas estão querendo que a senhorita pague tudo, perdendo aquilo que mais ama neste mundo. O que você fez?

Márcia ficou impressionada. Não falara a respeito de sua vida e aquela mulher não a conhecia. Ela estava, mesmo, vendo as coisas?

— Não fiz nada. Vim aqui porque preciso de ajuda. O homem que mais amo está fugindo de mim!

— Qual é o nome dele?

— Ronaldo.

Dona Neide embaralhou novamente e pediu a Márcia que cortasse o monte. Em seguida, lançou as cartas sobre a mesa e, depois de analisá-las demoradamente, falou:

— Esse homem te ama sinceramente. Encontraram-se porque precisam continuar algo que foi interrompido em outra vida. Mas ele foi afastado por sua culpa. Ele está distante, foi para outro país, mas, volto a dizer, te ama muito. Só sente medo, muito medo. Está sofrendo demais.

— Algo que foi interrompido? Outra vida? O que está dizendo?

— Vocês, em uma vida passada, tinham um compromisso, que foi interrompido contra a vontade dos dois. Nesta vida presente, deveriam se encontrar e recomeçar de onde pararam, só que você impediu que isso acontecesse por se deixar envolver por energias perigosas.

— Não estou entendendo nada do que está dizendo. Preciso que ele volte. Não poderei continuar vivendo sem ele.

— O que fez de mau? Com que forças mexeu? Que trato fez com essas forças? Preciso saber para ver se posso ajudar. Não se preocupe: o que disser ficará só entre nós, não sairá deste quarto.

Ao perceber a indecisão de Márcia em contar, ela continuou:

— Preciso saber o que fez para ver se posso te ajudar. Precisa confiar. Foi para isso que veio até aqui.

Márcia começou a chorar e contou tudo sobre dona Durvalina. Neide ouviu em silêncio. Quando Márcia terminou, ela fechou os olhos e permaneceu orando. Depois de algum tempo, abriu os olhos e disse:

— Quando desejamos o mal para alguém, não é necessário nem praticar, porque nosso pensamento tem uma força muito grande. Com ele, podemos construir ou destruir. Ao nosso lado, existem energias do bem e do mal, e, infelizmente, você se envolveu com as do mal.

— Não sabia o que estava fazendo.

— No universo, existe uma Lei que comanda a tudo e a todos. Essa Lei tem de ser obedecida e cumprida. Desde que nascemos, aprendemos o que é certo e errado; por isso, quando fazemos o mal para alguém, sabemos o que estamos fazendo. Foi avisada de que pagaria cinquenta por cento, mas, mesmo assim, insistiu em continuar. Agora, a cobrança chegou.

— Eu não sabia o que estava fazendo. Não imaginei que a cobrança seria dessa forma. Além disso, o trabalho não deu certo: Osvaldo não voltou. Não é justo pagar por algo que não consegui.

— Justo? O que é justiça para você? Não deu certo, mas poderia ter dado. Como estaria aquela família hoje? Não deu certo, mas você teve a intenção de fazer o mal. E isso foi o bastante. Não precisaria de mais nada.

— Não posso pagar com aquilo que mais amo e de que mais preciso. Deve existir um meio de tudo ser contornado. Osvaldo deve estar feliz com sua família. Eu quero ser feliz com Ronaldo. Deve existir um meio. Sinto que a senhora sabe como me ajudar. Não se preocupe com dinheiro: tenho muito e usarei até o último centavo se for preciso.

— Infelizmente, eu não faço trabalhos, só atendo à curiosidade das pessoas em relação ao passado, presente e futuro. Dou conselhos, ensino simpatias, nada além disso. Não posso te ajudar. E há mais uma coisa que preciso lhe dizer. Do modo que está, será presa fácil para pessoas mal-intencionadas. Poderá gastar todo o seu dinheiro e não conseguir nada.

— O que está querendo dizer? Não estou entendendo.

— Aprenda algo muito importante. A mediunidade é um dom que nos é dado quando nascemos. A todos. Entendeu bem? A todos. Por isso, ela não deve ser usada para ganharmos dinheiro. Em qualquer lugar a que for, preste atenção: se houver cobrança, saia de lá o mais rápido possível.

— Estou entendendo e aprendendo. Da próxima vez, tomarei mais cuidado. Mas a senhora deve conhecer alguém que possa me ajudar.

— Tenho uma amiga que possui um terreiro de umbanda. Talvez os caboclos e pretos velhos possam te ajudar.

— Onde fica? Preciso ir a qualquer lugar onde haja uma esperança de ajuda.

— Amanhã é terça-feira, o dia em que ela trabalha com os caboclos. Vou te dar o endereço. O trabalho começa às três da tarde. Vá até lá. Posso lhe garantir que, se existe alguém que pode te ajudar, é ela. Não deixe de ir. Está precisando, e muito. Essas forças que estão com você são muito perigosas.

— Obrigada. Irei com certeza. Quanto lhe devo?

— Não me deve nada. Cobro, sim, das pessoas que aqui vêm por curiosidade, para saber do presente, passado e futuro, mas seu caso é diferente. Precisa de uma ajuda muito forte. As forças que estão ao seu lado, já lhe disse, são perigosas; não quero ter envolvimento algum com elas.

Márcia despediu-se da mulher. Tinha de continuar procurando ajuda. Nunca em sua vida pensou que existissem essas coisas e que elas pudessem fazer tanto mal.

Farias e Gervásio a esperavam à porta do apartamento de dona Neide, do lado de fora. Haviam tentado entrar, mas alguma coisa os impedira. Não sabiam o que era. Não conseguiam ver a faixa de luz que estava na porta, impedindo-os de entrar.

Assim que Márcia abriu a porta e saiu, eles novamente a seguiram. Ela sentia muita vontade de encontrar a cura para seus males.

Preciso encontrar um modo de me livrar de tudo isso. Mas nem por um instante estou arrependida do que fiz contra Osvaldo. Ele mereceu. Só sinto não ter dado certo. Não posso aceitar o que está acontecendo comigo porque sinto que fui enganada, por isso não aceito ter de pagar e ele continuar feliz ao lado da esposinha. Não posso aceitar nem aceitarei nunca!

Naquela noite, também não dormiu bem. Sentia algo que a sufocava, seu corpo não encontrava posição na cama. Pela manhã, novamente acordou com dor por todo o corpo. Levantou-se e, enquanto tomava banho, pensava: *Já que o doutor Fernando me ofereceu alguns dias de folga, vou aproveitar. Nunca tirei férias na empresa. Sempre me preocupei demais com meu trabalho, mas agora preciso me preocupar com minha vida. Não vou trabalhar a semana toda. Até o fim da semana, tenho certeza de que estarei com tudo resolvido e com Ronaldo de volta.*

Estava com a sensação de que havia sonhado muito, mas não lembrava o que fora. Marluce, ao chegar para o trabalho, espantou-se em vê-la em casa.

— Bom dia. A senhora está doente?

— Não. Por que essa pergunta?

— Durante todo esse tempo que aqui trabalho, nunca vi a senhora pela manhã.

— Esta semana não vou trabalhar, tenho alguns problemas para resolver.

Durante a manhã, ficou andando de um lado para o outro. Olhava no relógio a todo instante; estava ansiosa para ir até o tal terreiro.

Vou para ver como é. Se lá houver alguma ajuda, vou buscar. Sinto que encontrarei minha paz.

Às três horas em ponto, parou o carro em frente a uma casa. O terreiro ficava em uma vila nos arredores da cidade. Do lado de fora, a casa parecia ser grande. Márcia notou que muitos carros estavam parados na rua.

Pelo grande número de carros aqui parados, parece que o lugar é muito bem frequentado.

Entrou um pouco desconfiada. Farias e Gervásio a seguiram. Foi encaminhada para os fundos da casa. Lá havia um galpão enorme. Na porta, antes de entrar, recebeu um pequeno cartão com um número. Entrou.

Várias pessoas estavam sentadas e outras separadas por uma pequena cerca de madeira pintada de branco. No meio, havia uma espécie de portão. As pessoas que estavam dentro do cercado, vestidas de branco, dançavam e cantavam ao som de um tambor. As pessoas dançavam e rodopiavam. Márcia acompanhava tudo. Em frente ao altar, havia uma mulher vestida de branco, portando na cabeça um cocar de índio feito com penas brancas. Ela fumava charuto e começava a cantar as músicas, que eram seguidas pelos demais. O som era envolvente. Márcia estava se sentindo muito bem.

Farias e Gervásio também acompanhavam tudo com curiosidade. Viram que a volta toda estava cercada por outros índios que não eram vistos pelas pessoas da plateia. Na porta do cercado, havia dois que impediam que alguns espíritos entrassem. Poderiam ser considerados os porteiros.

Farias nunca havia visto coisa igual. Assustado, perguntou para Gervásio:

— Que lugar é este? Quem são esses índios? O que ela veio fazer aqui?

— Esta é mais uma das religiões que existem na Terra. Chegou aqui por meio dos negros. Hoje, é frequentada por pessoas de todas as classes sociais. Márcia deve ter vindo aqui procurar ajuda.

— Eu era e sou católico. Nunca quis saber de outra religião.

— Toda religião é boa, Farias, porque todas falam de Deus. E todas pretendem que aqueles que as seguem encontrem o verdadeiro caminho.

As pessoas que se encontravam dentro do cercado cantavam e dançavam muito. Uma a uma, deitavam-se em frente a um altar com muitos santos, velas e flores. Batiam a cabeça, levantavam-se, deitavam-se em frente à mulher de cocar e batiam a cabeça novamente. Ela os abençoava, fazendo o sinal da cruz em suas costas.

Márcia nunca havia visto algo igual, mas estava gostando daquele ritual, achando-o muito bonito. Prestava atenção em tudo e percebeu que, conforme a música mudava de ritmo, as pessoas dançavam diferentemente. As mulheres, com saias brancas e muito armadas, dançavam e rodavam sem parar. Se não fosse uma religião, poderia ser um ótimo espetáculo para assistir.

Quase uma hora se passara, e as pessoas continuavam dançando e cantando. Márcia não estava cansada, ao contrário: cada vez gostava mais de tudo que estava vendo.

De repente, a música parou. A mulher com o cocar branco sentou-se em uma espécie de poltrona colocada em frente ao altar.

Uma das pessoas de branco chegou ao pequeno portão e chamou um número. Uma senhora que estava sentada ao lado de Márcia levantou-se e entrou, foi para junto da mulher de cocar e ajoelhou-se à sua frente. Outros números foram sendo chamados, e as pessoas eram encaminhadas a outras pessoas que estavam vestidas de branco. Chegou, então, a vez de Márcia. Ela havia observado tudo e fez exatamente o que as outras pessoas haviam feito antes dela. Entrou e ajoelhou-se em frente à mulher do cocar, que soltou, sobre Márcia, uma baforada de charuto e perguntou:

— *Que é que a fia veio fazê aqui?*

Ela falava com um sotaque estranho, e Márcia sentiu alguma dificuldade para entender. Uma moça que estava ao lado dela, percebendo sua dificuldade, repetiu:

— O pai quer saber o que a moça veio fazer aqui.

— Estou precisando de ajuda e me disseram que aqui eu encontraria o que procuro.

O caboclo falava e a moça repetia:

— *A moça veio buscá ajuda ou veio ajudá?*

Márcia estranhou a pergunta:

— Não entendi... preciso de ajuda, vim buscar sua ajuda.

— *Sabe, o dia que a fia deixá de pensá só nela, a vida da fia vai mudá.*

— Não estou entendendo o que está querendo dizer, só sei que hoje preciso de ajuda.

— *Tá bem, fia. Ocê sempre deixa tudo pra amanhã. A fia tá muito escura. O anjo da guarda tá quase apagado e distante. A fia afastô ele. A fia faz muita maldade e ele num pode mais chegá perto. A fia agora tá sozinha, acompanhada só por aqueles qui qué vingança.*

Márcia ouvia novamente quase as mesmas coisas. Sentiu que ali também não encontraria ajuda.

— Sei o que fiz, mas preciso de ajuda. Será que não vou encontrar em lugar nenhum?

— *Fia*, assim como as *água* do rio um dia *chega* no mar; assim como a semente um dia nasce, cresce e leva as *planta* sempre pro alto; assim como o sol dorme pra lua *acordá...* assim também um dia o mal encontra o bem.

— Não estou entendendo.

— *A fia tem que pedi Agô pros pai da fia. Eles tão triste e distante. Já ajudaro muito a fia, mas ela num soube reconhecê.*

— *Agô? O que é isso?*

— *Agô, fia, é perdão. A fia tem que pedi perdão pros seus pai.*

— Meus pais? Perdão? Não posso fazer isso. Meu pai já morreu e não sei onde está minha mãe.

— *Pra esses também a fia tem que pedi perdão. O pai já voltô pra junto de Nosso Sinhô, mas a mãe a fia sabe sim onde tá. Tô falando é dos outros pai da fia: Ogum e Oxum.*

— Não estou entendendo nada mesmo. Ogum? Oxum?

— *Seu pai, fia, é Ogum. Guerreiro e lutadô. Ele sempre ajudô a fia, abrindo todos os seus caminho. Oxum é a mãe da fia. Ela é Dona dos rio. Ela deu pra fia muito ouro e beleza. Agora tão triste e num vão ajudá mais. Por isso, se a fia quisé di novo a proteção deles, tem que pedi Agô.*

— Como faço isso?

— *A fia vai pegá um inhame, assá ele na brasa. Quando tivé bem mole, vai abri, regá ele com bastante mel. Vai numa istrada i oferece pra Ogum, pedindo Agô. Depois vai pegá um peixe bem grande, vai assá na foia da bananeira, enfeita com gema de ovo, vai na marge dum rio oferecê pra Oxum, pedindo Agô.*

— Não sei como fazer isso.

— *Meu cavalo faiz. É só trazê tudo. Ela faiz.*

— Quanto vou ter de pagar por esse trabalho?

— *Meu cavalo num cobra nada. Ela sabe que, se um dia cobrá alguma coisa, eu me afasto e num volto nunca mais. A fia só tem que trazê as coisa.*

— Se eu fizer isso, minha vida vai voltar a ser como antes?

— *O caboclo num sabe. Isso quem vai decidi é Ogum e Oxum. A fia sabe que tem uma morte nas costa, num sabe?*

Farias, que acompanhava tudo à distância, porque um índio que estava na porta não o deixara entrar, levantou-se e falou gritando:

— Ele vai contar, Gervásio? Ela agora vai ficar sabendo o que fez comigo?

Gervásio colocou a mão em seu ombro e fez com que voltasse a se sentar novamente. Márcia assustou-se com aquilo:

— Morte? Eu? Nunca matei ninguém!

— *Pra matá num é preciso usá uma arma. A fia matô e vai se alembrá agora.*

A mulher olhou para Farias e jogou uma baforada em direção à plateia. A fumaça bateu em Farias e jogou-o ao lado dela e de Márcia, que, assustada com tudo o que ouvira, no mesmo instante pensou: *Farias? Será que ele está falando de Farias?*

— O senhor está falando de Farias? Eu não o matei. Ele sofreu um acidente.

— *Fia, a arma que se usa pra matá pode sê a boca. Fia, pensa! Pensa muito! Agora pode i falá com meu cavalo, e ela vai fazê a comida de santo que eu pedi.*

Márcia levantou-se e saiu dali, acompanhada por Farias. Ela se lembrava da última vez que falara com ele.

— Será que ele não sofreu um acidente? Será que ele se matou?

Falou com a pessoa que estava na porta:

— Ela mandou que eu falasse com seu cavalo. Onde posso encontrá-lo?

— O cavalo é aquela com quem a senhora estava conversando. Assim que o caboclo for embora, a senhora conversa com ela.

Márcia voltou para seu lugar e sentou-se novamente. Farias também voltou. Ela estava intrigada: *Como ele soube que eu mandei fazer aquele trabalho para Osvaldo? E de Farias? A mulher que fui visitar ontem à noite deve ter contado. Isso tudo deve ser uma máfia. Vou embora.*

Saiu dali sem olhar para trás.

Não vou fazer nada que ela mandou. Farias... Imagine se eu tenho alguma coisa a ver com sua morte! Ele era um fraco, não soube lutar.

Farias, ao ouvir aquilo, ficou preso de muito mais raiva do que já tinha. Diante do caboclo, ele quase a perdoara:

— Gervásio, não adianta: não posso perdoar. Ela é ruim mesmo.

Aproximou-se de Márcia e falou em seu ouvido:

— Você não tem jeito. Até pensei em ir embora, seguir meu caminho e te deixar em paz, mas não vou. Agora, você vai saber o que fez. Vai se lembrar a todo instante. Não vou permitir que esqueça. A justiça vai ser cumprida!

Márcia entrou furiosa em seu carro. Falou alto:

— Estou me deixando levar por crendices! Eu, que sempre fui independente, que nunca precisei de nada nem de ninguém! Ogum? Oxum? Isso tudo é conversa para levar meu dinheiro!

Ligou o carro e saiu em disparada. Farias, a seu lado, dizia:

— Vai perder tudo o que conquistou e usurpou. Você vai ver! Não está com vontade de beber? Eu estou!

Márcia dirigia sem prestar muita atenção ao trânsito. Estava com muita raiva e ao mesmo tempo com muito medo de perder Ronaldo para sempre.

Não, não vou perder Ronaldo! Deve haver e sei que vou encontrar uma solução. Deve existir uma. Ainda bem que me lembrei: o bar lá em casa está quase vazio. Vou comprar algumas bebidas.

Entrou em um supermercado, comprou várias garrafas, de todo tipo de bebida. Saiu carregando os pacotes.

Agora meu bar estará novamente com as bebidas para qualquer gosto. Quem quiser poderá me visitar, não passarei vergonha. Mas quem viria me visitar? Estas bebidas vão durar muito tempo.

Farias e Gervásio seguiam com ela. Farias olhou para o amigo e, sorrindo, disse:

— Ela não sabe, mas essas bebidas vão durar muito menos do que pensa. Vou convidar alguns amigos. Hoje, naquele apartamento, vai haver uma festança!

A CAMINHO DO FIM

Assim que entrou no apartamento, Márcia foi para a cozinha ver se havia algo para comer. Encontrou uma caixa com biscoitos. Pegou alguns e foi para seu quarto. Tentou ler, mas não conseguiu. Foi até a sala e, no bar, pegou a garrafa de um vinho da marca que, às vezes, gostava de tomar. Encheu um copo e voltou para o quarto. Não estava bem, algo estava faltando em sua vida.

Claro que não estou bem. Como vou viver sem Ronaldo?

Farias, às suas costas, dizia baixinho em seu ouvido:

— Não pode mesmo viver sem ele. A vida não vale mais nada para você. É fácil: basta se matar! Sempre foi sozinha, nunca confiou em ninguém. Nunca gostou de alguém. Não fará falta alguma.

Ela andava de um lado para o outro com o copo na mão. Esticava os braços para cima, como se quisesse tirar um peso de suas costas. Nada adiantava. Tomou todo o vinho que havia no copo, foi para a sala e encheu outro. À medida que bebia, mais peso sentia nas costas. Lembrou-se de Farias e do que o índio tinha dito.

Não pode ser... ele não se matou. Mesmo que tenha se matado, a culpa não foi minha. Eu, em seu lugar, teria enfrentado a família e teria dado uma surra em quem estivesse me chantageando. Ele era mesmo um fraco. Um covarde!

Ao ouvir seu pensamento, Farias ficou furioso. Saiu e foi procurar alguns amigos para a festa. Gervásio tentou evitar, mas foi em vão.

— Vou destruir essa mulher. Ela não presta. Não tem um pingo de sentimento. É má e calculista!

Saiu e voltou em seguida com outros espíritos. Alguns já estavam embriagados, outros sentiam muita vontade de beber. Começaram a rodopiar em volta de Márcia e sorviam o aroma de álcool que saía do copo e das garrafas. Ela, desprotegida, cedeu a seus desejos e começou a beber sem parar. Bebeu um copo atrás do outro. A garrafa terminou, ela abriu outra, e agora já não bebia mais no copo; bebia no gargalo da garrafa. Completamente embriagada, caiu sobre o tapete da sala. Tudo rodava à sua volta. Tentou se levantar, mas não conseguiu. Via à sua frente Osvaldo, dona Durvalina, o caboclo e Farias. Deste é que não conseguia se esquecer. Ele, a seu ouvido, dizia, muito nervoso:

— Não vai me esquecer nunca mais. Vou ser sua sombra! Vai pagar muito caro por tudo o que me fez passar na vida e naquele vale infernal! Só fui para lá por sua culpa. É para lá que te levarei, para sentir tudo de horrível que senti! Você vai se matar! Vou lutar para que isso aconteça! Está sozinha. Continuará assim. Não existe ninguém neste mundo para se preocupar com você ou que venha te ajudar. Foi sempre tão egoísta que nunca conseguiu ter um amigo. Está sozinha comigo. Assim ficará até que eu consiga te levar ao suicídio!

Ele falava e ria como um alucinado. Ela, meio adormecida, chegava quase a escutá-lo. Não percebeu a noite passar.

Pela manhã, ao abrir a porta, Marluce assustou-se.

— Meu Deus do céu! O que aconteceu aqui? Dona Márcia!

A sala estava toda revirada. Em sua embriaguez, Márcia derrubara as coisas pelo caminho. Marluce viu a patroa deitada no chão da sala e correu para socorrê-la. Ao chegar mais perto, sentiu o odor de vinho. Olhou tudo e viu as garrafas e copos espalhados por toda a sala. O tapete, de um tom creme bem claro, estava agora todo manchado de vermelho. Marluce tentou acordar Márcia, mas não conseguiu. Decidiu levá-la ao banheiro. Com muito esforço, conseguiu; colocou-a embaixo do chuveiro e abriu a torneira. Conforme a água caía, Márcia ia despertando. Chorava e falava coisas sem nexo para Marluce.

— Marluce, preciso te contar: eu não o matei. Ele morreu de acidente. E eu também não quis fazer mal para Osvaldo, só queria que ele não me abandonasse. Quero Ronaldo de volta.

— Fique calma, dona Márcia. Logo a senhora vai ficar boa. Este banho vai fazer bem.

— Não adianta. Nunca vou ficar bem. Quero morrer. Não aguento mais esta vida!

— Que é isso, dona Márcia? A senhora tem tudo: este apartamento, um lindo carro, seu trabalho, todas aquelas roupas. Que mais pode desejar?

— Nada disso adianta. Perdi a única razão de minha vida. Perdi o homem mais maravilhoso do mundo. Quero morrer. Marluce, tem algum veneno aqui no apartamento?

— Claro que não! Para que a gente ia ter veneno?

— Não faz mal. Vou para a rua e vou comprar. Vou tomar tudo de uma vez. Assim, a morte vem depressa. Dormirei para nunca mais acordar.

Marluce estava cada vez mais assustada. A patroa parecia outra mulher. Ficou com medo de que ela cumprisse aquilo que estava dizendo. Ajudou Márcia a sair do banho, colocou-a na cama e foi para a cozinha preparar um café bem forte, que sabia ser bom para curar bebedeira. Na cozinha, pensava: *Meu Deus, o que vou fazer se essa louca resolver mesmo se matar? Preciso pedir ajuda, mas a quem? Ela nunca falou de sua família. Nunca ninguém a procurou. Não tem amigos. Não tem ninguém.*

Terminou de preparar o café, colocou-o em uma xícara e voltou para o quarto, onde havia deixado Márcia. Ela não estava mais na cama. Marluce largou a xícara e saiu correndo em direção à sala. Márcia estava ali com uma garrafa nas mãos, bebendo no gargalo. Marluce correu para ela. Quis tirar a garrafa de suas mãos, mas não conseguiu. Márcia empurrou-a com tanta violência que a fez cair no chão. Ela se levantou chorando e olhou para um canto da sala, onde havia uma agenda de telefones. Pegou a agenda e abriu-a. Estava quase vazia; os poucos números anotados eram de pizzarias, supermercados e bancos. Folheou desolada as páginas, até que viu um nome: Luciana. Pegou o telefone e ligou. Do outro lado, uma mulher atendeu:

— Quem é?

— Quero falar com dona Luciana.

— Sou eu mesma, pode falar.

— Desculpe eu estar telefonando. Meu nome é Marluce e trabalho pra dona Márcia. Ela não está bem. Preciso de ajuda, mas a agenda de telefones não tem o número de ninguém da família, só o seu. Lembrei que a senhora às vezes telefona para ela, por isso estou telefonando.

— Fez bem. Márcia não está bem? O que ela tem?

— Não sei. Acho que precisa ir a um médico. Daria para a senhora vir até aqui?

— Não se preocupe: já estou indo. Fique ao lado dela e, se piorar, na agenda deve haver o telefone de algum pronto--socorro. Dentro de meia hora estarei aí.

Desligou o telefone. Marluce, também, largou o aparelho, olhando para Márcia, que, com a garrafa na mão, continuava andando de um lugar para outro, falando com alguém que só ela podia ver:

— Você tem razão: preciso morrer. Não adianta mais ficar nesta Terra.

Quarenta minutos depois, o porteiro chamou pelo interfone. Estava avisando que dona Luciana acabara de chegar. Marluce pediu que ela subisse. Ao entrar no apartamento, Luciana ficou atônita. Não conseguia acreditar que aquela que estava a sua frente era a mesma Márcia que conhecia. Estava toda descabelada, andando cambaleante de um lado para o outro e falando coisas que não se conseguia entender. Aproximou-se, segurou no braço de Márcia e disse:

— Márcia, o que está acontecendo? Por que está bebendo dessa maneira?

Márcia olhou para ela e começou a chorar:

— Luciana? O que está fazendo aqui? Quem te chamou? Vá embora, não quero te ver! Não preciso de ninguém. Só quero morrer...

Luciana tentou abraçá-la, mas não conseguiu. Márcia se afastou, gritando:

— Não adianta! Não vou mais viver. Quero morrer. A vida é minha, faço com ela o que quiser!

Luciana, preocupada, sentou-se em um sofá e ficou olhando para a amiga.

O que estará acontecendo com ela? Sempre foi muito fechada e reservada. Todas as vezes que conversamos, sempre me pareceu estar muito bem. O que vou fazer? Ela não parece ter nenhuma doença. Está apenas embriagada.

— Marluce, não posso ficar aqui agora, preciso apanhar as crianças na escola. Fique com ela, não a deixe sozinha. No ritmo em que está bebendo, vai dormir logo. Assim que eu deixar as crianças em casa, voltarei e veremos o que se pode fazer, mas não a deixe sozinha.

— Está bem, dona Luciana. Vou ficar aqui de longe, só olhando.

Márcia, alheia à presença das duas, continuou bebendo sem parar. Luciana saiu, e Marluce, assustada, manteve-se distante. Depois que fora jogada no chão, ficara com medo de se aproximar. Como Luciana previra, em pouco tempo Márcia estava deitada no chão, dormindo profundamente. Só então Marluce se levantou e foi até a cozinha preparar algo para as duas comerem, caso Márcia acordasse com fome.

Às duas da tarde, Luciana voltou. Teria a tarde toda para tentar resolver o problema da amiga. Jamais em sua vida pôde imaginar que algum dia a veria assim. No trajeto entre sua casa e a de Márcia, lembrou-se dela na faculdade: *Que terá acontecido com ela? Sempre foi uma menina extrovertida e brincalhona. Estou me lembrando agora do dia em que a conheci e me aproximei dela na biblioteca. Eu estava perdida, precisando de alguém para conversar. Naquele tempo ela foi indispensável em minha vida. Nós nos tornamos amigas e, quando Márcia precisou de um emprego, não pensei duas vezes para apresentá-la a meu pai. Durante todo esse tempo, nos encontramos poucas vezes, mas sempre ouvi elogios a respeito de seu trabalho. O que aconteceu para que ficasse nesse estado?*

Quando Luciana entrou no apartamento, Marluce a recebeu com olhar preocupado e disse:

— Ela dormiu, acordou e agora está revirando todas as gavetas da casa procurando um revólver. Disse que precisa morrer...

— Ela tem algum revólver em casa?

— Não. Eu nunca vi.

— Assim é melhor. Precisamos fazer algo para ajudá-la. Não pode ficar sozinha. Você pode dormir aqui?

— Não, meu marido trabalha de noite e não tenho com quem deixar as crianças.

— Também não posso. Que vamos fazer?

— A senhora não acha que era melhor ela ir pro hospital?

— Não. Ela tem um cargo importante na empresa, ninguém pode saber que está se embriagando. Temos de encontrar outra solução... Já sei! Vou dar um telefonema.

Pegou o aparelho e discou.

— Sílvia, sou eu, Luciana. Está tudo bem?

— Luciana! Há quanto tempo... Comigo está tudo bem, mas sou eu que pergunto: o que te deu para me telefonar?

— Sei que hoje é dia de Marlene trabalhar em sua casa. Ela ainda está aí?

— Está sim, mas por quê? Ela não vai à sua casa na sexta--feira?

— Sim, mas preciso da ajuda dela hoje. Quero ver se ela pode fazer companhia a uma amiga minha que está doente e não tem ninguém para ficar com ela à noite.

— Vou chamá-la.

Marlene atendeu em seguida.

— Dona Luciana, sou eu. Que está acontecendo?

— Tenho uma amiga que não está muito bem e precisa de alguém para ficar com ela durante a noite. Pensei que talvez você aceitasse esse trabalho. Sei que costumar fazer isso às vezes.

— Sabe como é, trabalho nunca é demais. Mas sabe que tem um problema ...

— Sei qual é, mas não se preocupe, pode vir. Ela está precisando de sua ajuda e acredito não ser só de companhia. Estou desconfiada de que algo mais esteja acontecendo aqui.

— Está bem. Vou terminar meu serviço aqui e vou em seguida. Qual é o endereço?

Luciana passou o endereço e o telefone. Depois disse:

— Faça o seguinte: apanhe um táxi e, assim que chegar aqui, eu pago o motorista.

— Está bem. Vou o mais rápido possível.

Luciana desligou, aliviada. Olhou para Marluce, que acompanhou toda a conversa e estava aliviada também. Márcia continuava bebendo e mexendo nas gavetas, em busca do tal revólver que graças a Deus não existia. As duas a acompanhavam de longe, sem nada dizer.

Eram quase cinco da tarde quando Marlene chegou. O porteiro interfonou avisando, e Marluce desceu com o dinheiro que Luciana lhe deu para pagar o táxi. O porteiro estranhou todo aquele movimento no apartamento de Márcia. Ela nunca recebia ninguém e, agora, aquele entra e sai.

Marluce conduziu Marlene até o apartamento. Assim que entrou, Luciana veio recebê-la.

— Marlene, que bom que chegou. Sei que vai poder ajudar muito.

Marlene notou que o bairro e o apartamento eram luxuosos. Já na porta, parou e ficou olhando, calada. Luciana apressou-se:

— Está admirada com a beleza desta sala? É porque não viu o resto. A dona tem muito bom gosto.

Marlene, ainda parada perto da porta, não respondeu. Olhava para a sala e via muitos vultos dançando e rodopiando em uma algazarra profunda. Fechou os olhos e dali mesmo onde estava começou a orar:

— Senhor, meu Pai, proteja a pessoa que mora nesta casa. Ela deve estar sofrendo muito mesmo. Dê a oportunidade de se libertar dessas visitas. Que Sua luz divina possa entrar e clarear toda a casa, principalmente a moradora. Permita, Senhor, que meu mentor possa estar aqui comigo para me intuir.

Imediatamente, ela foi envolvida por muita luz. A seu lado, o vulto de um senhor sorridente pegou sua mão. Ela sentiu sua presença e sorriu confiante. Ao sentirem a luz e a presença, os vultos, assustados, pararam de rodopiar e desapareceram rapidamente. Somente Gervásio e Farias permaneceram, parados e encostados em um canto da sala. Farias, nervoso, falou:

— Gervásio, não vou embora. Estou aqui para exercer meu direito de vingança, direito esse que ganhei quando pedi justiça; direito esse que pela Lei não me pode ser negado. Não vou aceitar essa intromissão. Quem é esta mulher? Quem é este que a está acompanhando? Que luz é esta? Eles é que não podem continuar aqui. Eles têm de ir embora. Principalmente esta luz, que está me fazendo mal!

— Acalme-se.

— Como me acalmar? Márcia é minha! Tem de pagar por tudo. Eles têm de ir embora. Onde está a Lei?

— A Lei está aqui mesmo. Até para os encarnados existe sempre um julgamento justo. Se esta luz está aqui, é porque também, em nome da Lei, pediu permissão. Não podemos exigir que vá embora.

— Que julgamento? O que ela fez comigo não tem perdão! Ela me destruiu!

— Acalme-se. Vamos esperar.

Farias ficou olhando para Marlene. Ela continuava parada em oração e cercada de luz. Quando terminou de rezar pedindo ajuda, ela abriu os olhos e percebeu que o ambiente estava praticamente limpo. Viu Farias e Gervásio encostados na parede e sentiu o olhar de ódio que Farias lhe lançava. Não demonstrou nenhuma emoção no rosto. Entrou decidida e disse:

— Dona Luciana, onde está a moça que mora aqui?

— Agora está em seu quarto, revirando tudo para encontrar um revólver. Estou muito assustada. Receio que, embora fosse a última coisa que quisesse fazer, teremos de levá-la para um hospital. Isso seria o fim de sua carreira na empresa. Ela ocupa um cargo muito alto, não pode ser ligada à bebida. Eles não aceitariam.

Marlene não disse nada, apenas acompanhou Luciana até o quarto de Márcia. Ao chegar à porta, novamente parou. Seu coração disparou ao ver a situação em que Márcia se encontrava. Quis dizer algo, mas não conseguia, tamanho foi o espanto que sentiu.

— Meu Deus, Pai todo-poderoso! É ela?! Como pode estar neste estado?

Márcia, seguida por Farias e Gervásio, que se anteciparam a Marlene, andava de um lado para o outro, com o cabelo todo despenteado, as roupas sujas de bebida. Como se fosse um ímã, o olhar de Marlene atraiu-a. Ela parou bem de frente a Marlene, falando:

— Mamãe?! O que está fazendo aqui? Quem te chamou? Não disse que nunca mais queria te ver?

Marlene, sem poder evitar as lágrimas, respondeu:

— Márcia! Márcia, minha filha. Não se preocupe. Logo mais vou embora.

— Vá embora agora mesmo. Não quero a senhora aqui em minha casa! Eu odeio a senhora! Quantas vezes vou ter de repetir isso? Tenho ódio! Ódio!

— Deve ter motivos para isso, mas neste momento precisa de minha ajuda, e eu não vou embora.

Márcia lançou-se sobre ela com muita fúria.

— Vá embora! Não quero a senhora aqui. Não preciso da senhora! Nunca precisei. Te odeio!

Farias percebeu que nem tudo estava perdido. Falava ao ouvido de Márcia:

— Isso mesmo: você a odeia. Ela não presta. Mande-a embora.

— Vá embora! Não a quero mais aqui. Eu odeio a senhora!

— Não se preocupe. Vou embora, mas só depois que você ficar bem. Deus é nosso Pai de bondade infinita, nunca nos deixa sem ajuda.

— Deus? Que Deus?

— O mesmo Deus que te deu a vida. Que te dá todos os dias o sol e a lua. Que te deu inteligência e um corpo perfeito. Que agora me encaminhou até aqui.

— Tudo isso é besteira. Esse Deus não existe. Vá embora. Não quero ver a senhora nunca mais. Saia daqui!

— Márcia, sou sua mãe. Eu te amo. Quero te ajudar.

— Não preciso de sua ajuda, nem de ninguém. Vá embora!

Marlene, enquanto falava, acompanhava com os olhos Farias, que rodopiava em volta de Márcia, falando a seu ouvido:

— Não ligue para ela! Você agora é minha. Ninguém vai poder ajudar!

Márcia olhava com ódio e rancor para Marlene, que, envolvida pela situação, por um momento sentiu-se impotente. De seus olhos, lágrimas desciam. Sabia que, se aquele vulto estava tomando conta de sua filha, era porque ela mesma havia permitido. Mais uma vez elevou seu pensamento a Deus. Em voz alta, falou:

— Meu Deus de infinita bondade, sei que foi essa mesma bondade que me encaminhou até aqui. Permita, meu Pai, que eu consiga ajudar esta minha filha, que um dia foi colocada em meus braços como uma criança. Não consegui fazer com que ela entendesse o valor da vida que estava nos dando, porque eu mesma não entendia. Mas hoje sei que, se estamos juntas nesta vida, é só por Sua vontade, meu Pai. Se ela atraiu sobre si um irmão vingador, é porque deve ter cometido um erro muito grande. Senhor, nos dê a chance de nos perdoarmos mutuamente e assim reencontrarmos Seu caminho.

Farias tentou se lançar sobre ela, mas não conseguiu, e a luz que a envolvia o arremessou para longe. Encostado à parede, ele gritava:

— Não pode fazer isso! Tenho autorização para estar aqui! Ela é minha! Você não pode evitar!

Olhando firmemente para ele, Marlene respondeu:

— Sei, meu irmão, que deve ter permissão para estar aqui. Mas essa permissão não seria para ajudar Márcia? Não seria para que ela retornasse ao caminho de nosso Pai?

Ao perceber que ela o via e ouvia, ele, assustado, falou:

— O que é isso? O que está falando? O que está tentando fazer? Não vim aqui para ajudar esta traidora! Vim para levá-la comigo ao mesmo lugar em que ela, com sua maldade, me lançou. Não vou sair daqui! Você não vai conseguir me afastar daqui! Tenho permissão! Estou exigindo a minha justiça! Tenho esse direito! Essa é a Lei!

— A única lei que conheço é a do amor e do perdão. E é em busca dela que estou aqui neste momento. Em nome de nosso Pai, peço-lhe que a busque também.

— Nunca! Não vou perdoar nunca! Ela me destruiu, me lançou no pior inferno que possa existir. Vou fazer o mesmo com ela. Vai conhecer todos os horrores por que me fez passar!

— Que Deus te ilumine. É só o que posso te desejar...

Márcia acompanhava aquelas palavras que sua mãe dizia para alguém que ela não via. Marluce e Luciana também acompanhavam, impressionadas. Ao vê-las ali, paradas, Márcia pegou uma almofada e atirou sobre elas, gritando:

— Saiam daqui, todas vocês. Saiam daqui!

Marlene olhou para elas e fez um sinal para que saíssem. Elas entenderam. Luciana abraçou Marluce, saiu e fechou a porta. Já fora do quarto, Marluce, tremendo, falou:

— Dona Luciana, o que é aquilo? Com quem aquela mulher estava falando? Ela é mais louca que dona Márcia. A gente não pode deixar as duas sozinhas. Não pode, não. Ela disse que dona Márcia é filha dela? Foi isso que entendi? Ela é mãe de dona Márcia? Não pode ser. Dona Márcia não tem família.

— Como você, também estou abismada com tudo isso. Conheço Márcia há muito tempo e nunca soube que tinha mãe ou família, mas não devemos nos preocupar com isso agora. O importante é que precisamos ajudá-la. Se existe alguém que pode fazer isso, esse alguém é Marlene. Ela sabe o que está fazendo. Vamos ficar aqui fora.

Só então se lembraram da menina que viera acompanhando Marlene. Ela estava sentada em um sofá. Luciana aproximou-se:

— Lenita, sua avó está lá dentro cuidando de uma moça que está muito doente. Vá com Marluce até a cozinha, ela vai te dar um lanche.

Lenita, com os olhos presos à escada que levava para o andar de cima, e ao quarto de Márcia, parecia não a ouvir. Levantou-se do sofá e foi em direção à escada e ao quarto. Luciana tentou evitar, mas ela a olhou de uma maneira firme, que a fez parar.

Enquanto isso, Marlene, dentro do quarto, continuava em oração pedindo ajuda para aqueles dois irmãos que estavam ali, em luta.

— Meu Pai, sei que tudo acontece por Sua vontade, mas, neste momento, estou pedindo ao Senhor que, se houver uma chance para ajudar os dois, que essa chance seja dada.

Enquanto ela pedia, a porta se abria. Lenita entrou e dirigiu--se à cama onde Márcia se debatia. Colocou sua pequena mão nos cabelos de Márcia, que, ao vê-la, parou e ficou olhando como se estivesse vendo um anjo.

— O que está fazendo aqui? Você é uma criança, não pode me ver neste estado. Vá embora!

— Não vou embora, gosto muito da senhora. Sempre a achei a moça mais bonita do mundo. Não quero ver a senhora tão feia assim...

Márcia olhou para Marlene e para a menina. Parou de gritar e abriu os braços para Marlene, falando em lágrimas:

— Mamãe! Mamãe! Me perdoe por tudo o que fiz e me ajude... me ajude, mamãe... preciso da senhora, me ajude. Preciso de seu Deus...

— Estou aqui e vou ficar até que fique completamente boa e encontre seu caminho. O meu Deus, que é também o seu, vai ajudar a gente, sim. Pode acreditar: Ele não abandona nunca seus filhos e não vai abandonar a gente agora...

Marlene, chorando muito, a abraçou e puxou Lenita. As três ficaram abraçadas. Marlene disse:

— Obrigada, meu Deus, por este momento e por esta nova chance. Ajude-nos a encontrar o caminho do perdão e do amor.

No mesmo momento, uma luz muito forte tomou conta de todo o quarto. Do meio dela, surgiu a figura de Damião. Aproximou-se das três e, sorrindo, lançou sobre elas mais luz. Farias, que a tudo assistia, gritou:

— Damião! Damião! Que bom que chegou. Esta mulher está tentando evitar que a justiça seja feita! Está tentando evitar que a Lei seja cumprida! Ela não pode fazer isso, pode?

Damião olhou para ele e, sorrindo, disse:

— Não, meu irmão, ela não pode. O único que pode é você, dando seu perdão.

— Perdão? Nunca! Quero e exijo meu direito de justiça! Você disse que era a Lei. Quero ver esta mulher comigo, lá no inferno em que me lançou! Não vou perdoar nunca!

— Tem certeza do que está falando? Quer mesmo a justiça? Não vai aproveitar este momento para perdoar?

— Não vou perdoar nunca! Quero a justiça! Tenho esse direito!

— Sendo assim, nada posso fazer. Tem razão. A justiça tem de ser feita. Venha comigo.

Marlene, emocionada e envolvida pelo abraço de Márcia e Lenita, não percebeu a presença de Damião.

Damião partiu, acompanhado por Gervásio e Farias. Chegaram à frente de um enorme prédio. Farias ficou encantado com tão grande beleza.

— Que lugar é este?

— Preciso presidir a um julgamento. Você vai me ajudar e aprender como é que se realiza. Vamos entrar?

— Não estou entendendo, mas, se for para que possa fazer justiça, irei a qualquer lugar.

Entraram. Dentro, havia uma sala e um corredor comprido, onde havia várias portas, parecendo um grande hospital. Um jovem aproximou-se para recebê-los:

— Olá, Damião, novamente aqui?

— Olá, Duarte. Sim, estou mais uma vez aqui. Este é Farias, nosso irmão. Ele quer que a Lei seja cumprida. Está aqui para exercer seu direito de justiça. Antes, porém, tenho de presidir, julgar e decidir o destino de alguns irmãos. Trouxe Farias para que me ajude nesta missão.

— Seja bem-vindo, Farias. Nada mais agrada a nosso Deus do que a justiça cumprida. Venha comigo.

Damião olhou para Gervásio, dizendo:

— Meu irmão, quero lhe agradecer por tudo o que fez, mas agora pode deixar por nossa conta. Farias poderá me ajudar a dar a sentença para nossos irmãos e depois fazer com que sua justiça seja cumprida. Você pode voltar ao vale. Lá deve haver um outro irmão precisando de sua ajuda.

— Está bem, vou agora mesmo. Farias, meu amigo, que Deus te ilumine e te dê o que realmente precisa para ser feliz.

— Tenho certeza de que agora serei feliz. Vou fazer cumprir a justiça, e aquela mulher vai ter o que merece.

Gervásio olhou para Damião e Duarte, sorriu e foi embora.

Duarte, acompanhado por Damião e Farias, entrou em uma sala.

Parecia um cinema, com uma imensa tela e poltronas confortáveis.

Sentaram-se. Damião disse:

— Bem, meu irmão, vamos agora assistir a um filme.

— Não quero assistir a filme algum. Quero saber o que tenho de fazer para que a Lei seja cumprida.

— O que acha que deve fazer para que a Lei seja cumprida?

— Quero que aquela traidora perca tudo o que conseguiu. Quero que seja desmoralizada. Quero que se mate para ir morar naquele vale infernal!

— A justiça está em suas mãos. Mas, antes, preciso presidir a esse julgamento. É no momento a minha prioridade. Após assistirmos a este filme e você me ajudar na sentença, cuidaremos de seu caso.

O FILME

A tela se iluminou, e uma longa estrada apareceu. Por ela, em disparada, vinha um cavalo branco.
Montado sobre ele, um cavaleiro. O cavalo parou, o rosto do cavaleiro ficou em evidência na tela.
Do alto do morro, o cavaleiro olhava para uma casa grande que ficava no sentido contrário. Olhou para a estrada e para o vale que o separava da casa e pensou: *Preciso me apressar para poder chegar e dar meu consolo. Elas devem estar desesperadas.*
Continuou cavalgando. Olhava tudo: a enorme lavoura onde o verde do café se fazia notar, as imensas terras.
Ela deve estar sofrendo muito, preciso ficar a seu lado.
Cavalgando, desceu o vale e começou a subir o morro que o levaria até a casa. Quando chegou ao topo, pegou uma estrada que se estendia até a casa. Parou com o cavalo em frente de uma escadaria próxima à porta de entrada da casa. Desmontou, olhou para cima, avistou duas mulheres vestidas

de preto e subiu os degraus rapidamente. A mais nova, sorrindo timidamente, estendeu a mão para que ele a beijasse, dizendo:

— Cássio! Seja mais uma vez bem-vindo à nossa casa. Infelizmente, hoje o dia é de muita tristeza. Mas eu sabia que em uma hora como esta você não nos deixaria sozinhas.

Enquanto beijava a mão que lhe fora estendida, Cássio respondeu:

— Boa tarde, Virgínia. Como está? E você, querida Elvira? Posso imaginar como está se sentindo. Não consigo acreditar que isso realmente aconteceu.

— Menino, que bom que veio! — disse Elvira. — Estou muito triste mesmo. Sabe o quanto gostava dele. Assim como a todos vocês, também considerava Renato um filho.

— Sei disso. E eu o considerava um irmão. Ontem, pela manhã, fomos, eu e meu pai, até a cidade. Quando terminamos de fazer as compras, encontramos um amigo, e ele nos levou para sua casa. Ficamos ali conversando e, quando percebemos, já era muito tarde para voltar. Ele nos convenceu de que não deveríamos viajar durante a noite. Então, resolvemos pernoitar ali. Hoje pela manhã, terminamos de fazer as compras e voltamos. Assim que chegamos, recebemos a notícia. Soubemos que André esteve ontem lá em casa, mas não nos encontrou. Vim imediatamente, nem troquei a roupa com que viajei. Ainda não acredito no que ocorreu. Se soubesse que Renato também iria até a cidade, iríamos juntos e isso não teria acontecido. Não me perdoo por não estar com ele.

Elvira, emocionada, disse:

— Não pense assim. Nada poderia evitar este infeliz acontecimento. Tudo o que acontece tem sempre a vontade e a permissão de Deus.

— Como a invejo, querida Elvira. Gostaria de poder sentir essa fé que você possui nesse Deus. Se Ele realmente existe, é muito cruel. Se assim não fosse, não teria afastado Renato de nossa presença de uma maneira tão estúpida.

— Não fale assim, menino. Deus sempre sabe o que faz.

— Acredito ser bom que pense assim. Com certeza, aceitará e entenderá com muito mais facilidade do que eu. Por mais que queira aceitar, não consigo me conformar. Ele era tão jovem, tinha uma vida inteira pela frente. Tinha Juliana e Helena. Foi uma grande perda. Não tenho palavras. Estou muito preocupado com Juliana. Como ela está?

Virgínia recolheu a mão que havia estendido.

— Pode imaginar. Como todos nós, recusa-se a acreditar. Está lá dentro. Não diz nada, apenas chora baixinho, mas quem a conhece percebe o quanto está sofrendo. Muito obrigada por ter vindo. Acompanhe-me, estão todos na sala. Juliana gostará muito de vê-lo.

Ele, abraçado a Elvira, a seguiu. Seus olhos percorriam tudo. Chegaram a uma grande sala, no centro da qual havia uma mesa com uma urna funerária. Ao lado da urna, encontrava-se uma bela moça, que chorava baixinho. Cássio aproximou-se e tocou em seu ombro, fazendo com que ela se voltasse.

— Sinto muito, Juliana. Estou aqui para ajudar no que for preciso. Sabe que poderá contar sempre com minha presença e ajuda. Amo-a como se fosse minha irmã e queria muito bem a Renato. Estou muito triste e nem sei o que dizer.

— Cássio, meu querido amigo. Muito obrigada por sua presença. Sempre tive a certeza de sua amizade, mas não sei explicar o que estou sentindo hoje. Um sentimento de perda muito grande. Sabe o quanto eu e Renato éramos unidos e o quanto nos amávamos.

— Sei o quanto está sofrendo, mas tudo na vida passa, e essa dor passará também. Elvira diz que Deus é que sabe das coisas.

Virgínia aproximou-se e abraçou Juliana.

— Juliana, minha irmã, você está aí em pé há muito tempo. Acredito que seja melhor ir descansar um pouco. Não se preocupe, atenderei a todos que chegarem.

— Tem razão, estou cansada mesmo. Não sei como estaria neste momento se não fosse a amizade de vocês. Vou tomar um banho e ver se consigo descansar um pouco.

— Isso mesmo, minha irmã, vá e fique tranquila, não se preocupe com nada.

Juliana, com um sorriso forçado, se afastou. Cumprimentou algumas pessoas e se dirigiu a seus aposentos. Antes, passou pelo quarto de sua filha, que dormia tranquilamente.

Helena, minha filha, em sua inocência, não está percebendo a grande perda que sofremos neste dia. Não sei como conseguirei continuar vivendo daqui para frente. Nossa vida será muito triste. Gostaria de ir com ele, mas preciso continuar vivendo por você.

Helena abriu os olhos. Ainda meio adormecida, viu sua mãe a seu lado e sorriu:

— Mamãe, sonhei que papai está lá no céu. É verdade?

— É sim, minha filha. Ele está no céu. Olhando por nós.

A menina voltou a dormir. Juliana cobriu-a, beijou sua testa e foi para seu quarto.

Dentro do quarto, olhou para sua cama, arrumada como sempre.

Tudo está igual: os móveis, as cortinas... mas estou sentindo este enorme vazio. Como nossa vida pode mudar tão de repente? Ontem mesmo nos amamos aqui, nesta cama, e fizemos promessas de amor eterno. Oh, meu Deus, o que acontecerá comigo e com minha filha? Como poderemos viver sem ele? Renato era nossa fortaleza, nosso porto seguro.

Deitou-se na cama. Seus olhos estavam vermelhos do muito que havia chorado, mas agora não havia mais lágrimas. Sentia um aperto muito grande no coração. Seu pensamento voltou ao passado: *Estou lembrando-me do dia em que o conheci. Veio acompanhado por Cássio, nosso bom vizinho e amigo de infância. Cássio tem dois anos a mais do que eu, e Virgínia, minha irmã, tem um. Crescemos juntos. Quando pequenos, estudamos com os professores que papai e o pai de Cássio contrataram. Sempre fomos muito unidos. Estou me lembrando, agora, do dia em que Cássio chegou triste em casa, quando havia completado dezoito anos:*

— *Não sei o que fazer, estou muito triste.*

Eu e Virgínia não entendemos, porque ele era sempre muito alegre e espontâneo. Perguntei:

— O que aconteceu? Por que está assim?

— Papai comunicou-me que chegou a hora de ir estudar na França. Ele quer que eu tome conta da fazenda e acredita que para isso preciso estudar fora. Insisti para ficar aqui, mas ele está inflexível.

Eu e Virgínia ficamos muito tristes. Lembro que disse:

— Vamos sentir sua falta, mas seu pai deve ter razão. Para ele também deve estar sendo difícil ficar sem sua presença.

— Não sei, não. Às vezes, penso que ele não gosta de me ver. Acredito que me culpe pela morte de mamãe. Por isso quer que eu vá embora para bem longe.

— Cássio! Pelo amor de Deus, nem pense nisso! Seu pai sabe que você não teve culpa, sabe que sua mãe morreu porque tinha uma doença que contraiu antes de engravidar. Sabe que ela, mesmo sabendo que morreria, e breve, quis deixar para ele um filho. Por isso, todos sabemos que ele é louco por você. Tenho certeza de que ele só está querendo seu bem.

— Juliana, você, às vezes, me parece tão ingênua... Acredita que o mundo é feito só de pessoas boas. Meu pai não me tem nenhum afeto, tenho certeza. Por isso, preciso mostrar a ele que saberei cuidar de tudo o que nos pertence. Nunca lhe darei um desgosto.

— Não posso acreditar nisso. Ele é um homem muito bom, só está querendo seu bem e está mandando-o estudar fora para que realmente se instrua. Se não gostasse de você, ele o deixaria por aí, trabalhando no arado, sem se preocupar com seu futuro.

Após alguns dias, ele foi embora. Um dia antes de viajar, veio para se despedir de mim e de Virgínia. Saímos andando pelo campo. Em um dado momento, ele parou e pegou em nossas mãos, dizendo:

— Vou embora, mas não quero que me esqueçam. Vou estudar muito para poder voltar logo.

Ele chorava, e nós duas o acompanhamos no pranto. Eu e Virgínia continuamos aqui, aprendendo o que era necessário a uma mulher: costurar, pintar, bordar e tocar piano. Quando ele foi embora, sentimos muito sua falta. Durante todo o tempo em que esteve fora, nós nos correspondíamos frequentemente. Ele nos contava como era a faculdade, seus amigos. A princípio foi difícil, mas com o tempo ele se acostumou. Quatro anos se passaram até recebermos a notícia de que ele estava voltando. Como eu e Virgínia ficamos felizes! Nosso melhor amigo estava retornando! Preparamos uma pequena festa de boas-vindas. Ele retornou e veio à nossa casa, acompanhado por Renato. Conheceram-se na França, onde haviam estudado juntos. Os dois desceram dos cavalos, e Cássio foi o primeiro a falar:

— Bom dia, meninas. Finalmente, voltei. Podem imaginar como estou feliz. Este é Renato, meu amigo. Está aqui passando férias. Renato, estas são Juliana e Virgínia, minhas amigas de infância e moradoras desta bela fazenda.

Lembro quando nossos olhos se encontraram... Eu tinha vinte anos e nunca havia me apaixonado. Não sei explicar o que senti naquele momento. Meu coração começou a bater descompassado. Por mais que quisesse, não conseguia desviar meus olhos dos dele. Era como se um ímã nos atraísse. Ele também, mais tarde, me confessou que sentira o mesmo. Aproximou-se. Eu, timidamente, estendi minha mão. Ele a segurou levemente e a beijou. Senti como se um fogo imenso atingisse todo o meu corpo. Retirei a mão bruscamente. Não entendia o que estava acontecendo, mas sabia que algo muito forte se iniciara naquele momento. Entramos em casa. Percebi que os olhos de Virgínia brilharam ao vê-lo. Ela providenciou um lanche, que foi servido na varanda para nós quatro. Cássio estava entusiasmado com as mudanças encontradas na fazenda. Alegremente, nos contou sobre o tempo em que estivera estudando. Renato apenas sorria, concordando, e não desviava seus olhos dos meus. Um pouco embaraçada, eu respondia às perguntas de Renato:

— Juliana, seu pai não se encontra aqui?

— Não, ele foi até a cidade fazer algumas compras. É uma pena. Ele teve urgência de ir, mas voltará ainda hoje. Tenho certeza de que gostaria muito de conhecê-lo.

— Não faltará oportunidade; já que estamos em férias, poderemos vir todos os dias para passear. O que acham?

Virgínia respondeu:

— Creio ser uma ótima ideia. Somos sozinhas, e, embora nos demos muito bem, é sempre bom termos companhias diferentes para nos distrairmos.

Daquele dia em diante, começamos a nos ver todos os dias. Pela manhã, Cássio e Renato chegavam cedo, tomávamos café e saíamos para cavalgar pelos arredores da fazenda. Às vezes, íamos até a fazenda de Cássio e conversávamos com seu pai. Embora eu quisesse lutar contra aquilo, o que sentia por Renato era mais forte. Uma tarde, quando Virgínia e Cássio saíram para ver um bezerro que havia nascido, Renato falou:

— Juliana, preciso falar-lhe. Não sei qual será sua reação, mas não posso mais evitar. Desde que a vi, senti que é a mulher que amo e quero para minha esposa. O que me responde? Quer se casar comigo?

Comecei a tremer. Embora eu também sentisse algo muito forte por ele, não pensei que seria daquela maneira. Fiquei sem saber o que responder, apenas olhei em seus olhos por alguns minutos e desviei meu olhar em seguida, sem nada dizer. Ele falou com tristeza:

— Vou interpretar o seu silêncio como uma negativa. Perdoe-me, pensei que também sentisse algo por mim.

— Eu sinto! Eu sinto... só que não pensei que você sentisse o mesmo que eu. Você me pegou de surpresa. Não estou negando seu pedido, só estou surpresa.

— Então, quer dizer que aceita ser minha esposa?

— Acredito que sim... também sinto algo muito forte entre nós. Só penso em você, o dia inteiro, e, à noite, sonho que estamos juntos. Acredito que isso seja o amor. Só que precisamos falar com meu pai. Não sei qual será sua reação.

— Não se preocupe com isso: falarei com ele e farei com que entenda. Falarei do amor que sentimos um pelo outro e, com certeza, ele entenderá.

Quando terminou de falar, beijou-me suavemente nos lábios. Senti como se estivesse voando. Senti vontade de sair mostrando para o mundo como estava feliz. Estávamos sorrindo um para o outro, quando Virgínia e Cássio voltaram. Ao nos ver daquela maneira, Cássio perguntou:

— Posso saber o que está acontecendo aqui?

— Nada está acontecendo, meu amigo. Apenas pedi Juliana em casamento e ela aceitou.

— Em casamento? Não sabia de seu interesse por ela.

— Acredito ter me apaixonado desde o primeiro momento em que a vi. Não comentei antes porque precisava saber se ela também sentia o mesmo por mim. Agora que tive a resposta, estou muito feliz. O mais importante é que ela me aceitou, porque me ama também. Agora, só preciso pedir permissão a seu pai.

Virgínia aproximou-se, me beijou e disse:

— Embora, assim como Cássio, eu esteja surpresa, quero cumprimentá-la. Espero que seja muito feliz.

— Obrigada, minha irmã. Sempre soube que podia contar com você.

Cássio ainda insistiu:

— Conhecendo o pai de Juliana muito bem, acredito que não vai se opor. Ele já está velho e quer ver a filha protegida, de preferência por um casamento. Só exigirá que ela permaneça aqui a seu lado. Mas... e seu pai, Renato? Acredita que ele aceitará? Sabe muito bem que o mandou estudar para que continuasse à frente das empresas. Ele aceitará sua mudança para a fazenda, abandonando tudo o que planejou para sua vida?

— Cássio, realmente isso será um problema, mas sei também que nada poderá me separar de Juliana. Quanto a viver nesta fazenda, se essa for a vontade do pai dela, eu aceitarei. Nada entendo de fazendas, mas sei que aprenderei. A única coisa que quero é permanecer ao lado de Juliana para sempre.

— Sendo assim, só posso desejar aos dois muitas felicidades. E torcer para que tudo dê certo.

— Obrigada, meu amigo, sei que dará certo. O amor que sentimos será mais forte que tudo.

Virgínia disse:

— Vamos selar este feliz acontecimento com um jantar. Assim, Renato poderá fazer o pedido oficialmente.

Aplaudimos a ideia de Virgínia. Ela mandou preparar um jantar bem do gosto de papai. Cássio e Renato chegaram juntos. Vieram muito bem-vestidos, e Renato não conseguia esconder sua felicidade. Quando terminamos de jantar, passamos para a sala onde o café seria servido. Assim que nos sentamos, Renato disse:

— Senhor Olavo, sei que não me conhece muito bem, mas, desde que aqui cheguei, me apaixonei por sua filha Juliana. Hoje, tomei conhecimento de que ela sente o mesmo por mim. Por isso, queria pedir sua permissão para que possamos nos casar.

Papai olhou para mim. Eu somente sorri e abaixei os olhos. Ele perguntou:

— Minha filha, é isso mesmo que deseja? Quer se casar?

— É isso o que desejo. Também amo Renato. Ele prometeu que, se for sua vontade, após o casamento continuaremos vivendo aqui.

— Sendo assim, se pretendem continuar vivendo aqui, só posso abençoar essa união, e que Deus lhes dê muita felicidade.

Renato agradeceu a meu pai e beijou minha mão. Virgínia e Cássio nos cumprimentaram, já planejando a festa de nosso casamento. Eu estava feliz como nunca estivera antes. Amava Renato e sabia que seríamos felizes. Naquela noite, ele se despediu, dizendo que iria para sua casa falar com seus pais. Fiquei ansiosa, esperando. No fundo, tinha medo de que eles não aceitassem.

— Irei até lá e conversarei, contando tudo o que aconteceu. Sei que será difícil, porque meu pai tinha planos diferentes para meu futuro, mas direi que a amo e que minha vida não terá sentido sem você a meu lado.

Ele era de uma família rica da capital. Não conhecia a vida do campo. Seu pai, um industrial famoso, possuía várias tecelagens. Mandou-o estudar na França para que tomasse conta de suas empresas. Meu pai, quando veio da Itália, instalou-se aqui, onde nasci e fui criada. Amo tudo neste lugar, mas, se fosse preciso, embora meu pai ficasse triste, eu acompanharia Renato para qualquer lugar.

Uma semana depois do pedido de casamento, Renato voltou. Trazia o rosto abatido. Chegou, beijou minha mão, cumprimentou meu pai e disse:

— Infelizmente, não consegui convencer meu pai. Ele não aceita meu casamento com outra moça que não seja aquela que ele próprio escolheu. Além disso, está me cobrando por tudo que gastou em meus estudos para que eu continuasse cuidando de suas empresas.

Senti que a terra faltava sob meus pés. Não conseguia falar, meu pai foi quem me socorreu:

— Bem, preciso saber como ficaram as coisas. Veio até aqui para dizer que não vai mais se casar com minha filha?

— Não, senhor. Ao contrário: disse a meu pai que a amava e que me casaria com ela, com ou sem seu consentimento. Ele não aceitou, dizendo aos gritos:

— Se é isso o que quer, assim seja, mas vou ter de fazer algo que jamais imaginei que um dia faria. A partir de hoje, não o considero mais meu filho, por isso não me chame mais de pai e deserdo-o de todos os meus bens!

— Ele saiu da sala em que conversávamos e não me dirigiu mais a palavra, não me deixando alternativa alguma.

Renato nos contava tudo com a voz embargada, quase chorando. Olhei para meu pai, que assentiu com a cabeça. Aproximei-me de Renato e, segurando suas mãos, beijei-o no rosto, dizendo:

— Como ele pôde fazer isso? Não sabe o quanto você o ama e respeita?

— Ele lutou muito para ter tudo que tem, por isso nada justifica que eu lhe desobedeça. Meu casamento foi um tipo de contrato feito com um seu amigo; queriam os dois que nossas famílias se unissem para que as fortunas aumentassem.

— E a moça, o que pensa a respeito disso?

— Ela apenas aceitou o que o pai lhe impôs, mas na realidade também não me ama. Acredito que esteja feliz por minha recusa, assim ficará livre de um compromisso não desejado. Em tudo isto só existe um problema: para ficar com você, Juliana, ficarei sem dinheiro. Meu pai me deserdará e não me dará mais um centavo. Nada entendo a respeito da vida no campo, mas, se me aceitar como seu esposo e o senhor como seu genro, garanto que aprenderei.

Meu pai olhou para mim e para ele, sorriu e disse:

— Aqui existe muito trabalho, e tenho o necessário para vivermos muito bem. Se o que querem é casar e construir uma família, eu aceito. Só quero a felicidade de minha filha.

Casamos um mês depois. A cerimônia foi simples, mas eu era a mulher mais feliz do mundo. Virgínia e Cássio foram nossos padrinhos. Embora, no começo, Renato nada entendesse do campo, assim que casamos começou a se dedicar e a amar tudo aqui. Nunca mais quis voltar para a cidade. Seu pai não o perdoou por haver casado e abandonado tudo. Por isso o deserdou e nunca mais quis sua presença diante dele, nem mesmo quando Helena nasceu. Mesmo assim, fomos sempre muito felizes. Papai morreu quando Helena estava com dois anos. Foi a primeira grande perda que senti, mas Virgínia, Cássio e Renato estiveram sempre a meu lado. Hoje, sei que papai está no céu e, com certeza, recebendo meu Renato. Não entendo como esse acidente pôde ter acontecido. Ontem pela manhã, Renato despediu-se. Iria até a cidade próxima fazer umas compras para a fazenda. Abraçou-me, dizendo:

— Meu amor, preciso ir, mas volto à noitinha. Sabe que não gosto de deixá-la sozinha.

— Vá com Deus, e não se esqueça de trazer um presente para Helena. Sabe como ela fica sempre ansiosa por sua volta.

— Claro que não esquecerei e trarei algo para você também. Vocês são os tesouros de minha vida...

Ele foi sozinho. Sempre que fazia essa viagem, levava um empregado da fazenda com ele, mas, nesse dia, resolveu ir só. Havia muito trabalho com a colheita do café. Por isso, todos os empregados eram necessários. O dia passou normalmente. Fiquei cuidando de meus afazeres. Após o almoço, li uma história para Helena, em seguida ela dormiu e fui pintar minha tela. Depois da família, o que mais adoro são minhas telas. Adoro pintar paisagens do campo e da natureza.

Assim relembrando, Juliana sentiu um aperto no coração, e a vontade de chorar voltou. Enxugou as lágrimas, sabia que precisava ser forte. Foi até uma penteadeira, na qual havia um espelho. Olhou para seu rosto e percebeu que seus olhos estavam vermelhos. Refletido no espelho, viu um quadro na parede, uma pintura feita por um artista local: ela e Renato sorriam, felizes. Sorriu ao se lembrar do dia em que os dois posaram para o artista. E pensou: *Éramos tão felizes. Não consigo aceitar que tudo terminou. Ontem, quando Renato não voltou, fiquei apreensiva e disse para Elvira:*

— Elvira, estou nervosa. Renato não voltou até agora, e ele não costuma demorar tanto.

— Também estou preocupada, menina. Não será melhor mandar alguém refazer o caminho que ele costuma seguir?

— Creio que sim. Chame André, ele conhece o caminho como ninguém. Peça a ele que leve dois ou três homens junto. Estou com um pressentimento muito ruim.

— Farei isso agora mesmo. Mas não se preocupe: se Deus quiser, nada aconteceu. Vamos confiar. Volto já.

Saiu apressada da sala e voltou em seguida, acompanhada por André:

— Pois não, senhora. Estou aqui, o que quer que eu faça?

— Quero que percorra o caminho que o senhor Renato costuma fazer. Vá com mais alguns homens, olhem tudo. Ele não chegou até agora, estou preocupada.

— Pode deixar, senhora. Vou encontrá-lo, nem que para isso tenha de ir até a cidade.

André saiu e fiquei mais calma, pois sabia da dedicação dele para com Renato. Fiquei esperando com a certeza de que ele encontraria meu marido. Duas horas mais tarde, ele voltou. Vinha montado em seu cavalo e, em um outro, Renato estava deitado sobre a sela. Eu vi pela janela quando chegaram. Corri para fora, gritando:

— O que aconteceu, André? Por que o está trazendo assim deitado sobre o cavalo?.

— Sinto muito, senhora. Ele está morto...

— Morto? Como morto? O que aconteceu?

— Não sei. Nós o encontramos deitado no meio da estrada. Quando cheguei perto, notei que estava morto. Examinando, percebi que sua mão estava preta e que nela havia uma marca. Acredito que tenha sido picado por uma cobra.

— Cobra? Picado por uma cobra? Ele nunca se deixaria picar por uma cobra!

— Não sei como aconteceu, senhora, mas, pelo estado de sua mão, só pode ter sido uma cobra. Será melhor mandar chamar o doutor João Pedro, ele poderá dizer se é picada de cobra ou não.

Doutor João Pedro, o médico de nossa família, foi chamado. Após examinar o corpo de Renato, principalmente sua mão, declarou:

— Juliana, a marca que ele tem em sua mão é mesmo uma picada de cobra, e das mais venenosas. Sua morte foi quase instantânea. Foi um terrível acidente.

— Não pode ser... ele não se deixaria picar por uma cobra.

— Mas foi o que aconteceu. Não resta a menor dúvida.

Fiquei intrigada, sem poder acreditar. No começo, Renato nada entendia da vida no campo, mas, após alguns anos, tornou-se um especialista, apaixonou-se por tudo. Depois da morte de papai, passou a comandar tudo na fazenda. Agora também isso não importa mais. O certo é que ele está morto e que seu corpo logo mais será levado para o cemitério. E eu vou ficar sozinha. Não sei como vai ser minha vida. Ainda bem que tenho Virgínia e Cássio para me consolar. Eles me ajudarão a tocar minha vida para a frente. Helena é ainda muito pequena, será difícil explicar a ausência do pai, mas Deus me ajudará.

— Juliana, posso entrar?

— Claro que pode, minha irmã, estou apenas recostada.

— Já está quase na hora do enterro, você precisa voltar para a sala.

— Para ser sincera, não gostaria de ir. Não suporto a ideia de vê-lo partir para sempre, mas sei que tenho de cumprir todas as formalidades.

— Também estou sentindo muito, mas não há outra maneira. Tudo tem de ser feito dentro dos conformes. É tudo muito triste, mas Deus é quem sabe de nossas vidas.

— Às vezes, penso que Deus não é justo. Por que levar meu marido, tão belo e forte? Por que nos deixar aqui sozinhas, eu e Helena?

— Nunca vamos entender os propósitos de Deus, mas vocês não estão sozinhas. Estou e estarei sempre com você. Vou ajudá-la a criar Helena. Ela é muito pequena ainda, mas, com o tempo, tudo passará e ela será uma linda moça, você verá.

— Obrigada, Virgínia. Nunca duvidei disso. Mas vamos, não podemos retardar o inevitável. Por favor, fique a meu lado.

— Claro que ficarei, mas procure ficar calma. Vamos acordar Helena? Antes de vir para cá, passei por seu quarto e ela estava dormindo profundamente.

— Acredito ser melhor não a acordarmos, Virgínia. Ela não precisa presenciar um momento tão doloroso para todos nós.

— Tem razão. Vamos, sei o quanto está sofrendo, mas não esqueça nunca que sempre estarei por perto.

Juliana levantou-se e de seus olhos lágrimas insistiam em cair. Não podia acreditar que aquilo realmente estava acontecendo. Seu marido, seu amor, estava indo embora para sempre. Com lágrimas correndo pelo rosto, falou:

— Virgínia, nunca pensei que isto pudesse acontecer. Pensei que envelheceria ao lado de Renato. O que vai ser de minha vida? Não estou me sentindo com toda essa força. Tenho vontade de me deitar e dormir para depois acordar e ver que tudo foi um sonho ruim, nada mais que um sonho ruim...

— Infelizmente, a realidade é outra. Não é um sonho. Vamos...

Entraram na sala. Juliana olhou para a mesa onde estava o corpo de Renato e sentiu um aperto muito grande no coração.

As lágrimas corriam soltas. Olhou à sua volta e falou para Virgínia:

— Embora tenham sido avisados, ninguém da família dele compareceu. Será que nem na hora de sua morte conseguiu ser perdoado por ter me amado? Será que seu pai nem agora o perdoará? Meu Deus, como isso pode acontecer?

— Agora não é hora de se preocupar com isso. Esqueça todos. Simplesmente, despeça-se de seu marido.

— Tem razão, Virgínia. Nada agora é mais importante que isso.

Dirigiu-se para o centro da sala. Olhou para o rosto de Renato, que estava tranquilo. Olhou para seus cabelos. Passou a mão por seu rosto e chorava baixinho, enquanto pensava: *Meu amor, não sei como conseguirei viver sem você, mas que Deus leve sua alma para o céu, onde deve ser seu lugar. Continuarei vivendo para terminar de criar nossa filha. Sei que um dia estarei a seu lado. Adeus, meu amor.*

Cássio, que se encontrava ao lado da urna mortuária, abraçou Juliana, dizendo:

— Minha amiga, está tudo terminado. Agora temos de levá-lo. Depois que tudo isto terminar, você tem de descansar e recomeçar sua vida. Estou e estarei sempre com você.

— Sei disso, Cássio. Sei que você e Virgínia estarão sempre a meu lado.

— Pode ter sempre esta certeza. Agora, afaste-se para que a urna possa ser fechada.

Juliana beijou o rosto de Renato e, chorando, se afastou. A urna foi levada para o cemitério que havia dentro da própria fazenda. Renato foi enterrado ao lado do pai e da mãe de Juliana. Após as cerimônias finais, as pessoas foram se despedindo. Todos os amigos presentes podiam notar nos olhos de Juliana a enorme dor que estava sentindo naquele momento.

Virgínia permanecia a seu lado, abraçando-a e consolando-a. Aquele gesto era admirado por todas as pessoas que ali se encontravam. Depois que todos foram embora, Juliana dirigiu-se até a sepultura, dando um último adeus a seu marido, que fora tão querido e que a fizera tão feliz. Cássio e Virgínia permaneceram olhando à distância. Após algum tempo, Juliana retornou, e os três voltaram juntos para casa. Ao chegarem, encontraram Helena brincando com uma boneca. A babá estava com ela. A menina, alheia a todo o sofrimento que os demais sentiam, ao ver a mãe, correu para seus braços. Juliana recebeu-a de braços abertos e cobriu-a de beijos. Cássio, logo depois, se despediu. Virgínia dirigiu-se a seus aposentos. Juliana, com a menina no colo, embalava-a com todo o amor que podia dar. Seu coração doía ao imaginar que aquela pequena não conseguia perceber a grande perda que havia tido.

— Mamãe, onde estão todas aquelas pessoas que estavam aqui? Onde está papai?

Juliana sentiu um enorme desejo de chorar, mas sabia que não podia. Agora, só lhe restava a filha, que era ainda muito pequena e não entenderia. Respondeu:

— Todas as pessoas foram embora. Papai foi fazer uma viagem muito longa, mas nós duas nunca o esqueceremos, está bem?

— Uma viagem? Por que ele não se despediu de mim? Sempre que ele viaja, despede-se. E na volta sempre me traz um presente. Desta vez, ele também vai me trazer um presente?

Juliana não suportou. Abraçou-a e, com o rosto banhado de lágrimas, mas escondido por trás da cabeça da menina, para que ela não notasse, falou:

— Quando ele voltar, trará um lindo presente, não se preocupe.

A menina percebeu que a voz da mãe estava diferente. Colocou seu rostinho bem em frente ao de Juliana e disse:

— Mamãe, por que está chorando? Está com dor de cabeça?

Juliana sorriu, enquanto respondia:

— É, filhinha, estou com dor de cabeça, mas logo vai passar. Agora, vamos tomar um lanche?

— Não estou com fome, não. Elvira me deu um lanche, mas se a mamãe quiser eu vou junto tomar um pouco de leite, assim a mamãe come também.

Juliana abraçou e beijou a filha, pegou-a no colo e as duas foram para a cozinha. Ela mesma queria preparar o lanche. Embora não estivesse com fome, sabia que precisava de algum alimento, ainda que fosse só uma fruta ou um copo de leite.

Depois daquele dia, Juliana continuou sua rotina, embora sentindo um profundo vazio dentro de si. As pessoas que a conheciam puderam notar um profundo abatimento em seu rosto, mas todos sabiam se tratar do enorme sofrimento que estava sentindo pela falta do marido, morto tão jovem e de uma maneira tão inesperada.

Em uma manhã, Cássio estranhou o fato de seu pai não levantar. Foi até seu quarto e encontrou-o deitado aos pés da cama. Mandou chamar o médico, mas não adiantou: seu pai partira. Cássio ficou arrasado. Blasfemou contra Deus:

— Se é que existe mesmo, por que é tão mau? Por que nos tira sempre as pessoas que mais amamos? Eu O odeio!

Juliana aproximou-se:

— Não fale assim. Seu pai foi um excelente homem. Conseguiu tudo o que quis na vida. Você deve continuar de onde ele parou.

Ele a abraçou e chorou muito.

O tempo passou. Fazia já mais de um ano que Renato morrera. Cássio chegou quando Juliana estava na sala arrumando as flores de um vaso. Ela estendeu a mão para que ele a beijasse, enquanto falava:

— O que o traz aqui tão cedo, Cássio?

— Preciso falar com você. É um assunto sério, mas não posso mais protelar. Tem de ser hoje.

Juliana sorriu, falando:

— Meu Deus! Por sua expressão, o assunto é sério mesmo! Pode falar, estou ouvindo.

— Bem... não sei como começar...

Juliana, ainda sorrindo, disse:

— Que tal pelo começo?

— Bem... Faz mais de um ano que Renato partiu, agora acredito poder contar a você algo que guardo há muito tempo. Quando voltei do exterior, meu desejo era chegar aqui e contar-lhe tudo, mas você se apaixonou por Renato e se casaram. Senti que minhas esperanças haviam terminado.

— O que está querendo dizer? Não estou entendendo.

— Agora que tomei coragem, não me interrompa, por favor. Vou falar tudo de uma vez.

Juliana ficou calada, olhando para o amigo de tantos anos. Ele continuou:

— Desde criança, sempre fui apaixonado por você. Quando adulto, sabia do interesse que havia por parte de nossos pais para que nosso casamento fosse realizado. Quando fui estudar fora, não deixei de pensar em você um momento sequer. Minha intenção era voltar e pedir-lhe em casamento, porém foi tarde. Perdi-a para Renato, mas agora ele não está mais aqui e posso novamente acalentar esse sonho. Quer se casar comigo?

Juliana, assustada com aquela declaração, arregalou os olhos para ele, perguntando:

— O que é isso, Cássio? Nunca pensei que sentisse por mim algo que não fosse amizade.

— Sei disso, mas sempre senti. Sempre a amei, desde que éramos crianças. Quero me casar com você. O que responde?

Ela, sem jeito, meio sem saber o que fazer, respondeu:

— Não sei, nunca esperei ouvir de você algo assim. Não posso me casar com você nem com ninguém, principalmente com você, que sempre considerei um irmão. A amizade que sinto por você é maior que qualquer coisa e não gostaria de estragar algo tão bonito. Sinto muito, mas não posso me casar, não por enquanto. Trago ainda, dentro de mim, muita saudade de Renato. Não sei se algum dia isso passará, mas sei que nunca poderei me casar com você. É meu amigo. Por favor, esqueça que me falou isso. Também esquecerei. Não vamos estragar nossa amizade, que foi sempre tão bonita e sincera...

— Está bem... perdoe-me, nunca mais tocarei no assunto.

Ele saiu da sala quase correndo. Juliana percebeu que ele chorava, mas nada podia fazer. Para ela, Cássio era simplesmente um amigo. Um amigo muito querido, nada além disso. Não podia se casar com ele, e sentia que com ninguém.

O tempo passou. Cássio nunca mais tocou naquele assunto. Aos poucos, a rotina foi voltando. Ela já nem se lembrava mais daquele assunto, até que certo dia Cássio chegou acompanhado por Virgínia. Vinham abraçados e sorrindo. Virgínia disse:

— Estamos aqui juntos para lhe dar uma notícia. Vamos nos casar, Juliana.

— Casar? Vocês dois? Como pode ser? Nunca deixaram transparecer que se amavam.

— Nós mesmos não sabíamos, foi de repente. Numa troca de olhares percebemos que nos amávamos; para pensarmos em casamento foi só um pulo.

— Fico muito feliz em saber disso. São as pessoas que mais amo depois de Helena. Desejo do fundo do meu coração que sejam muito felizes. Quando vai ser?

— Daqui a três meses. Gostaríamos de fazer uma grande festa, para isso vamos esperar a colheita, assim a festa será uma só. O que acha? Sabemos que ainda pensa muito em Renato; não sabemos se concordará com a festa.

— Acredito que ele não se importaria, vocês sempre foram nossos melhores amigos. Acredito que tenham mesmo de fazer uma grande festa. Virgínia, temos de preparar seu enxoval. Será que três meses serão suficientes? Cássio, onde irão morar? Aqui ou em sua fazenda?

— Já conversamos sobre isso. Virgínia achou melhor que morássemos aqui para que você não fique sozinha. Isto é, se você quiser.

— Claro que quero. Como conseguiria viver sem minha irmã a meu lado? Ainda bem que você está cuidando de tudo.

— Sendo assim, vou trazer para cá meu escritório. Já que estou cuidando de sua fazenda desde que Renato morreu, será melhor trazer os documentos de minha fazenda também, assim cuidarei de tudo sem precisar ir daqui para lá.

— Ótima ideia. Papai e Renato nunca permitiram que eu me envolvesse com os problemas da fazenda e, por isso, nada entendo. Se não fosse você, não sei como seria.

— Pode ficar despreocupada: tudo está caminhando bem. A colheita este ano será uma das melhores que já houve. A propósito, preciso que me assine o contrato de venda do café.

— Assinarei assim que quiser. Virgínia, vamos ver o que precisamos comprar para seu enxoval.

— Vamos, sim. Vai ser preciso comprar muitas coisas.

As duas se despediram de Cássio e foram para o quarto de Virgínia.

Juliana estava realmente feliz com aquele casamento. Queria que a irmã tivesse tudo de melhor. Fizeram uma lista enorme do que precisava ser comprado. Virgínia estava muito feliz, parecia ter ganhado a sorte grande.

— Juliana, agora vou realizar meu grande sonho: casar-me com Cássio, que, além de ser o homem que amo, é também uma das maiores fortunas deste lugar, perdendo só para a de papai. Tenho certeza de que ele me fará muito feliz.

Juliana estava sendo sincera: gostava muito dos dois. Sabia que eles só poderiam ser felizes.

Pouco depois que Virgínia saiu, Helena veio até o quarto da mãe. Estava chorando.

— Que foi, minha filha? O que aconteceu?

— Estou com saudade de papai. Ele foi viajar e não voltou até agora; já faz muito tempo...

Juliana sentiu novamente aquele aperto no coração. Abraçando a filha, respondeu:

— Filhinha, o lugar para onde papai foi é muito longe, mas um dia estaremos com ele. Você, por enquanto, tem só de brincar e crescer para que ele, quando voltar, fique muito feliz por encontrá-la uma linda moça.

Com a menina no colo, foi para a sala, lhe deu alguns brinquedos e ficou por algum tempo brincando com ela. Elvira veio pegar Helena para lhe dar o lanche da tarde. Juliana foi para seu quarto, recostou-se na cama e começou a chorar, pensando: *Também sinto muita falta de Renato. Queria que ele estivesse aqui comigo, ainda mais neste momento em que terei de demonstrar felicidade. Na realidade, estou feliz com esse casamento. Virgínia e Cássio são meus melhores amigos, só posso desejar que sejam felizes. Ainda bem que Cássio se recuperou daquele amor que pensou sentir por mim. Daquele dia em diante, nossa amizade cresceu ainda mais. Quando me casei com Renato, ele ficou feliz e ajudou em tudo para que a festa fosse um sucesso, como realmente foi. Esteve sempre a meu lado. Está cuidando de tudo aqui na fazenda. Só posso mesmo ficar muito feliz com esse casamento. Eu amo os dois.*

O casamento realizou-se três meses depois. Juliana preparou o melhor quarto da casa. Ficou como Virgínia sonhara. Deu-lhes de presente uma viagem para a Europa. Ficariam viajando um mês inteiro.

Antes de viajar, Cássio transmitiu todas as ordens necessárias para André, que era o homem de confiança dele, assim como o fora do pai de Juliana e de Renato.

Virgínia ficou muito bonita vestida de noiva. Todos os convidados puderam notar a felicidade estampada no rosto de Juliana e o orgulho que sentia por estar dando uma festa tão bonita para a irmã. Cássio, sorridente, atendia a todos.

À noite, após os convidados terem ido embora, Cássio e Virgínia despediram-se de Juliana. Cássio disse:

— Juliana, querida, estamos indo amanhã de manhã. Não precisa se levantar cedo. Sabemos que está cansada com toda essa movimentação, por isso vamos nos despedir agora. Não se preocupe com nada, André já tem todas as ordens. Se precisar de alguma coisa, basta falar com ele.

— Cássio, não se preocupe comigo. Sua única preocupação, agora, deve ser fazer minha irmã feliz.

Virgínia, abraçando a irmã, falou:

— Isso ele fará, com certeza. Demoramos muito para descobrir, mas sabemos hoje que nascemos um para o outro e que seremos muito felizes.

— É o que mais desejo. Tenho certeza de que será assim.

Despediram-se e foram para o quarto. Juliana saiu para a varanda. Olhou para o céu, a lua brilhava muito. Muitas estrelas faiscavam. Ela se encantou com a beleza que via.

Estou mesmo exausta. Os preparativos para o casamento foram cansativos, mas valeu a pena. Deu tudo certo: Virgínia estava uma linda noiva. Ela e Cássio serão felizes.

Ficou ali por muito tempo. A saudade de Renato era imensa, sabia que em alguma daquelas estrelas ele devia estar. Escolheu uma e, olhando firmemente, mandou um beijo.

Entrou em casa. Apesar da saudade, estava contente por ver seus melhores amigos casados e felizes. Antes de se deitar, passou pelo quarto de Helena, que, também cansada por toda a movimentação da festa, dormia tranquilamente. Cobriu a menina, beijou sua testa e foi para seu quarto.

A VERDADE SEMPRE APARECE

Os dias passaram. Para Juliana, nada mudou; sua rotina foi sempre a mesma: dava algumas ordens e cuidava de Helena; nas horas de folga, pintava. Já estava acostumada, mas sentia muita falta da irmã, que sempre tivera a seu lado.

Chamou Elvira. Assim que ela chegou, Juliana disse:

— Amanhã, Virgínia e Cássio estarão voltando da viagem. Mande arrumar o quarto deles com todo o carinho e que sejam colocadas muitas flores. O jantar deve ser preparado com tudo o que eles gostam, devem chegar com muita fome. Preste atenção aos detalhes, quero que tudo esteja em ordem.

— Pode ficar tranquila, a casa estará um brinco. Também estou com muita saudade de meus meninos.

Elvira saiu. Juliana ficou andando pela casa, verificando se tudo estava em ordem. Quem cuidava da arrumação era Virgínia, por isso sabia que ela gostava de tudo em seu lugar.

Olhou a sala, o corredor. Parou em frente à porta do escritório. Não costumava entrar naquele aposento, mas precisava ver se tudo ali estava arrumado também. Lá dentro, olhou para um quadro com a imagem desenhada de seu pai. Pensou: *Papai, o senhor deve estar feliz, como eu, pelo casamento de Virgínia. Ela será muito feliz, pode ficar tranquilo.*

Continuou olhando o lugar. Sobre a mesa, havia vários papéis. Sentou-se na cadeira, recolheu os papéis e abriu uma gaveta para guardá-los. Viu que havia algumas pastas de documentos. Por curiosidade, abriu a primeira. Eram papéis de gastos de sua fazenda.

Olhou as contas e percebeu que naquele ano o café realmente daria lucro. Continuou olhando as outras. Abriu uma pasta que era da fazenda de Cássio. Pegou um papel que dizia que a fazenda estava hipotecada para uma pessoa com a qual Cássio tinha uma dívida muito grande em notas promissórias. Ficou espantada: *Por que ele nunca comentou nada a esse respeito? Essa dívida é muito grande e vai vencer daqui a seis meses. Como ele conseguirá tanto dinheiro? Amanhã, quando chegarem, não vou comentar, mas depois de amanhã vou perguntar. Precisamos encontrar um meio de arrumar esse dinheiro. Não sei como, mas deve existir um modo. Não sei em quanto monta minha fortuna, mas deve dar para ajudá-lo a pagar.*

Intrigada, foi para seu quarto. Por mais que quisesse, não conseguia esquecer aquela cifra, era muito grande.

O que terá acontecido para que ele fosse obrigado a pegar emprestado tanto dinheiro? Deve existir algum motivo. Por que não me contou nada? Poderia tê-lo ajudado. Desde que o pai sofreu aquele derrame, ele é quem cuida de tudo. Pelos papéis, essa dívida não é do tempo de seu pai, é recente.

Tentou pensar em outra coisa, mas não conseguiu. Passou o resto do dia preocupada, mas sabia que nada podia fazer até que voltassem e ele lhe contasse tudo.

No dia seguinte, perto das seis horas, eles chegaram. Juliana viu no rosto da irmã a enorme felicidade que estava sentindo. Ela entrou em casa sorrindo e trazendo muitos pacotes.

Mandou chamar Helena e, sentada no chão, começou a abrir os pacotes.

— Trouxe muitos presentes para você, Helena. Olhe como esta boneca é linda.

— É mesmo, titia. Tem mais?

— Sim, para você e para sua mãe também. Juliana, adorei a viagem. Assim que puder, acredito que você e Helena devam fazê-la também.

— Enquanto viajavam estive pensando nisso. Mas, agora, vamos comer, devem estar com fome.

Foram para a sala de jantar. Como Juliana havia ordenado, a refeição estava perfeita. Virgínia, sem esconder sua felicidade, contava em detalhes tudo o que havia visto durante a viagem. Cássio acompanhava a esposa, confirmando o que ela contava. Juliana procurava nos olhos de Cássio algum sinal de preocupação, mas nada. Ele continuava o mesmo. Ela poderia jurar que na vida dele não havia problema algum. Não entendia, e ficava cada vez mais preocupada. Enquanto Virgínia falava sem parar, Juliana pensava: *Vou falar com ele sem a presença de minha irmã. Ela está muito feliz, não posso estragar sua felicidade.*

O jantar terminou. Virgínia falou:

— Agora, eu e Cássio vamos nos deitar, Juliana. Pode imaginar como estamos cansados.

— Posso sim, querida. Vá se deitar, amanhã conversaremos.

Os dois se despediram e saíram da sala. Juliana continuava intrigada e pensava: *Como ele pode esconder dessa maneira seus problemas? Por que não fala comigo e pede ajuda? Sempre me considerei sua amiga.*

Foi para seu quarto, deitou-se e ficou muito tempo pensando em tudo que havia lido. Depois de muito pensar e sem entender o silêncio de Cássio, adormeceu.

No dia seguinte, acordou com a claridade do sol que batia em sua janela. Levantou, olhou à sua volta; sabia que havia tido um sonho bom, mas não se lembrava dos detalhes. Estava sentada diante do espelho quando Helena entrou correndo, rindo e gritando. Virgínia vinha logo atrás. Helena jogou-se sobre a mãe, que a amparou, sorrindo. Virgínia falou:

— Esta menina não quis comer o bolo que eu mesma fiz. Vou pegá-la!

Helena, gritando e rindo ao mesmo tempo, escondia o rosto no peito da mãe, que a abraçava, protegendo-a. Juliana, sorrindo, disse:

— Não tenha medo, Helena. Mamãe está aqui e não vai deixar tia Virgínia fazer-lhe nada.

Virgínia aproximou-se e abraçou as duas:

— Isso mesmo, nós duas estamos aqui para protegê-la, Helena.

Juliana sentiu um aperto no coração ao ouvir a irmã falando aquilo. Enquanto a abraçava, pensava: *Como vou contar tudo a ela? Está tão feliz. Vou falar ainda hoje com Cássio, ele vai ter de confiar em mim. Talvez haja um meio de ajudá-lo. Precisamos encontrar um modo de arrumar esse dinheiro. Ele deve estar sofrendo muito.*

As três saíram do quarto abraçadas. Passaram pela sala. A mesa estava posta para o café. Cássio já havia saído. Para tomar o café, só faltava Juliana. Ela se sentou à mesa. Virgínia sentou-se em outra cadeira. Helena ficou sentada no chão, divertindo-se com os brinquedos que Virgínia lhe trouxera. Enquanto tomava café, Juliana olhou para a irmã, perguntando:

— Você está mesmo feliz?

— Claro que estou! Cássio é um homem maravilhoso e me ama muito. Por que não deveria estar?

— Por nada. Só estou fazendo uma pergunta. Cássio conta-lhe tudo? Não tem segredos?

— Não tem segredos. Ele me conta tudo. Por que essas perguntas? Aconteceu algo durante nossa ausência?

Juliana sentiu vontade de contar o que descobrira, mas via que a irmã estava muito feliz e decidiu que conversaria primeiro com Cássio. Respondeu:

— Não, nada aconteceu. Estou feliz com sua felicidade, espero que dure para sempre.

— Você está estranha. Sinto que aconteceu alguma coisa e não quer me contar.

— Não, nada aconteceu. Fique tranquila. Vamos sair daqui para que a empregada possa tirar a mesa do café e arrumar a sala.

As duas saíram. Juliana foi ver o que Helena estava fazendo. Virgínia entrou em seu quarto e voltou logo depois, vestida para sair. Chegou perto de Helena e beijou-a no rosto, dizendo para Juliana:

— Vou encontrar Cássio. Quero ficar com ele o maior tempo possível. Hoje, vamos percorrer a fazenda.

— Faça isso, minha irmã. Aproveite todos os momentos junto de seu marido. A solidão é muito triste. Jamais poderei esquecer Renato. Não sei como estou conseguindo viver sem ele. Nunca mais serei feliz...

Elvira queria falar com a patroa a respeito do almoço. Entrou pela porta, ainda ouvindo as últimas palavras de Juliana.

— Que é isso, menina? Ainda vai ser muito feliz. Renato está no céu, mas a menina é ainda muito jovem, vai encontrar um novo amor.

Juliana olhou para sua velha empregada; sabia que ela a queria como filha. Sorrindo, disse:

— Não vou encontrar um novo amor, porque não estou interessada. Estou muito bem, com minha filha e com todos vocês. Não preciso de um novo amor.

— Precisa, sim. Com a ajuda de Deus, vai encontrar um. Vim pegar Helena, está na hora de seu banho.

A menina não quis ir, mas Juliana disse:

— Vá, minha filha, depois poderá continuar brincando até a hora do almoço.

Helena levantou-se e saiu contrariada. Virgínia olhou para Juliana:

— Elvira tem razão. Você é ainda muito jovem, não pode continuar nessa solidão. Deve e vai encontrar alguém. É só uma questão de tempo.

— Não estou preocupada com isso. Vivi com Renato uma união perfeita, acredito ser impossível encontrar outro alguém que me faça tão feliz como ele conseguiu fazer...

— Não vamos precipitar as coisas. Se tiver de ser, será. Agora, tenho de ir. Até logo mais.

— Até logo, Virgínia. Aproveite todos os momentos ao lado de seu esposo. Todos eles são muito importantes.

Virgínia partiu. Juliana ficou olhando para o horizonte, com o pensamento em Renato.

Quanta saudade sinto. Por que teve de me deixar tão cedo? Como foi se deixar picar por aquela cobra?

O tempo foi passando. Fazia mais de um mês que Cássio e Virgínia tinham retornado da viagem. Juliana tentou falar várias vezes com Cássio, mas não teve coragem. Sabia que a qualquer momento ele tocaria no assunto, pois se assim não fizesse era porque conseguira de alguma forma o dinheiro de que precisava.

Naquela tarde, Juliana e Virgínia conversavam na varanda enquanto Helena brincava. Cássio chegou, ofegante e feliz:

— Ainda bem que encontrei as duas juntas. Recebi uma carta de meu primo Rogério, lá de Portugal! Ele está chegando para nos visitar e vai ficar aqui um ou dois meses. Juliana, espero que não se importe.

— Claro que não! Vejo que está muito feliz. Parece que gosta mesmo desse seu primo.

— Gosto muito! Conheci-o ainda criança, quando papai me levou para Portugal. Enquanto estive estudando fora, na França, visitei-o muitas vezes e tornamo-nos grandes amigos. Todas as férias eu ia para Portugal. Durante esse período, ficamos o tempo todo juntos, e temos nos correspondido sempre.

— Pois então será muito bem-vindo. Esta casa não é só minha. É de vocês também. Quando acha que chegará?

— Não sei... você sabe como a correspondência demora para chegar. Mas, pela data em que esta carta foi escrita, ele já deve estar chegando.

— Está bem, vou pedir para Elvira arrumar o quarto de hóspedes. Lá ele ficará bem. Espero que goste de tudo aqui. De minha parte, farei o possível para isso.

Virgínia, nervosa, falou:

— Juliana, só podia esperar isso de você. Cássio, estou tão nervosa. Será que ele vai gostar de mim?

Juliana respondeu:

— Claro que vai! Você é muito bonita. Diria até que perfeita. Cássio, você não acha?

— Claro que acho. Querida, você é a mulher mais perfeita do mundo. Obrigada, Juliana, por receber meu primo em sua casa.

— Em nossa casa. Nunca se esqueçam disso: a casa é nossa.

Juliana saiu, deixando os dois sozinhos, e foi até a cozinha falar com Elvira.

Três dias depois, uma carruagem chegou à fazenda. Juliana, vendo-a da varanda, chamou por Virgínia, que foi correndo para junto da irmã. As duas ficaram paradas, olhando.

— Olhe, Virgínia, deve ser o primo de Cássio.

— Deve ser ele mesmo. E agora, o que faço?

— Apenas o cumprimente, como sempre faz com as visitas. Não entendo por que tanto nervosismo. É só o primo de seu marido, nada mais que isso.

— Sei disso. Mas estou nervosa. E se ele não gostar de mim?

— Isso não terá a menor importância. O que importa é que seu marido gosta de você. E muito.

A carruagem parou em frente à escada que dava acesso à varanda. Dela desceu um rapaz de aparência muito agradável. Assim que desceu, olhou para cima, falando:

— Qual das duas é minha adorável prima?

Juliana apenas sorriu, enquanto Virgínia descia as escadas.

— Sou eu. Eu sou a esposa de Cássio. E você, claro, é Rogério.

Ele beijou a mão que ela estendia.

— Sou eu mesmo. Cássio não exagerou quando me contou de sua beleza. Se você é Virgínia, aquela deve ser...

Juliana, do alto da escada, ainda na varanda, disse:

— Juliana. Sou Juliana, irmã de Virgínia e cunhada de Cássio. Seja muito bem-vindo à nossa casa, espero que goste da vida no campo.

— Não só gosto como também vivo no campo. Cássio não lhes contou? Em Portugal, eu, meu pai e meus irmãos temos uma imensa fazenda, só que não é de café, mas de gado. Estou aqui exatamente para conversar com Cássio sobre a possibilidade de criarmos gado aqui no Brasil. Que acham?

Juliana, sorrindo, respondeu;

— Talvez seja uma ideia que possa ser estudada, mas não seria melhor entrar primeiro?

Ele, sorrindo, enquanto subia os degraus que os separava, falou:

— Acredito que sim, mas é que estou encantado com tudo o que vi durante a viagem.

— Terá a oportunidade de ver muito mais. A fazenda é enorme, ainda mais agora que a cerca foi derrubada e a minha e a de Cássio se tornaram uma só.

Rogério chegou perto de Juliana, que lhe estendeu a mão. Ele a segurou ternamente, olhou bem em seus olhos e disse:

— Muito prazer, senhora, acredito que vou gostar muito de minha estada por aqui.

Juliana, sentindo-se um pouco encabulada com o toque de sua mão, respondeu:

— Espero que sim. Não me perdoaria se algo acontecesse que desagradasse um parente de Cássio.

— Nada acontecerá, pode ter certeza.

Sob o sorriso de Virgínia, que notou o embaraço da irmã, os três entraram na casa.

Rogério falava sem parar. Colocou-se logo à vontade, como se já as conhecesse há muito tempo. Cássio chegou logo em seguida, e os dois se abraçaram entusiasmados.

— Que bom que chegou, meu primo! Pensei que fosse demorar mais!

— Também estou contente por ter chegado. Durante a viagem até aqui, fiquei entusiasmado com tudo o que vi. A plantação de café está uma beleza.

— Está, sim. Neste ano, não tivemos nenhum desastre da natureza. Tudo que foi plantado vai ser colhido.

Juliana deixou-os conversando e foi para a cozinha pedir a Elvira que caprichasse no almoço.

— Fique tranquila, menina, vou caprichar. O moço nunca mais vai esquecer minha comida. Ele é um bonito rapaz. Olhou para a menina de uma maneira...

— Que é isso, Elvira? Ele acabou de chegar!

— Faz pouco tempo mesmo, mas vi como ele olhou para a menina...

Juliana balançou a cabeça e saiu rindo.

Na sala, os três continuavam conversando. Quem mais falava era Rogério. Juliana olhou para ele, pensando: *É mesmo um belo rapaz, e também notei o modo como me olhou. É tão diferente de Renato... Fala muito. Renato sempre foi mais reservado, não gostava de jogar conversa fora.*

Ela se juntou ao grupo, dizendo:

— Senhor Rogério, se gostou de tudo que viu até aqui, vai gostar ainda mais da comida que Elvira está preparando para o almoço.

Cássio, rindo, falou:

— A comida dela é mesmo divina, mas, enquanto não fica pronta, se não estiver muito cansado, podemos sair e ver a fazenda. Não dará para ver tudo, mas terá uma ideia.

— Sei que vou gostar. Da comida e de ver a fazenda. Vamos?

Eles saíram. Juliana ficou seguindo-os com os olhos e pensando: *É mesmo um belo rapaz!*

Virgínia foi para seu quarto para trocar de roupa. Queria estar bem-vestida para o primo de Cássio. Juliana foi para a cozinha ajudar no almoço. Ela gostava de ficar ali, conversando com Elvira. Desde menina, acostumara-se com isso, ainda mais quando tinha algum problema que a incomodava. Estava sentindo algo diferente. Precisava falar com Elvira.

Elvira estava junto ao fogão, mexendo em uma panela. Juliana chegou quietinha, sentou-se e começou a descascar uma batata. Elvira olhou para ela e, sorrindo, perguntou:

— O que é que a menina quer conversar?

— Não quero conversar, quero somente ajudá-la no almoço.

— A quem está tentando enganar? Conheço-a desde menina, e sempre foi assim: quando tinha algum problema, chegava como quem nada queria, sentava-se aí nesta mesma cadeira e ficava calada até eu perguntar. A menina cresceu, mas continua a mesma. Sobre o que quer falar? Será que estou adivinhando?

Juliana não respondeu, apenas sorriu. Elvira continuou:

— É sobre o moço que chegou?

— Você disse que ele era um belo rapaz, e eu fui conferir...

— E aí? Viu que eu tinha razão?

— Realmente, ele é um belo rapaz, mas nada tem a ver comigo. Ele fala demais, e eu ainda amo Renato.

— Ele fala, mas a menina gosta de ouvir sua voz. Renato está no céu, e a menina está aqui na Terra. Renato gostava muito da menina para querer que ela ficasse sozinha. Ele não iria querer que a menina ficasse para o resto da vida pensando nele. Lá onde está, vai querer que a menina seja muito feliz.

— Não sei por que estamos falando dessas coisas. Rogério é somente gentil e educado.

— Vi como ele olhou para a menina. Ele gostou mesmo de você...

Juliana balançou a cabeça e saiu sorrindo. Elvira também sorriu e pensou: *Meu Pai do céu, dê toda a felicidade que ela merece.*

Um pouco antes da hora do almoço, eles regressaram. Cássio estava feliz com a presença do primo. Virgínia e Juliana mudaram de roupa, trocando aquelas caseiras que usavam todos os dias por outras mais novas e bonitas.

Cássio notou, mas não disse nada. O almoço foi servido. Rogério comia com muita vontade.

— Esta comida está boa mesmo. Elvira tem um tempero muito agradável.

— Também achamos.

Depois do almoço, foram para a varanda. Cássio serviu um licor. Rogério, entusiasmado, disse:

— Esta fazenda é mesmo uma beleza. Cássio, notei que existe muita terra sem plantação. Se quiser, poderá criar muito gado.

— Ainda não pensei nisso, mas nunca é tarde, podemos discutir o assunto.

Juliana acompanhava a conversa em silêncio. Estava estranhando, pois sabia que tanto seu pai quanto Renato sempre quiseram reservar as terras para futuras plantações. Sempre diziam que, quando a terra que estavam usando se cansasse, eles teriam muitas outras virgens.

Cássio e Rogério continuavam conversando. Juliana pediu licença e saiu, com a desculpa de que ia colocar Helena para dormir.

No quarto de Helena, deitada ao seu lado, pensava: *Cássio nunca me falou de sua vontade de transformar a fazenda, que sempre foi de café, em uma de criação de gado. Ele disse para Rogério que nunca pensou nisso, mas, do modo como falou, acredito que já tenha pensado e até falado com o primo a respeito. É estranho. Papai e Renato nunca quiseram... ofertas não faltaram, mas sempre recusaram. Cássio, ao contrário, não recusou e ainda disse que pensaria.*

Quando voltou para a varanda, eles não estavam mais ali. Ela ficou olhando tudo. Seu pensamento voltou-se para o tempo em que via seu pai chegando, galopando sobre um cavalo. Triste pensou: *Eu era tão feliz naquele tempo... nunca pensei que um dia estaria assim, tão solitária. Quantas vezes papai e Renato chegaram juntos, galopando por esse caminho? Jamais imaginei que um dia estaria aqui olhando para o horizonte, esperando-os, mas sabendo que nunca mais chegarão. O que está acontecendo comigo? Embora queira me lembrar de Renato, por que não consigo esquecer Rogério? Seu sorriso amável, sincero e tão bonito... amei e ainda amo Renato, mas por que não consigo lembrar com nitidez seu rosto? Por que só consigo ver o rosto de Rogério? Será que estou apaixonada por ele? Não! Não, isso não pode acontecer...*

Muito confusa, entrou em casa. Sabia que aquele sentimento era estranho. Havia gostado muito de Renato, ele fora um esposo perfeito, mas agora o sentimento era outro, diferente. Ela sentia vontade de estar nos braços de Rogério, queria amar e ser amada por ele. Passou o resto do dia esperando, ansiosa, sua volta. Quando eles voltaram, ela os recebeu com um semblante que transmitia toda a felicidade que sentia. Rogério desceu do cavalo e, sorrindo, falou para ela, que estava no alto, na varanda:

— Senhora Juliana, aqui tudo é perfeito. Estou pensando em me mudar para cá. O que acha?

Ela não soube o que responder. Seu coração começou a disparar. Apenas sorriu. Quem respondeu foi Cássio:

— Acho que seria uma boa ideia, mas e sua fazenda, seu trabalho em Portugal? Meu tio permitiria?

— Eu não faço falta ali. Meu pai e meus irmãos podem cuidar de tudo. Vou amadurecer essa ideia. Posso comprar uma fazenda e me instalar aqui perto. O que acha, senhora Juliana?

— Bem, acredito que seja uma ótima ideia. Ficaremos felizes em tê-lo como vizinho.

Rogério sorriu:

— Vou amadurecer mesmo essa ideia.

Mais alguns dias se passaram. Juliana percebeu que Rogério, sempre que falava, a olhava profundamente. Seu olhar a perturbava, o que a fazia baixar os olhos, evitando-o. Cada vez mais se sentia atraída por ele. O dia marcado para sua volta a Portugal estava chegando. Pela manhã, ao acordar, diante do espelho, ela pensava: *Ele vai embora amanhã. Desde aquele dia, nunca mais tocou no assunto de voltar e ficar definitivamente aqui. Terá mudado de ideia? Oh, meu Deus, como gostaria que ficasse! Sinto que o amo. Não suporto a ideia de não vê-lo nunca mais.*

Saiu do quarto. A mesa do café estava posta. Rogério, Cássio e Virgínia estavam sentados, conversando. Juliana aproximou-se, falando:

— Bom dia! Peço desculpas pelo atraso. Dormi muito.

Rogério e Cássio levantaram-se para que ela se sentasse. Rogério, novamente, sorriu daquela maneira que ela tanto gostava.

— Bom dia! E está um dia lindo mesmo. O sol está claro. Tudo fica mais bonito com sua presença.

Ela sorriu. Sentou-se, pegou uma xícara e colocou leite. Embora tentasse, não conseguia disfarçar a tristeza que sentia por vê-lo partir. Ele continuou:

— Meus amigos, amanhã partirei, mas não posso fazê-lo sem lhes dizer algo. Cássio, estive pensando todos esses dias e resolvi que me mudarei definitivamente para cá.

Juliana deixou cair a xícara que estava em sua mão. Seu coração começou a disparar, e ela não pôde evitar demonstrar, com os olhos, a enorme felicidade que sentia. Não disse nada, apenas sorriu. Rogério continuou:

— Vou para Portugal comunicar minha decisão a meus familiares. Meu pai ficará um pouco triste, mas é um homem que acredita que uma pessoa só poderá ser feliz quando conseguir o que quiser na vida. Meus motivos, com certeza, o convencerão.

Cássio olhou para o primo, dizendo:

— Que motivos tão fortes serão esses?

— Acredito, meu primo, que meus motivos os convencerão também. Senhora Juliana, infelizmente, a senhora não tem pai e, sendo Cássio seu parente masculino mais próximo, acredito ser ele a quem devo fazer o pedido.

Juliana estava entendendo, mas não queria acreditar que uma coisa tão maravilhosa estivesse acontecendo.

— Não estou entendendo... que está querendo dizer? Que pedido é esse?

— Cássio, pensei muito e não posso ocultar o que sinto: estou apaixonado pela senhora Juliana e queria pedir sua mão em casamento.

Cássio, assustado, olhou para Virgínia, que, com os olhos arregalados, olhou para Juliana.

Ela, como eles, também estava admirada. Cássio, depois de alguns segundos, respondeu:

— Bem, embora eu não seja parente, sou o amigo mais próximo, mas não posso responder. Juliana, o que diz?

Ela agora estava tremendo. Elvira, que colocava sobre a mesa um bolo e estava às suas costas, apenas colocou a mão em seu ombro e apertou suavemente. Juliana percebeu o que ela quis dizer com aquele gesto. Olhou para Rogério, dizendo com a voz trêmula:

— O senhor nunca demonstrou, nem sequer insinuou, seu interesse por mim. Estou como os outros, surpresa, e não sei o que responder. Preciso de um tempo para pensar.

— Terá até amanhã de manhã. Estive vendo uma fazenda a quinze minutos daqui. Ela é grande e tem um pasto muito bom para a criação de gado. Vou embora amanhã e, quando voltar, trarei o dinheiro necessário para comprá-la e iniciar minha criação. Espero ter uma resposta sua até amanhã.

— Está bem, pensarei seriamente e lhe darei uma resposta.

— Espero que seja a que estou esperando. Percebi que todos ficaram surpresos com meu pedido feito desta maneira. Assim o fiz porque quero que tudo seja feito da melhor forma. Eu a amo e quero me casar. É assim que é feito em Portugal.

Juliana sorriu. Embora nunca esperasse que seria daquela maneira, estava feliz. Ele não só ficaria ali, como ainda seria seu marido e estaria para sempre a seu lado. Teve de fazer um esforço imenso para não se jogar em seus braços e beijá-lo com todo o amor que sentia.

Terminaram de tomar o café. Os dois se despediram e foram percorrer a fazenda. Cássio iria com Rogério ver a fazenda que ele queria comprar. Rogério, antes de sair, ainda olhou sorridente para Juliana, que mais uma vez baixou os olhos.

Depois que saíram, Juliana olhou para Virgínia, que permanecia calada. Juliana abraçou-a, dizendo:

— Minha irmã, estou tão feliz! Quando Renato morreu, pensei que nunca mais encontraria a felicidade, mas vejo agora que estava enganada. Vou ser feliz novamente.

Virgínia, abraçada a ela, disse:

— Quer dizer que vai aceitar o pedido?

— Claro que vou! Desde que o vi pela primeira vez, senti que o amava. Estava com muito medo de que ele fosse embora sem nada me dizer.

— Já pensou no que Helena dirá?

— Ele é carinhoso com ela e a faz rir a todo instante. Ela gosta muito dele e o aceitará.

— Sendo assim, já que está decidida, só posso desejar que seja muito feliz.

— Serei, minha irmã. Sinto que serei. Embora tenha amado Renato, sei que o que sinto por Rogério é diferente, por isso sei que serei feliz. Nós quatro seremos felizes. Cássio contará com a ajuda de Rogério para dirigir as duas fazendas. O trabalho para ele vai diminuir, assim terá mais tempo para ficar com você.

As duas se separaram. Juliana correu para a cozinha, onde Elvira preparava o almoço. Quando entrou pela porta, viu que ela estava de costas. Chegou devagarinho e abraçou-a por trás, dizendo:

— Elvira, você ouviu o que ele disse?

Elvira voltou-se e, abraçando-a, respondeu:

— Ouvi, menina. Ouvi e fiquei muito feliz. Deus ouviu minhas preces. Não suportava mais ver minha menina triste, andando de um lugar para outro. Esse moço parece ser muito bom e gostar muito de você. Vai ser um bom marido.

— Também sinto isso. Estou tão feliz que tenho vontade de sair pelo campo e colher algumas flores para enfeitar a casa.

— Faça isso. Vá para o campo e demonstre a Deus toda a sua felicidade e gratidão.

— Mas e Renato? Aprovaria esse casamento?

— Claro que sim! Como eu, ele também gostava muito da menina. Só pode querer vê-la feliz. Não se preocupe com isso. Vá colher suas flores.

Juliana, parecendo mesmo uma menina, beijou-a e saiu para o campo. O dia estava realmente bonito. O céu claro, com o sol brilhante. Havia muitas flores no campo. Juliana, como que deslizando, ia apanhando-as, formando assim um lindo ramalhete colorido.

Estou muito feliz! O homem que amo me ama também. Sinto que com ele serei muito feliz. Agradeço a Deus e peço do fundo de meu coração que proteja este amor. Permita que eu possa realmente ser feliz ao lado de Rogério e de minha filha.

Enquanto colhia as flores, cantava e dançava.

O dia passou. À noite, durante o jantar, Juliana, que estava com o vestido de que mais gostava, disse:

— Senhor Rogério, estive pensando durante o dia todo sobre seu pedido. Resolvi aceitar e ser sua esposa.

Desta vez, Rogério deixou cair o garfo sobre a mesa. Ele olhou para ela, parecendo não ter entendido. Juliana, rindo da expressão que ele fez, continuou:

— Está assustado por quê? Não foi desta maneira que fez o pedido? Acreditei que minha resposta teria de ser do mesmo modo.

— Está bem. Tem razão por estar agindo assim. Eu deveria tê-la consultado primeiro, mas perdoe-me, sempre fui assim: quando decido algo, tenho logo de colocar em prática. Vai mesmo aceitar casar-se comigo?

— Vou. Embora tenha sido muito feliz em meu casamento, estou me sentindo muito só e o senhor me parece uma boa pessoa. Sinto que nos fará muito felizes, a mim e a minha filha.

— Pode ter a certeza de que farei o melhor possível. Também sinto que serei muito feliz a seu lado.

Cássio e Virgínia olharam-se. Notaram que, para aqueles dois, não havia mais ninguém à mesa. Virgínia interrompeu-os, dizendo:

— Bem, parece que vamos ter mesmo um casamento aqui. Felicidades aos dois. Quando será?

— Estou embarcando amanhã para Portugal. Voltarei o mais rápido possível. Só gastarei o tempo necessário para comunicar à minha família e pegar o dinheiro de que preciso para comprar a fazenda e iniciar minha criação.

— Fico feliz por minha irmã. Juliana, acredito que esse seja o tempo ideal para prepararmos seu enxoval. Desta vez, quem dará de presente a viagem de núpcias seremos nós, não é, meu amor?

Cássio, ainda assustado com a rapidez com que tudo estava acontecendo, falou:

— Ainda estou um pouco perturbado. Não esperava por isso, mas daremos de presente a viagem sim, Virgínia. Desejo que possam aproveitá-la como nós aproveitamos a nossa. Sinceramente, desejo que sejam felizes, tanto quanto eu e Virgínia. Agora, se me derem licença, tenho de me retirar, preciso assinar alguns papéis.

Ele se levantou. Virgínia também, dizendo:

— Irei com você. Vamos deixá-los sozinhos para as despedidas.

Saíram. Juliana, agora só, ficou encabulada na presença de Rogério. Foram para a varanda.

A noite estava linda: o céu estrelado e uma lua brilhante na fase crescente. Sentaram-se e ficaram em silêncio, apenas admirando o luar. Ele quebrou o silêncio:

— Senhora Juliana, não pode avaliar quanta felicidade me trouxe ao aceitar meu pedido.

— Seu pedido também me deixou muito feliz.

Ele se levantou, tomou-a nos braços e beijou-a, a princípio suavemente, mas depois o beijo foi mais ardente. Ela se sentiu desfalecer. Amava aquele homem. Só desejava estar com ele naquele momento. Ainda beijando-se, encaminharam-se para o quarto dela. Juliana sabia que não devia, mas o desejo foi mais forte. Em poucos minutos, estavam um nos braços do outro, em um amor verdadeiro e selvagem. Enquanto se amavam, ela sentiu que nunca havia passado por uma experiência como aquela. Ele era totalmente diferente de Renato, mas, definitivamente, ela o amava. Quando terminaram, um ainda nos braços do outro, ele disse:

— Eu a amo perdidamente. Só partirei porque tenho compromissos, mas voltarei o mais breve possível. Diga que vai me esperar com ansiedade.

— Claro que sim. Contarei os dias. Sinto que, depois de hoje, não poderei mais viver sem sua companhia.

Passaram a noite juntos. Pela manhã, entraram na sala de refeições abraçados. Cássio e Virgínia ali já se encontravam. Ao vê-los tão felizes, Virgínia comentou:

— Parece que estão realmente apaixonados. Acredito que essa separação será dolorida.

— Será sim, minha irmã. Já estou sentindo a falta de Rogério, mesmo antes de sua partida.

— Já disse que voltarei o mais breve que puder. Também não consigo mais viver sem você.

Ao terminarem o café, ele partiu. Cássio acompanhou-o. Ele teria de ir até o porto de Santos, onde embarcaria. Seria uma viagem longa. Cássio acompanhou-o apenas até a cidade vizinha, não poderia ficar ausente da fazenda por muitos dias. Antes de sair, Rogério despediu-se de Helena, prometendo-lhe que, quando voltasse, lhe traria um lindo presente. Despediu-se de Juliana com um beijo na testa e outro nas mãos. Subiu na carruagem e foi acenando até sumir da vista de Juliana e Virgínia, que também acenavam.

Entraram. Juliana, chorando, dirigiu-se a seu quarto. Virgínia foi cuidar dos afazeres da casa.

No fim da tarde, Virgínia estava na cozinha com Elvira quando Cássio retornou. Vinha com o rosto vincado, mostrando uma séria preocupação. Juliana, que estava na sala, ao vê-lo entrar em casa daquela maneira, perguntou, assustada:

— Por que está assim, Cássio? Aconteceu algo com Rogério?

Ele respondeu rispidamente, de uma maneira que Juliana nunca tinha visto antes:

— Assim como? Estou bem. Só com alguns problemas. Nada aconteceu com Rogério!

— Talvez eu saiba a razão de seus problemas.

— O que você sabe, Juliana?

— Sei de sua dívida e sei também que o prazo está se esgotando.

— Andou mexendo em meus papéis? Com que direito?

— Foi sem intenção. Quando vocês estavam viajando, fui ver se o escritório estava em ordem. Comecei a mexer nas gavetas e encontrei a pasta com os documentos. Desde então, estou muito preocupada. Por que teve de fazer um empréstimo tão grande? Se precisava de dinheiro, era só me pedir. Não precisava pegar de estranhos, que devem ter cobrado juros abusivos. Por que não me contou? Sabe que possuo muito dinheiro e posso ajudá-lo...

— Não preciso de seu dinheiro. Darei um jeito. Você sempre com esse ar de caridade... não preciso disso!

Saiu da sala e foi para seu quarto. Juliana ficou ali parada, sem entender o que estava acontecendo. Virgínia entrou na sala:

— Ouvi vozes. Cássio chegou?

— Chegou sim. Está em seu quarto.

Virgínia dirigiu-se ao quarto. Juliana quase contou a ela o que estava acontecendo.

Não! Ficarei calada. Não posso causar esse sofrimento a ela. Está tão feliz com o casamento, e ele a trata com tanto carinho... amanhã, assim que Cássio se acalmar, falarei com ele. Emprestarei o dinheiro e tudo estará resolvido, sem que Virgínia precise tomar conhecimento de nada.

Durante o jantar, Cássio permaneceu o tempo todo calado. Aquilo não era de seu feitio, mas Juliana, sabendo dos motivos, não insistiu na conversa; sabia não ser aquele o momento. Deixaria para o dia seguinte.

Virgínia também permaneceu calada. Juliana olhava para um e para outro.

Aconteceu algo entre os dois enquanto estiveram no quarto, mas nada posso dizer. Não sei se ele comentou algo com ela. Não posso arriscar. Será que ele contou sua real situação? Está decidido: vou esperar até amanhã. Assim que ele sair para percorrer a fazenda, inventarei uma desculpa qualquer para Virgínia, sairei e irei atrás dele. Estando sozinho comigo, farei com que aceite minha ajuda. Sozinhos, sem que Virgínia possa ouvir a conversa, falarei francamente. Terá de me ouvir. Este clima de tensão não pode continuar.

Após o jantar, Cássio despediu-se e foi para seu quarto. Virgínia permaneceu um pouco mais. Juliana ficou pensativa. Notou que a irmã estava com o olhar distante e perguntou:

— Virgínia, está acontecendo alguma coisa com Cássio?

— Não sei. Por quê?

— Ele me parece preocupado. Está sabendo de algo?

— Também notei, mas ele não quis me dizer o motivo. Resolvi esperar até que queira me contar.

— Fez bem. Acredito que logo tudo ficará bem.

Em seguida, Virgínia despediu-se, dando por encerrada a conversa. Juliana, sozinha na varanda, ficou olhando para a lua e as estrelas.

É uma pena que Cássio esteja com problemas. Eu, ao contrário, estou muito feliz. Sinto em meu coração que daqui para frente não terei mais problema de solidão. Encontrei novamente a felicidade. Sei que Rogério em breve voltará, que nos casaremos e seremos felizes. Helena gosta muito dele, no que é correspondida. Será com certeza um bom pai para ela. Estou sentindo frio. Vou também me deitar. O dia de amanhã será cansativo e tenso. A conversa com Cássio não será fácil, isso eu sei.

Apagou as velas que iluminavam a sala. Foi para seu quarto, antes passando pelo de Helena, que dormia tranquilamente. Ajoelhou-se perto da cama e passou a mão carinhosamente pela testa da menina.

— Minha filha querida... sei quanta falta sentiu de papai, mas agora tudo mudará. Rogério gosta muito de mamãe e de você também. Ele nos fará felizes.

A menina não ouviu o que ela disse, mas, como se tivesse ouvido, abriu um leve sorriso e virou-se de lado, deixando o cobertor cair. Juliana cobriu-a novamente e foi para seu quarto.

Não estava com sono. Pegou um livro e tentou ler, mas não conseguiu; só pensava em Rogério, em seu rosto, em seu sorriso e na noite de amor que haviam tido.

Ele é maravilhoso. Vou dormir para que o tempo passe depressa e ele volte logo.

Sorrindo, ajeitou-se na cama e, aos poucos, foi adormecendo.

Alta madrugada, acordou assustada com a porta de seu quarto sendo aberta violentamente. Sentou-se na cama e viu Cássio muito nervoso, com um copo de leite na mão. Ela, assustada, gritou:

— Cássio! Que é isso? O que aconteceu? Por que não bateu antes de entrar?

Ele, sem responder, colocou o copo sobre uma cômoda, aproximou-se da cama e violentamente a colocou de pé. Ela, agora muito mais assustada, pois percebeu que ele estava transtornado, disse:

— Cássio, fale comigo. O que aconteceu?

Sem responder, ele segurou Juliana com força pelos braços e a sacudiu. Ela, indefesa, primeiro, pelo susto de sua entrada, depois, pela maneira como ele estava agindo, não impôs resistência. Apenas perguntou:

— O que está acontecendo? Sei que está com problemas, mas sempre há um caminho. Ia conversar com você amanhã para encontrarmos uma solução. Sabe que tenho como e posso ajudá-lo. Farei tudo que estiver ao meu alcance para isso. Posso ajudá-lo!

Sem a soltar, ele respondeu:

— Pensei muito e decidi que realmente você é a única pessoa que pode me ajudar. Com sua morte!

— Minha morte? Não vou morrer. Deve estar louco!

— Vai, sim! Está muito triste e com muita saudade de seu amado marido. Não suporta mais viver com o peso de tê-lo traído na noite passada. Vai se matar. É preciso. É a única solução para meus problemas.

— Não, não farei isso! Esta não é a única solução! Posso lhe dar o dinheiro. Rogério não vai acreditar que me matei. Você vai ser preso...

— Por causa dele mesmo é que vai ter de morrer. Estava tudo caminhando como planejei. Cuidando de sua fazenda, eu pegaria o dinheiro de que precisava, pagaria minha dívida e você não ficaria sabendo. Não... não podia ser assim. Você teve de xeretar. Teve de arrumar um marido que, com certeza, descobriria tudo! Não posso deixar que isso aconteça!

— Ele não vai se incomodar. Direi que lhe dei o dinheiro quando se casou com Virgínia...

— Quer que meu primo descubra que não sou aquele homem bem-sucedido que pensa que sou? Quer que ele descubra que perdi todo o meu dinheiro no jogo? Nunca. Nunca! Você vai se matar!

— Não vou fazer isso! Não tem como me obrigar!

— Tenho, sim. Está vendo este copo com leite? Contém um veneno muito forte. Você tomará e dormirá no mesmo instante, não sentirá nada.

— Não vou fazer isso! E, mesmo que o fizesse, como provaria às pessoas que tomei de livre vontade? Ninguém acreditaria. Elvira e Virgínia sabem como estou feliz. Elas não acreditarão. Está louco, mesmo!

— Não se preocupe com isso. Já pensei em tudo. Antes de beber o veneno, escreverá uma carta de adeus para seu amorzinho. Com essa carta, todos acreditarão.

— Não vou fazer isso! Eu amo Rogério e quero ficar com ele. Vamos nos casar...

— Não vão, não. Vai beber o copo todo. Se não beber, pegarei o veneno e o derramarei na boca de Helena, e ela morrerá em seu lugar. A escolha é sua...

Ao ouvir aquilo, Juliana tomou-se de toda a força que nunca pensou possuir, libertou-se dos braços de Cássio e começou a gritar desesperadamente:

— Virgínia! Elvira! Socorro! Acudam-me!

A porta se abriu e Virgínia entrou por ela. Ao vê-la, Juliana correu para seus braços, gritando:

— Ele está louco! Quer me matar e está ameaçando matar Helena. Temos de fazer algo!

Virgínia soltou-se de seus braços, olhou-a bem nos olhos e disse:

— A escolha é sua. Você ou Helena?

— Você está com ele nessa trama diabólica? Não posso acreditar! Os dois estão loucos! Elvira! Elvira! Socorro!

Virgínia, com os olhos esbugalhados de ódio, disse:

— Não adianta gritar. Coloquei no chá que Elvira toma todas as noites uma dose de sonífero. Ela, hoje, não vai acordar. Só amanhã cedo. A escolha continua sendo sua. Você ou Helena?

— Não posso acreditar que estou ouvindo isso de sua boca. Você é minha irmã. Sempre a amei como tal. Sempre confiei em você. Não pode estar com esse louco no mesmo propósito... não faria isso comigo e muito menos com Helena! Você é minha irmã... eu a amo...

— Sabe que não sou sua irmã! Sou filha da mulher com quem seu pai se casou e para isso teve de me aceitar e aturar durante todo esse tempo. Apenas isso!

— Isso não é verdade! Quando meu pai se casou com sua mãe, éramos ainda crianças. Ele lhe deu tudo de que precisava, além de carinho. Crescemos juntas, Virgínia...

Virgínia, visivelmente transtornada, disse:

— Deu-me tudo de que eu precisava? Depois de dar a você! Ele sempre a preferiu! Você sempre foi a sua querida, a coitadinha que tão cedo ficou sem mãe! Aquela que merecia tudo! Fiquei sempre com as suas sobras, com aquilo que não lhe agradava mais! Em seu testamento, ele definitivamente me mostrou qual era o meu lugar nesta casa! Você viu muito bem o testamento que ele me deixou! Tudo ficaria para você, e eu teria tudo de que precisasse, desde que permanecesse para sempre em sua companhia. Servindo-a, sendo sua empregada!

— Isso não é verdade, Virgínia! Ele, fazendo isso, só quis protegê-la. Quis ter a certeza de que estaria amparada, a meu lado... sabia que eu jamais deixaria faltar qualquer coisa para você...

— Acredita mesmo nisso? Então, por que ele não me incluiu no testamento? Não... ao contrário, deixou escrito que, se algo lhe acontecesse em sua falta, tudo iria para Helena! E, se algo acontecesse com ela, só nesse caso, ouviu bem, só nesse caso, tudo seria meu! Você sempre teve tudo! Quando

Renato apareceu, assim que o vi, me apaixonei, mas novamente você ficou com tudo. Até ele você me roubou! Eu já a odiava, mas, a partir daquele momento, passei a odiá-la ainda mais. Agora, chegou a hora de minha vingança e estou feliz por isso!

— Você amava Renato? Nunca pude imaginar... nunca deixou transparecer... não sabia que o amava...

Cássio, que ouvia a esposa falando, nervoso, gritou:

— E o que você fez comigo? Com que desprezo recebeu minha confissão de amor... Parecia uma deusa, dizendo: *Só posso ser sua amiga, nada mais que isso*, para depois se entregar ao primeiro que apareceu. Você não presta, Juliana! Tem de morrer. Naquele tempo, eu a amava. Hoje, a odeio com todas as forças de minha alma. Quero que morra!

— Mas vocês se casaram e vivem muito bem.

Virgínia contestou:

— Entre nós nunca existiu amor, apenas uma grande amizade. Sempre que ficava triste com algo que você me fazia, eu corria para Cássio e comentava com ele. Depois que se casou, percebemos que seria muito difícil fazer com que nosso plano fosse cumprido.

— Plano?! Que plano, Virgínia?

— Deixá-la na miséria. A única maneira seria tirar Renato do caminho. Assim, você, não sabendo como tocar os negócios, pois nunca fez nada na vida, entregaria todo o seu patrimônio nas mãos de Cássio. Foi o que aconteceu. Ele controlaria tudo, tiraria aos poucos todo o seu dinheiro e falaria que tinham sido os maus negócios. Você ficaria na miséria, e nós, com tudo que era seu, que, por direito, também deveria ser meu!

— Está me dizendo que vocês, juntos, mataram Renato? Não posso acreditar! Como tiveram coragem?

— No desespero se faz qualquer coisa. Não foi tão difícil assim. Cássio me trouxe uma cobra pequena, mas de veneno mortal. Eu a coloquei no alforje em que Renato levava água e comida sempre que viajava. Assim que ele o abrisse, a cobra o picaria e ninguém desconfiaria de nada, como aconteceu.

— Monstros! Vocês são uns monstros! Por inveja e ganância tiraram a vida de Renato? Um homem bom que sempre os recebeu com carinho... São uns monstros!

— Por isso mesmo é melhor que nos obedeça e se mate, porque, se não o fizer, sabe que temos coragem suficiente para matar Helena!

Juliana começou a chorar. Sentia, naquele momento, que, se quisesse salvar a vida da filha, teria mesmo de obedecer.

Sentia um profundo vazio no coração. Aquelas duas pessoas que amava sempre a haviam odiado, tramado contra ela. Tinham matado Renato e não hesitariam um momento para matar Helena, sem se preocupar se ela era ainda uma criança. Olhou para os dois e, chorando, tentou mais uma vez:

— Não entendo por que tanto ódio... se é dinheiro que querem, se é me ver na miséria, não será preciso matar a mim ou à minha filha. Passarei amanhã mesmo tudo o que é meu para o nome de vocês e desaparecerei daqui para sempre. Não preciso de muito dinheiro para viver. Deem-me uma quantia para que eu possa chegar à cidade, me instalar e arrumar um emprego qualquer.

— Emprego? Emprego de quê? Sempre foi a filhinha do papai e, depois, a esposa amada. Nada sabe fazer!

— Encontrarei uma maneira, Virgínia.

— Sei bem qual será essa maneira. Irá direto para a polícia e contará tudo o que acabamos de falar.

— Não, não farei isso, prometo. Só quero salvar minha vida e a de Helena. Desaparecerei e nunca mais saberão de mim.

Virgínia olhou para Cássio e, com ironia, perguntou:

— Acredita no que ela está dizendo?

— Não. E você?

— Também não. É melhor seguirmos nosso plano original, assim não corremos riscos. Não vamos perder mais tempo. Juliana, pegue este papel e escreva o que eu ditar.

— Não vou escrever o que quer nem outra coisa qualquer!

Virgínia pegou o copo que estava sobre a cômoda e falou:

— Tudo bem. Cássio, amarre-a e amordace-a. Vá para o quarto de Helena e faça com que tome o leite.

Juliana, ao perceber que não existia outra saída, chorando, falou:

— Está bem. Faço tudo que quiserem, mas deixem minha filha em paz...

Pegou uma folha de papel e um lápis que estavam na gaveta de seu criado-mudo e olhou para os dois. Com os olhos faiscando, ao mesmo tempo de ódio e de medo, disse para Virgínia:

— Pode ditar. O que quer que eu escreva?

— Muito bem, menina, é assim que se faz. Como sempre, tomou a atitude mais certa. Escreva...

Juliana tremia, quase não conseguia segurar o lápis. Virgínia ficou furiosa:

— Se insistir em não segurar o lápis e escrever, vou agora mesmo para o quarto de Helena.

— Não! Não vá! Vou escrever!

— Está bem. Vamos começar.

Querido amigo Rogério

Estou lhe escrevendo porque tomei uma decisão. Depois do que aconteceu conosco, e refletindo melhor, cheguei à conclusão de que não o amo, mas sim a meu marido. Não posso me perdoar por tê-lo traído, atendendo ao desejo de um momento. Traí sua memória e o grande amor que sentia e ainda sinto por ele. Por isso, estou tomando uma decisão drástica. Vou morrer e assim encontrá-lo para lhe pedir perdão e pedir que me aceite novamente como sua esposa. Espero que, com essa atitude, possamos ficar juntos eternamente. Não me odeie e procure compreender meus sentimentos. Continue sua vida e seja feliz.

Juliana

Juliana terminou de escrever e estendeu o papel para que Virgínia o lesse. Sua mão e todo o seu corpo tremiam. Sentia muito medo do que viria a seguir, mas estava aliviada. Sabia que a sua vida estava sendo trocada pela da filha. Virgínia terminou de ler.

— Acredito que tenha ficado bom, foi bem convincente. Agora pode se deitar e beber o leite.

Juliana, chorando, deitou-se. Cássio passou-lhe o copo, e ela, tremendo, não conseguia colocá-lo na boca. Cássio segurou-a e Virgínia fez com que bebesse. Ela sentiu uma leve tontura, percebeu que seu corpo ficava cada vez mais pesado e fechou os olhos. Conseguiu ouvir Cássio dizendo:

— Está feito. Vamos agora fazer com que Helena beba o outro.

Ao ouvir aquilo, Juliana entrou em desespero. Tentou se levantar, mas foi em vão. Seu espírito em poucos instantes estava livre da carne que o prendia. Seu pai, Renato e alguns amigos estavam esperando por ela.

Ela, quando viu o pai e Renato, tão desesperada estava que não se deu conta de estar morta, apenas gritou:

— Papai! Renato! Eles vão matar Helena! Temos de impedir!

Saiu correndo em direção ao quarto de Helena. Chegou no momento em que a menina tomava o último gole de leite. Jogou-se sobre os dois e começou a bater com toda a força que possuía. Logo depois, percebeu o espírito de Helena saindo de seu corpinho. Fraca ainda por tudo que havia passado, Juliana desmaiou.

Renato segurou a filha carinhosamente em seus braços. A menina abriu os olhos, viu seu pai, apenas sorriu e continuou dormindo. O pai de Juliana também a pegou nos braços e seguiram a longa caminhada da volta.

A JUSTIÇA DA LEI

Farias, que até agora permanecera calado, sentiu que lágrimas caíam de seus olhos. Nervoso, começou a gritar:
— Damião! O que é isso? Que maldade tão grande esses dois fizeram? Como tiveram coragem de cometer dois crimes tão horríveis como esses? Juliana era uma moça tão boa e meiga... e a menina era ainda apenas uma criança! Não posso acreditar que isso tenha mesmo acontecido. Deve ser só um filme!

Damião também enxugava uma lágrima, porque aquela cena havia sido muito violenta, até para um espírito experimentado como ele.

— Infelizmente, meu irmão, não é apenas um filme. Aconteceu realmente. Por isso estamos aqui hoje. Para julgarmos esses fatos. Precisamos dar a sentença que a Lei exige.

— Se a Lei realmente existe, eles têm de pagar com os piores castigos que possam existir!

— Que castigo sugere?

— Não sei. Por mais que pense, não consigo encontrar um que realmente faça justiça. Ah... Já sei! Deveriam ser mandados para aquele vale, quase um inferno, para onde fui mandado! Eles merecem! Eu, por muito menos, fui jogado ali.

— A Lei existe e ela mesma se encarregará de dar a sentença. Vamos confiar em sua justiça e continuar assistindo?

— Vamos, sim. Quero ver o que aconteceu com aquela pobre moça. Ainda não acredito que tiveram coragem de fazer tanta maldade. Como alguém consegue ser tão cruel? Não entendo...

— Vamos continuar assistindo. Até o fim, talvez encontremos as respostas. Só então poderemos dar a sentença final.

— Para o que fizeram não há justificativa nem perdão. São uns monstros!

Com a interrupção de Farias, a tela parou no momento em que os espíritos seguiam viagem. A um sinal de Damião, as imagens voltaram a se movimentar. Apareceram Virgínia e Cássio no quarto de Helena, no momento em que ela acabava de morrer. Cássio pegou o corpinho e carregou-o para o quarto de Juliana, que ali jazia. Colocou a menina deitada na cama, a seu lado. Virgínia trouxe consigo os dois copos que continham veneno e colocou-os no chão, dando a impressão de que haviam caído. Sobre o corpo de Juliana colocou a carta. Saíram os dois abraçados, dando ainda uma última olhada para ver se tudo estava no lugar. Foram para seu quarto e deitaram-se.

No dia seguinte pela manhã, Elvira acordou com muita dor de cabeça. Não estranhou, porque costumava acordar assim. Como sempre, foi para a cozinha preparar o café. Estava feliz por ver a felicidade de Juliana. Colocou a mesa. Cássio e Virgínia chegaram, como de hábito, abraçados e felizes. Sentaram-se e começaram a comer. Elvira estranhou que Helena não viera para tomar café. Juliana sempre acordava um pouco mais tarde, mas Helena, não, ela acordava cedo e quase sempre tomava café na cozinha com ela. Terminou de servir e foi para o quarto de Helena. Abriu a porta e não a encontrou. Sorriu, pensando: *Deve estar dormindo com a mãe.*

Foi para o quarto de Juliana. Ao abrir a porta, percebeu que algo estranho havia acontecido ali. Começou a gritar. Cássio e Virgínia correram para ver o que estava acontecendo. Param na porta do quarto e ficaram olhando Elvira, que tentava reanimar Juliana.

— Menina, acorde. Não pode estar morta. Não agora...

Virgínia pegou o papel que estava sobre a cama e começou a lê-lo em voz alta. Elvira parou de falar com Juliana para poder ouvi-la. Quando Virgínia, chorando, terminou de ler, Elvira não suportou e começou a gritar:

— Não pode ser! Ela não faria isso. Estava feliz depois de muito tempo. Não pode ser! Não faria isso, muito menos mataria Helena. Ela amava a filha. Não posso acreditar!

Cássio aproximou-se, pegou no pulso de Juliana, fingindo ver se estava morta mesmo. Virgínia, chorando, abraçou Elvira e tirou-a do quarto.

Elvira não se conformava. Cássio mandou chamar André para que este avisasse as autoridades. Após um exame superficial, não restava dúvida: todos acreditaram que Juliana cometera mesmo o suicídio e levara a filha junto.

A notícia correu rápido. Muitos amigos, vizinhos e curiosos vieram para ver os dois corpos, que foram velados na mesma sala em que tempos atrás Renato também fora. Todos estavam consternados, não entendiam como Juliana, que sempre fora tão ajuizada, pudesse, de uma hora para outra, cometer uma loucura como aquela, mas os fatos não deixavam dúvidas. Após os corpos serem sepultados, Virgínia e Cássio despediram-se dos amigos, mostrando no rosto muita dor e sofrimento. Elvira, que acompanhou tudo, ainda não se conformava e chorava muito. Afinal, ela fora, na realidade, uma verdadeira mãe para aquelas duas meninas.

Juliana não pode ter feito isso. Não posso acreditar. Ela estava feliz. Encontrara finalmente um motivo para viver. Ia se casar e seria muito feliz. Não pode ter feito isso.

Virgínia abraçava-a e consolava-a com palavras afetuosas. As pessoas admiravam-se da ternura que Virgínia sentia por aquela velha empregada.

Como previsto por Cássio e Virgínia, tudo deu certo. Cássio escreveu uma carta para Rogério, contando todo o acontecido e transcrevendo a mensagem de Juliana, que ficaria guardada para que, no dia em que ele voltasse, pudesse ler e confirmar o acontecido. Pelas contas de Cássio, Rogério estaria recebendo a carta um pouco depois de sua chegada a Portugal.

Um mês se passou. Após a missa de trinta dias, realizada na cidade, Cássio, acompanhado por Virgínia, atendendo a um chamado do advogado, foi até seu escritório. Lá, na presença dos dois, foi-lhes entregue o testamento do pai de Juliana. Por ele, após a morte da filha e da neta, sua herdeira seria Virgínia.

Já em casa e em seu quarto, Virgínia segurava em suas mãos os papéis que o advogado tinha dado. Feliz, pensava: *Finalmente, consegui! Agora é tudo meu. Poderei fazer o que quiser, nada me impedirá. Finalmente, irei ocupar o meu lugar nesta casa!*

Cássio chegou logo depois. Antes de entrar, parou na porta. Ficou observando a expressão de felicidade com que Virgínia segurava os papéis. Após alguns segundos, disse:

— Vejo que está feliz. Conseguiu finalmente o que queria. Agora, me dê esses papéis, preciso guardar tudo muito bem.

— Por tudo que vi nestes papéis, além da fazenda e das terras, tenho muito dinheiro guardado. Poderei, agora, realizar todos os meus sonhos...

— Tem, sim. A fortuna que o pai de Juliana conseguiu é muito grande. Poderá realizar todos os seus sonhos e os meus também. Mas não se preocupe com nada, vou cuidar de tudo.

Ele se abaixou sobre a cama em que ela estava deitada, para pegar os papéis. Virgínia empurrou sua mão, dizendo:

— Obrigada, mas quem vai cuidar de tudo sou eu.

— Como assim? Por que está dizendo isso?

— Porque não confio em você, meu amor... tenho medo de que tente me roubar, como pretendeu e fez com Juliana...

— Que é isso? Sempre estivemos juntos. Nunca pensaria em roubá-la! Esse dinheiro todo agora é nosso. Conseguimos juntos.

— Sei disso, mas prefiro eu mesma tomar conta de tudo.

Furioso, Cássio saiu do quarto sem nada dizer. Montou o cavalo e afastou-se galopando.

Enquanto isso, Juliana despertara. A seu lado estava Renato, segurando sua mão. Ela abriu os olhos e começou a gritar:

— Renato, eles vão matar Helena! Temos de impedir.

A porta se abriu e Helena entrou, sorrindo:

— Mamãe, que bom que acordou. Papai avisou-me que seria hoje.

Juliana abraçou a filha com muita força. Só então percebeu que Renato estava a seu lado. Uma senhora entrou no quarto, falando para Helena:

— Agora que viu mamãe acordada, é preciso deixá-la falar com seu pai, por isso, você, agora, vem comigo.

— Não quero ir. Quero ficar com mamãe e papai..

— Terá muito tempo para ficar com eles, mas agora precisa ir. Papai e mamãe têm muito para conversar.

Juliana beijou e abraçou novamente sua filha, dizendo:

— Vá, minha filha. Está tudo bem, mas preciso falar com papai. Depois irei ter com você.

— Mamãe, onde estão titio Cássio e titia Virgínia? Que lugar é este? Não os vi por aqui.

— Não sei bem que lugar é este, mas vou descobrir e descobrirei também onde estão seus tios. Quando isso acontecer, lhe contarei. Está bem assim?

A menina sorriu, beijou o pai e a mãe e saiu.

Enquanto Helena saía, Juliana olhava para Renato como se só agora o estivesse vendo.

— Renato, como está aqui? Como fez para nos salvar?

Ele a beijou suavemente.

— Fique calma, agora está tudo bem. Estamos juntos novamente. Nada mais vai atingi-la.

— Não posso ficar calma! Não está tudo bem! Nada está bem! Eles me enganaram. Tentaram matar a mim e a Helena também. Vou voltar e denunciá-los às autoridades! Eles terão de ser presos. Terão de pagar por todo mal que nos fizeram!

— Nada precisa fazer. Existe uma Lei maior que a tudo julga. Eles terão tudo que merecem. Agora, só precisa ficar bem para continuar sua vida.

— Não posso! Tramaram contra mim. Enganaram-me. Mentiram. Eu os amava. Confiava neles. Considerava-os irmãos!

— Sei disso, mas por enquanto nada pode fazer. Estamos juntos e por isso volto a lhe dizer que está tudo bem.

— Não está tudo bem. Não consigo aceitar.

Juliana parou de falar bruscamente. Olhou para Renato como quem não estivesse entendendo:.

— Espere... como você voltou? Que lugar é este? Onde estou?

— Não fui eu quem voltou. Foi você quem veio até aqui. Esta é uma casa de recuperação. Ficará aqui até que se sinta bem. Depois, iremos juntos para minha casa. Tudo voltará ao normal, como era antes. Nós três, juntos, viveremos por um bom tempo em paz.

Surpresa, Juliana continuou olhando-o. Arregalou os olhos como quem se recusasse a aceitar o que estava imaginando.

— Como foi que cheguei até aqui? Como consegui encontrá-lo?

— Você não me encontrou. Eu fui buscá-la. Estava sozinha e precisando de ajuda. Seu pai e mais alguns amigos foram comigo. Agora, tudo vai ficar bem.

Juliana, de um pulo, levantou-se da cama.

— Não estou entendendo. Ou melhor, não quero entender... para que eu possa ter vindo até aqui, para estar vendo-o e conversando com você... está tentando me dizer que morri? Está me dizendo que aqueles dois canalhas conseguiram? Se Helena está aqui, é porque eles a mataram também?

— Foi isso mesmo que aconteceu. Mas não se preocupe mais. Agora, já passou. Tudo ficará bem.

— Como não me preocupar? Como poderei deixar que sigam sem castigo? Não estou entendendo. Se morri, como estou me sentindo viva? Como estou com meu próprio corpo?

Sorrindo, Renato abraçou-a.

— Está sentindo-se viva porque realmente está. A morte não existe para o espírito. Ele é eterno. Somos eternos. Como todas as pessoas que vivem na Terra, você pensa que, ao morrermos, nós nos tornamos fantasmas, não temos mais corpos. Não é a verdade, assim como muitas outras coisas que aprendeu. Aos poucos, ficará conhecendo tudo por aqui. Garanto que vai gostar muito.

— Não entendo como pode estar calmo assim. Eles o mataram. Separaram-no de mim e de Helena. Destruíram-nos!

— No princípio, assim que aqui cheguei, também fiquei revoltado, mas, aos poucos, amigos convenceram-me de que o que estava feito não tinha mais remédio, que eu deveria confiar na justiça divina e continuar minha caminhada para o conhecimento. Poderia ver você e Helena sempre que quisesse. Foi o que fiz. Aceitei os desígnios de Deus. Aprendi muito. Sempre que você precisou, estive a seu lado. Por isso que, quando morreu, estávamos lá para ajudá-la a se desprender do corpo e vir em segurança para cá. Agora está aqui e tudo está bem. O que tem de fazer é descansar. Logo se sentirá melhor.

— Pare de dizer que tudo está bem! Nada está bem! Não me sentirei bem enquanto não fizer com que aqueles dois paguem por todo o mal que nos fizeram!

Renato abriu os braços, levantou-os e fez uma prece:

— Senhor, meu Pai. É preciso que entenda o que ela está sentindo agora. Envie para ela Sua luz consoladora de paz, para que aceite tudo sem reclamar. Para que aceite que existe uma Lei maior que um dia a todos atinge: a lei do amor e do perdão.

Enquanto Renato fazia essa oração, uma luz intensa desceu sobre a cabeça de Juliana, e aos poucos ela foi se deixando cair. Renato segurou-a e, abraçando-a, colocou-a novamente na cama. Depois de acomodá-la, fez outra oração de agradecimento e permaneceu a seu lado.

A porta se abriu. Uma senhora entrou, foi até a cama e colocou a mão sobre a cabeça de Juliana. Renato, ao vê-la, sorriu e falou baixinho.

— Marina, que bom que veio até aqui. Ela está muito revoltada, não sei mais o que fazer para amenizar todo o ódio que está sentindo.

— Meu querido, é fácil entender o que ela está sentindo. Vamos orar e pedir a Deus que ela aceite e entregue tudo à Lei e à justiça divina, mas você sabe que, se ela não entender nem aceitar, nada poderemos fazer. Ela tem seu livre-arbítrio. Vamos esperar e ver o que acontece.

Renato olhou para Juliana e disse baixinho:

— Espero, minha querida, que aceite. Para seu próprio bem.

Quando Juliana acordou, Renato ainda permanecia a seu lado.

Ela olhou para ele e para todo o ambiente e sorriu.

— Não foi um sonho? Você está mesmo aqui? Então eu morri mesmo? Estou morta?

— Sim. Estou aqui, e estarei para sempre a seu lado, mas parece que está melhor. Parece que está aceitando sua condição. Agora, acredito que possamos conversar.

— Podemos, sim. Não tenho mais dúvidas de que eles conseguiram. Só não entendo como pode estar tão calmo após ter sido assassinado por aqueles dois. Não entendo como consegue perdoar tanta maldade. Por mais que tente, acredito que nunca conseguirei perdoar todo o mal que nos fizeram.

— Para tudo sempre há uma hora certa. Tudo acontece como tem de ser. Quando voltamos para a Terra, levamos missões para serem cumpridas. Cabe a nós cumpri-las ou não. Nós fizemos nossa parte. Eles, não. Perderam a oportunidade divina que Deus lhes deu. Agora, nada mais nos resta a fazer, a não ser esperar que a Lei seja cumprida.

— Ainda não entendo. Como pode estar tão calmo? Que Lei é essa?

— Estou calmo porque entendi que a Lei de Deus é para todos. A lei do amor, do perdão e do retorno. Quando voltamos para a Terra, temos a liberdade de agir como quisermos. Podemos escolher entre o bem e o mal. Dessa escolha dependerá nosso futuro. Agora, só nos resta perdoar e aguardar.

— Eu não escolhi o mal. Ele se voltou contra mim e minha família. A maldade, a ganância e a inveja nos destruíram. Mataram Helena, sem se preocupar se ela era ainda uma menina, com a vida toda pela frente. Como posso perdoar isso? Posso nascer e renascer mil vezes, mas nunca os perdoarei!

— Peço a Deus que entenda, para seu próprio bem. Se já está se sentindo melhor, se for para seu bem, posso falar com Marina e, talvez, poderemos voltar para a fazenda. Verá com os próprios olhos a Lei sendo cumprida. Quer voltar?

Juliana pensou um pouco, depois perguntou:

— A Lei já está sendo cumprida?

— Está, sim, ela é implacável. Quer ir até lá?

— Quero. Preciso ver com meus próprios olhos. Eu os odeio e quero que paguem no fogo do inferno todo o mal que nos causaram!

— Posso tentar levá-la até lá, mas terá de prometer fazer o possível para ajudá-los.

— Ajudá-los? Nunca! Só se for para condená-los!

— Você também agora está tendo a oportunidade de praticar o perdão e reconhecer que a Lei de Deus é divina e poderosa. Não sei como foi nosso passado junto a eles, só sei que devemos nos ajudar mutuamente para nosso aprimoramento. O único caminho para se chegar a Deus é através do perdão e do amor.

— Mas eles nos assassinaram. E também Helena, uma inocente. Como perdoar?

— Aprendi aqui que não existe ninguém inocente, apenas espíritos caminhando para a perfeição, como somos todos.

— Não consigo entender e aceitar, mas vou me esforçar. Vamos até lá?

— Se for para seu entendimento, vamos sim, Juliana. Vou pedir autorização e solicitar a alguns amigos que nos acompanhem. A viagem é longa e perigosa, não podemos ir sozinhos.

Renato fechou os olhos. Pouco depois, a porta se abriu, Marina entrou e disse com um sorriso:

— Renato, você me chamou? Vejo que nossa menina está acordada e bem.

Juliana olhou para aquela mulher que tinha um olhar meigo e amoroso.

— Quem é a senhora?

— Uma amiga de longa data. Fiquei feliz quando a vi de volta. Mais feliz agora, por vê-la mais calma. Como está se sentindo?

— Mais calma, sim; mas conformada com o que nos aconteceu, isso não. Ainda não consigo entender, muito menos perdoar, como Renato quer.

— Tudo a seu tempo. Só essa sua predisposição em entender já é um começo. Renato, o que deseja fazer?

Antes que Renato respondesse, Farias voltou a gritar, fazendo com que a tela se congelasse novamente.

— Damião, eles não podem querer que ela perdoe! Como pode perdoar? Foi traída, enganada e humilhada. Além de a matarem, mataram também seu marido e sua filha! Como perdoar?

Damião, com sua habitual calma, respondeu:

— Você ainda não aprendeu, mas aprenderá que o único caminho para um espírito está no perdão. Peçamos a Deus que também entenda isso.

— Não aprendi e acredito que nunca aprenderei. Como podem ser assim? Vocês não têm amor-próprio? Não têm sangue no corpo?

Damião e Duarte começaram a rir. Foi Duarte quem respondeu:

— Amor-próprio não passa de vaidade humana. Quanto ao sangue, realmente não temos. Vamos voltar para o filme?

Farias, meio sem graça, foi obrigado a sorrir também, pois novamente esquecera que não possuía mais corpo. Apenas disse que sim com a cabeça, e as imagens na tela começaram a se movimentar.

Renato respondeu:

— Marina, queria levar Juliana de volta à fazenda para que veja o que está acontecendo por lá, mas não sei se terei permissão. E, mesmo que consiga, não poderemos ir sozinhos, precisaremos de companhia.

— Está bem, você tem a permissão. Sei que fará bem a Juliana. Pedirei que mais alguns amigos nos acompanhem e iremos todos juntos.

— Você irá conosco?

— Claro que sim! Não os deixaria em um momento importante como este. Enquanto isso, devem fazer uma oração agradecendo nosso Pai Divino por mais esta oportunidade.

— Sempre soube que nos ajudaria, mas nunca pensei que fosse dessa maneira. Só posso lhe agradecer. Faremos, sim, uma oração. Tenho certeza de que esta viagem fará muito bem a Juliana.

Com um sorriso, Marina saiu do quarto. Renato beijou Juliana, que se levantou. Estava vestida com uma camisola branca. Ele olhou para ela, dizendo:

— Não pode fazer a viagem com essas roupas, Juliana. É preciso trocá-las. Ali no armário existem muitas outras.

266 | ELISA MASSELLI

Juliana admirou-se por tudo continuar como se ainda estivesse viva. Abriu o armário e mais surpresa ficou.

— Minhas roupas estão todas aqui? Como pode ser?

— Com o tempo, aprenderá a se vestir sozinha, com as roupas que quiser, mas por enquanto usará as suas próprias.

— Estranho. Nunca pensei que fosse assim. Sei que estou morta, mas sinto todos os desejos de antes. Estou agora precisando de um banho.

— É assim mesmo. Ainda está sentindo a sensação do corpo? Não ouviu dizer que, quando alguém tem um membro extirpado, por muito tempo ainda acredita possuí-lo? É isso que acontece com nosso corpo. Levará algum tempo para não o sentir mais. O banheiro é logo ali. Poderá tomar o banho como se estivesse na Terra. Aliás, bem melhor que lá — Renato disse, sorrindo.

Juliana seguiu com os olhos a direção que ele lhe apontava. Viu uma porta, abriu e entrou. Lá dentro, encontrou um banheiro completo. Havia uma pia, um espelho, o vaso sanitário e uma banheira como nunca havia visto antes. Viu uma torneira, mas não sabia para que servia; por curiosidade, a abriu, e a água jorrou com muita força. Ela se assustou, porém, em seguida, começou a rir. Na fazenda, a água vinha de um poço, e a banheira era cheia com água aquecida no fogão a lenha. Por isso, nunca havia visto uma torneira. Ao lado da banheira, notou um sabonete, que também não conhecia, mas mesmo assim o pegou, cheirou e sentiu um suave perfume que a agradou muito. Feliz, pensou: *Não consigo acreditar que tudo isto esteja acontecendo. Como pode ser? Estou morta, mas sinto desejo de um banho. Sinto o perfume deste sabão... Como pode ser?*

Tomou um banho demorado. Vestiu-se e voltou para o quarto.

Renato sorria, compreendendo seu espanto.

— Está admirada, não é?

— Estou. Nunca pude imaginar que após a morte seria assim. Sempre acreditei que existisse um céu e um inferno, mas nunca isto que encontrei aqui...

— Vai se admirar muito mais. Aqui é o nosso verdadeiro lar. Renascemos em vários lugares para nos aperfeiçoar e progredir no aprendizado da Lei maior. A cada renascimento, aprendemos mais, e chegará um dia em que não precisaremos mais renascer. Mas isso, para nós, ainda vai demorar muito.

Ao ouvi-lo falando daquela maneira, percebeu o quanto o amara e amava ainda. Agora, tinha certeza de que ele fora o único amor de sua vida. Aproximou-se, segurou suas mãos e disse:

— Renato, preciso lhe falar sobre Rogério.

— Não precisa falar nada. Sei de tudo. Sou eu quem tem de lhe falar a respeito. Cássio e Virgínia apenas adiantaram o tempo. Logo eu voltaria para cá. Você encontraria Rogério, porque tem com ele um compromisso de resgate. Infelizmente, não por sua culpa ou dele, isso terá de ser adiado.

— Não estou entendendo. Está querendo dizer que ainda não era meu tempo para voltar? Está dizendo que deixei de cumprir algo? Por culpa daqueles dois?

— Isso mesmo. Mas não se preocupe, terá outras oportunidades.

— Agora que estou a seu lado novamente, sinto o quanto o amo e o quanto sempre o amei. O que senti por Rogério foi algo totalmente diferente.

— Sei disso, meu amor. Também a amo e sinto que a amarei eternamente, mas temos ainda uma longa caminhada de aprendizado e resgates para que um dia possamos ficar juntos para sempre. Tenha certeza de que esse dia chegará, e então seremos felizes eternamente. Termine de se aprontar. Logo nossos amigos chegarão.

Em poucos minutos, ela se aprontou. Vestiu uma roupa simples, daquelas que usava diariamente.

— Estou bem assim?

Renato olhou-a com muito amor e carinho.

— Claro que está. Você sempre está bem. É a mulher a quem amo e sempre amarei. A viagem será longa, mas não se preocupe com nada que acontecer durante o caminho. Estaremos muito bem acompanhados e não temos o que temer.

A porta se abriu novamente. Marina entrou por ela, sorridente.

— Estão prontos? Está na hora.

— Estamos, sim, embora Juliana ainda esteja muito admirada com tudo o que está vendo.

— Isso mesmo. A cada minuto me espanto mais. Que bom seria se as pessoas na Terra soubessem de tudo que acontece após a morte. Com certeza, muitas coisas seriam evitadas.

— Tem razão, mas não seriam elas mesmas. Seriam como robôs, apenas fazendo tudo certo, sem crescer realmente. Não ouviu dizer que é errando que se aprende? Deus é sábio, dá a todos nós o direito da escolha entre o bem e o mal. Apesar de todas as religiões serem diferentes entre si, todas ensinam o caminho do bem, por isso, no íntimo, todos acreditamos que exista uma vida melhor após a morte. Só que, envolvidos com nossas próprias vidas, não damos muita atenção a isso, até que o dia finalmente chega e deparamos com a realidade, que, para alguns, é muito triste, mas já estamos atrasados. Vamos agora?

— Vamos, sim. Mas onde estão meu pai e Helena? Não os vi mais.

— Seu pai faz parte de uma equipe que dá assistência àqueles que estão desencarnando. Ficou por aqui até saber que você estava bem. Agora, ele está de volta à sua missão. Helena está na escola. Não se preocupe com eles. Precisa somente entender, aceitar e perdoar os erros de seus irmãos.

— Perdoar Cássio e Virgínia? Nunca! Nunca poderei.

— Nunca é muito tempo. Logo entenderá que Deus é sábio. Sabe que, por pior que pareçamos ou tentemos ser, todos temos dentro de nós o amor sincero que um dia será libertado. Ele não tem pressa; sabe também que todos, um dia, chegaremos até Ele. Por isso, todos nós aprendemos, através de muitas reencarnações, que o único caminho para chegar a Ele é o perdão. Isso tudo você aprenderá, mas por enquanto vamos nos preocupar apenas com nossa viagem. Tudo virá a seu tempo.

Juliana colocou um lenço na cabeça para segurar seus longos cabelos. Saíram. Assim que a porta se abriu, surgiu a sua frente um longo corredor com várias portas. Novamente, falou admirada:

— Renato, isto aqui é um hospital?

— Pode-se dizer que sim. Quando as pessoas desencarnam, são trazidas para cá. Quando acordam, pensam estar em um hospital, e aos poucos vão sendo inteiradas de sua verdadeira situação.

— Parece mesmo que aqui tudo é perfeito.

— É tudo muito bem organizado. Para que tudo caminhe bem, muitos trabalham.

— Trabalham? Quer dizer que aquilo que se diz na Terra, *morrer para descansar*, não existe?

— Como tudo aqui é perfeito, não se pode obrigar ninguém a nada que não queira fazer. Só trabalha quem quer. Aquele que não quiser, poderá ficar sem fazer nada. Depende de cada um.

— Custa-me muito acreditar em tudo isso.

— Terá muitas outras coisas em que vai custar acreditar; todavia, com o tempo, se acostumará.

Chegaram ao fim do corredor. Uma grande sala surgiu. Quatro rapazes sorriram quando eles apareceram. Marina foi ao encontro deles.

— Juliana, estes são Fernando, João, Paulo e Carlos. Eles nos acompanharão durante a viagem.

Fernando, o que parecia ser mais jovem, abriu ainda mais seu sorriso e estendeu a mão para Juliana.

— Muito prazer. Estamos prontos. Espero que goste da viagem. Faremos o possível para que tudo dê certo.

— Muito prazer. Não preciso falar de meu espanto perante tudo o que está me acontecendo.

— Não precisa mesmo. Sabemos muito bem, porque passamos por tudo isso também. Vamos?

Juntos se encaminharam para fora. Juliana ainda se admirava:

— Não posso acreditar que esteja morta. Não posso acreditar que não esteja em uma cidade da Terra.

Realmente, ao sair daquele edifício, notou que havia ruas, casas e uma linda praça defronte ao hospital. Marina falou:

— É exatamente do mesmo modo. As pessoas vivem em suas casas. Só existe uma diferença em relação à Terra: aqui a lei que impera é a do amor. Quando voltarmos, você irá para a casa onde vivem seu pai e Renato. Ali viverão juntos.

— Minha mãe, onde está?

— Ela voltou à Terra já há algum tempo. É agora uma linda menina. Você encontrará ainda muitos amigos de outros tempos, dos quais não se lembra agora. Logo perceberá que tudo continua como sempre. Terá a sensação de estar apenas vivendo em outro lugar, como se tivesse feito uma viagem. Renato, abrace-a e segure-a de um lado, eu farei o mesmo do outro. Juliana, agora vai se admirar novamente, não se assuste. Por enquanto ainda vai ter de ser ajudada, mas com o tempo aprenderá como se faz.

Renato abraçou-a pela cintura, o mesmo fazendo Marina. Ela percebeu que seus pés aos poucos foram se levantando do chão. Em pouco tempo, se sentiu voando.

— Não posso acreditar! Isto não está acontecendo. Devo estar sonhando. Estou voando?

Os companheiros, que também voavam, apenas sorriram.

Depois de algum tempo, ela não sabia precisar quanto, viu ao longe a fazenda que tão bem conhecia. Chegaram e entraram no quarto onde Virgínia, feliz sobre a cama, olhava para os papéis que davam a ela tudo que um dia pertencera a Juliana.

Ao vê-la feliz daquela forma, Juliana soltou-se dos braços de Marina e Renato e atirou-se sobre ela. Começou a bater em seu rosto. Renato puxou-a para si, dizendo:

— Não faça isso! Você tem de se conter, senão teremos de levá-la embora.

Chorando, desesperada, Juliana gritava:

— Como não fazer isso? Olhe como está feliz, sem um pingo de remorso por ter matado você, a mim e a Helena!

— Meu amor, o que está feito, está feito. Você não pode e não deve fazer justiça por si mesma. Tem de confiar na sabedoria e na justiça de Deus. É para isso mesmo que estamos aqui.

Chorando, ela se abraçou a ele, dizendo:

— Não consigo acreditar que sempre a considerei uma irmã. Como poderei confiar novamente em outra pessoa? Como poderei ser a mesma Juliana de antes, ingênua e confiante? Como poderei perdoar tanta maldade? Sinto muito, meu amor, mas não conseguirei. Nunca, entendeu? Nunca!

Ele continuou abraçando-a:

— Sei que é difícil, mas devemos confiar na bondade de Deus. Ele fará brotar em seu coração o sentimento do perdão. Deus é soberano e pode tudo.

Nesse momento, a porta do quarto se abriu. Cássio, sorridente, entrou por ela. Mais uma vez, Juliana não se conteve e quis se atirar sobre ele. Mais uma vez, Renato segurou-a.

— Não faça isso! Confie na justiça de Deus.

— Não consigo. Eles nos destruíram! Acabaram com nossa família e nossa felicidade! Mataram Helena, ainda uma menina... não consigo, nem por um momento, pensar em perdoar...

Renato beijou seus cabelos. Virgínia e Cássio começaram a discutir sobre quem cuidaria do dinheiro. Juliana parou e ficou observando. Depois de discutirem e Cássio perceber que nunca tocaria em um centavo sequer, saiu do quarto e foi para a varanda. Juliana puxou Renato, e os dois foram atrás dele. Lá fora, Cássio, muito nervoso, olhando para a imensidão de terras que via à sua frente, pensava: *Sempre quis tudo isso. Para tanto, cometi três crimes imperdoáveis. O tempo está passando, tenho de conseguir o dinheiro para livrar minha fazenda da hipoteca. Mas como farei? Se Virgínia insistir em cuidar das finanças, como farei? Não posso contar a ela sobre essa minha dívida. Aí, sim, é que não me dará um tostão. Tenho* de pensar em um modo de convencê-la a deixar que eu cuide de tudo. Assim, poderei desviar o dinheiro sem que ela tome conhecimento. Mas como convencê-la? Como? Por que não confiei e aceitei a ajuda que Juliana me ofereceu? Por que me deixei envolver pelas palavras de Virgínia, que durante todo o tempo me envenenou contra ela?

Juliana, abismada, olhou para Renato.

— O que está acontecendo aqui? Estão se tornando inimigos?

— Parece que sim. Não lhe disse que a justiça de Deus é sábia e implacável? Por isso não deve se preocupar. Acredito que, agora que viu como tudo está por aqui, podemos ir embora.

— O que farão para resolver essa situação? Como Cássio pagará suas dívidas e terá sua fazenda de volta?

— Não sei. Os dois estão juntos no crime. Estão, agora, pela própria conta. Ninguém poderá interferir na decisão que tomarem. Terão de usar o livre-arbítrio que Deus dá para todos.

Enquanto isso, Marina e os outros continuavam no quarto de Virgínia. Renato e Juliana voltaram para junto deles. Assim que Cássio saiu, Virgínia começou a pensar: *Não posso confiar nele. Não posso permitir que coloque a mão em meu dinheiro. Sei que é muito ganancioso e que fará tudo para me roubar. Depois de tudo que fiz, não vou permitir que me tire um centavo sequer.*

Ao ouvir aquilo, Juliana olhou feliz para Marina.

— Marina, eles mesmos se destruirão?

— Não sei. Mas agora terão de lutar contra os próprios fantasmas. Só Deus é quem sabe o que acontecerá.

Enquanto Virgínia pensava, eles notaram que alguns vultos pretos se aproximaram dela. Um deles falava em seu ouvido:

— Isso mesmo! Não pode confiar nele. Não viu o que fez com Juliana, Renato e até com Helena? Pobre menina...

Virgínia, como se realmente ouvisse, começou a pensar: *Não vou deixar nada com ele. Juntos, cometemos aqueles crimes. Quem me garante que não fará o mesmo comigo? Helena... às vezes penso que não precisava ter feito aquilo com ela também... eu a amava. Era como se fosse minha filha... poderia ter* deixado que ela vivesse. *Eu seria sua tutora, tomaria conta de todo o dinheiro. Não! Se continuasse viva, seria a herdeira. Ela também precisava morrer.*

Outra vez, ao ouvir aquilo, Juliana não se conteve e tentou se atirar sobre ela. Desta vez, quem a impediu foi Marina.

— Não faça isso, Juliana! Procure encontrar dentro de você o perdão. Deixe que Deus faça Sua justiça. Virgínia agora tem companhia. Aliás, essas companhias já estão a seu lado há muito tempo. Com sua ganância, ciúme e ódio, ela as atraiu. Nada mais temos para fazer aqui, podemos voltar.

Renato novamente abraçou Juliana, falando:

— Marina tem razão, meu amor. Procure abater todo esse ódio que está sentindo, para que não atraia figuras como essas que estão acompanhando Virgínia. Vamos embora, nada mais temos para fazer aqui.

— Não, não vou embora! Quero ficar aqui e ver a destruição deles com os próprios olhos! Só descansarei em paz quando isso acontecer. Até lá, não poderei continuar vivendo como se nada houvesse acontecido!

Com expressão muito séria, Renato disse:

— Juliana, para seu próprio bem, é melhor que nos acompanhe. Vamos embora. Nada mais poderá fazer, a não ser se complicar e perder a oportunidade de continuar comigo e com Helena. Se insistir em ficar aqui, eu e nossos amigos teremos de ir embora e talvez você nunca mais encontre o caminho de volta para estar conosco. Pense bem, meu amor. Não posso interferir em sua decisão. Ela é só sua.

Juliana ficou pensando no que faria. A decisão era difícil. Seu coração estava dividido entre ir embora com Renato e permanecer ali para se vingar. Todos a olharam, esperando sua resposta. Pensou por alguns momentos, sorriu e disse:

— Renato, eu o amo e nunca mais quero me separar de você ou de Helena. Por tudo que vi aqui, percebo que a Lei está seguindo seu curso. Vou confiar. Vamos embora. Estou pronta.

274 | ELISA MASSELLI

Farias, nervoso, mais uma vez interrompeu a projeção:

— Damião, ela não pode fazer isso. Ela tem de continuar ali, como fiquei ao lado de Márcia, para levá-los à loucura. Eles merecem. Ela não pode, simplesmente, desistir.

— Talvez tenha razão, meu irmão, mas essa decisão é só dela. Se optou por ficar ao lado daqueles que ama, é um direito dela, não podemos interferir. Vamos continuar assistindo?

Farias percebeu que havia falado em hora errada. Balançou a cabeça, aceitando a sugestão de Damião.

A tela voltou a se iluminar. A figura de Cássio apareceu novamente. Ele, agora, estava parado, montado em um cavalo. Sua cabeça fervilhava em pensamentos desencontrados.

Preciso encontrar um meio. O tempo está passando. Já faz quase quatro meses desde a morte de Juliana. O dia de pagar a dívida está chegando. Virgínia deixou claro que não permitirá que eu cuide de seu dinheiro. Como vou fazer? Preciso afastá-la de meu caminho. Tenho de encontrar um meio para isso. Preciso fazer com que morra, mas como? Ela é esperta, não vai se deixar matar sem reagir. Precisa ser de um modo que não desperte suspeitas. Talvez eu devesse conversar com ela e contar tudo. Ela entenderá, sabe tudo que fiz para conseguir ficar com o dinheiro de Juliana.

Colocou o cavalo em movimento e saiu cavalgando sem destino, percorrendo aquelas terras que haviam sido o motivo de seus crimes.

Virgínia, em seu quarto, mais uma vez com os papéis nas mãos, ainda saboreava a felicidade de ter conseguido tudo que acreditava ser seu por direito.

Finalmente! Embora esteja com estes papéis em minhas mãos, custa-me acreditar que tudo deu certo. Estou me lembrando agora de quando, ainda muito criança, cheguei a esta casa. A princípio, pensei ser também uma pessoa que pertencia à família. Minha mãe havia se casado com o pai de Juliana. Ela o conheceu na cidade, quando ele foi até lá fazer compras. Ela trabalhava de balconista em uma loja. Não sei os detalhes do que aconteceu, mas, depois de alguns dias, ela se aproximou, me pegou no colo e disse:

— Filhinha, você é ainda muito pequena, tem apenas seis anos, e sei que sofremos muito desde que papai foi para o céu, mas de agora em diante vai ser diferente: vou me casar e iremos viver em uma fazenda muito grande e bonita. Você terá um novo pai e uma irmã que vai lhe querer muito bem. Sinto que seremos felizes.

Em seguida, ele também se aproximou e me pegou no colo.

— Sua mãe tem razão. Iremos para minha casa. Tive até agora só uma filha, mas daqui para frente terei duas. Minha filha se chama Juliana, tem cinco anos. Ela será sua amiga e viveremos felizes para sempre. As duas serão iguais para mim, amadas da mesma forma.

Mentiroso! Mentiroso! Desde o dia em que aqui cheguei, senti a diferença que existia entre mim e Juliana! Mais nova que eu, ela estava sempre em seu colo, e ele a abraçava com muito carinho. Comigo, falava somente o necessário! Quando viajava, os melhores presentes que trazia eram sempre os dela. Nunca nos tratou da mesma forma! Nunca fui considerada uma filha. Mamãe dizia que ele era muito bom para nós duas, mas eu não sentia o mesmo. Nunca os vi brigando, mas, mesmo assim, eu era tratada com uma enorme diferença. Já maiores, eu estava com doze anos quando conhecemos Cássio. Mais tarde, apaixonei-me por ele, mas nada! Ele também só tinha olhos para Juliana, a meiga! A bonita! Sempre estive em segundo lugar! Mais tarde, quando Renato chegou acompanhado por Cássio, novamente meu coração começou a bater mais forte. Ele era bonito e agradável, mas outra vez Juliana foi a notada. Eles se apaixonaram e se casaram. No dia do casamento, outra vez, tive que demonstrar uma felicidade que não sentia. Quando ela soube que esperava um filho, ficaram todos radiantes, e novamente tive de demonstrar uma felicidade inexistente. Helena nasceu, era uma criança linda. Eu não conseguia odiá-la, e como desejava que fosse minha... Mas não... era de Juliana! Tudo era e sempre foi de Juliana! Eu sempre fui *a inteligente, a bem organizada. Apenas isso. O testamento foi o que me tirou toda a esperança de um dia ter sido considerada como filha. Passei a odiar Juliana ainda mais! Foi nessa época que comecei a elaborar um plano para fazê-la sofrer! Finalmente, consegui! Não só fazê-la sofrer, mas também tirá-la de meu caminho para sempre! Daqui para frente, vou usufruir de tudo que por direito sempre foi meu! Só preciso tomar cuidado com Cássio, ele é muito perigoso.*

Levantou-se da cama, na qual permanecera sentada, segurando ainda os papéis e dirigiu-se até uma cômoda que havia no canto do quarto. Abriu uma gaveta e guardou os documentos. Olhou para o espelho, pensando: *Sou uma mulher muito bonita. Com todo esse dinheiro que possuo agora, finalmente poderei viver. Vou viajar, conhecer o mundo e, talvez, encontrar um amor verdadeiro...*

Ela realmente era muito bonita. Embora seus cabelos fossem pretos, seus olhos eram claros. Em seu pescoço, havia um pequeno camafeu com o retrato de sua mãe. Ao vê-lo, falou em voz alta:

— Está vendo, mamãe? Sua filha, agora sim, será feliz! No dia em que me chamou para dizer que teria de partir para encontrar papai, pediu-me para proteger Juliana, porque ela era minha irmã. Eu fiz o que me pediu, protegi-a tanto que hoje ela está, com certeza, no inferno!

Passou as mãos pelos cabelos para colocar no lugar alguns fios que estavam soltos. Olhou mais uma vez para o retrato da mãe, sorriu e saiu do quarto. No corredor, ouviu uma espécie de gemido no quarto de Juliana. Abriu a porta com violência. Lá dentro, Elvira, sentada na cama, chorava copiosamente.

— Minha menina Juliana, não consigo acreditar que tenha feito aquilo. Você estava muito feliz... disse-me que iria recomeçar sua vida... não consigo acreditar... não faria nenhum mal para Helena. Não faria mesmo...

Ao ouvir aquilo, Virgínia ficou furiosa:

— O que está fazendo aqui, Elvira?

— Desculpe, menina, sabe o quanto amo vocês duas. Praticamente fui eu quem as criou. Sua mãe, logo após o casamento, ficou doente e tinha dificuldades, por isso me confiou sua educação. Eu já cuidava de Juliana e fiquei muito feliz por poder cuidar de você também. Cresceram a meu lado. Eu ficava cada vez mais apaixonada pelas duas. São para mim como se fossem duas filhas muito queridas. Conhecia muito bem Juliana. Sabia o que pensava a respeito da vida e da morte. Sei o que pensava a respeito do suicídio, o quanto era grave perante Deus. Por isso, não posso acreditar que tenha cometido um ato tão condenável por ela mesma. Não suporto a ideia de pensar em minha menina fazendo aquilo. Estou sentindo muita falta dela e da pequena Helena.

Virgínia percebeu que ela representava um perigo. Se insistisse em falar aquilo, poderia ser ouvida e levantar alguma suspeita. Aproximou-se dela, abraçou-a e disse:

— Sei o que está sentindo, porque sinto a mesma coisa. É difícil acreditar, mas aconteceu. Infelizmente, ela deve ter sido tomada por alguma coisa má que a levou a cometer aquela loucura, mas não adianta ficar chorando, vamos entregar esse caso nas mãos de Deus. Sabe que precisamos continuar vivendo, não sabe? Sabe também que tanto eu quanto Cássio precisamos muito de você.

— Sei, menina. Sei que tudo que está dizendo é a verdade, mas não consigo me conformar. Não acha que deveríamos falar com o delegado para que investigasse mais a fundo? Quem sabe ele descobre alguma coisa?

— Sei o quanto gostou e gosta de mim. Também sinto a mesma coisa por você. Sei que é difícil acreditar, mas realmente aconteceu. Também não consigo entender o motivo, mas aconteceu. Ela realmente fez aquilo. Nada mais podemos fazer. O delegado já encerrou as investigações. Não restou dúvida alguma.

— Não entendo por que dormi aquela noite tão profundamente. Tenho o sono muito leve, com qualquer ruído eu acordo. Levanto várias vezes durante a noite, mas naquela noite dormi sem acordar uma vez sequer. É isso que me está deixando preocupada. Por que não acordei?

— Isso não posso responder, porque, como sabe, eu durmo muito bem, e também não acordei.

Cássio, como fazia ultimamente, depois de cavalgar muito, resolveu voltar para casa. Estava cada vez mais transtornado.

Não há outro meio, vou falar mais uma vez com Virgínia. Terei de contar toda a verdade sobre minha situação. Preciso ter o dinheiro para pagar a hipoteca, senão perderei minha fazenda.

Entrou em casa e dirigiu-se para seu quarto, onde havia deixado Virgínia poucas horas atrás. Ao passar pelo corredor, ouviu vozes. Parou; percebeu que Elvira e Virgínia conversavam. Chegou até a porta, que estava aberta. Viu Virgínia abraçada a Elvira, que chorava muito.

— Posso saber o que está acontecendo?

As duas se voltaram, e Virgínia falou:

— Elvira está muito nervosa e com saudade de Juliana e Helena. Está preocupada porque naquela noite não acordou. Quer falar com o delegado para que ele investigue melhor o acontecido.

Cássio sentiu um frio correr pela sua espinha. Virgínia percebeu e continuou:

— Estou dizendo a ela que também sinto falta de Juliana e de Helena, mas que, infelizmente, tudo aconteceu mesmo. Agora ela já está mais calma.

Cássio, um pouco assustado, disse:

— Todos sentimos saudade. Éramos muito amigos, mas, como você diz, infelizmente aconteceu, não há mais nada que se possa fazer. Vou para o quarto.

Com as pernas ainda trêmulas, saiu em direção ao quarto.

Virgínia então voltou-se para Elvira:

— Elvira, também estou triste e, vendo este quarto igual ao que era antes, acredito que a tristeza seja sempre maior. O melhor que temos para fazer é tirar tudo daqui e do quarto de Helena. Vamos dar os móveis para alguém e colocar outra mobília. Podemos transformar esses quartos em salas de estar. Providencie isso.

— Menina! Não posso fazer isso! Este quarto é a presença constante de Juliana nesta casa.

— Por isso mesmo precisa ser modificado. Será melhor para você e para nós todos. Juliana não está mais aqui. Você precisa se conformar.

— Não posso fazer isso...

Virgínia olhou para ela e, com firmeza, disse:

— Não estou pedindo, Elvira. Estou ordenando!

Saiu do quarto, deixando Elvira chorando e olhando tudo. Virgínia notou que Cássio estava muito nervoso. Achou melhor ir falar com ele para descobrir o que estava acontecendo. Foi para seu quarto. Abriu a porta, e Cássio estava sentado com as costas apoiadas na cabeceira da cama. Ela percebeu, pela expressão de seu rosto, que ele estava realmente nervoso. Aproximou-se e sentou-se na beirada da cama.

— Você parece que está muito nervoso. Se for por causa de Elvira, não precisa se preocupar: sei como lidar com ela.

— Estou realmente muito preocupado. Com isso também. A qualquer momento ela poderá falar demais e levantar suspeitas.

— Não se preocupe. Ela gosta muito de nós dois. Sabe o quanto éramos amigos de Juliana, jamais suspeitará de qualquer coisa.

— Talvez tenha razão, mas não é só isso o que está me preocupando; estou com um problema muito grande.

— Problema? Você com problemas? Não consigo imaginar que problema poderia ter. Posso ajudá-lo a resolver? Afinal de contas, embora não nos amemos, somos casados.

Cássio percebeu em sua voz uma maciez, uma ternura como nunca havia visto antes. Ela sorria ternamente. Ele ficou fitando-a profundamente para assegurar-se de que ela não estava mentindo. Depois de alguns segundos, disse:

— Conheço-a o suficiente para saber que é alguém em quem não se pode confiar, mas você é a única pessoa que pode me ajudar neste momento. Estou precisando de dinheiro. Preciso pagar uma dívida e, se não o fizer, perderei minha fazenda.

— Não estou entendendo. Como conseguiu fazer uma dívida tão grande? Sim, porque deve ser grande, para ter colocado sua fazenda em risco. Qual é a quantia?

— A quantia é muito grande. Eu me envolvi com más companhias e perdi tudo no jogo. Em uma cartada final, não tendo mais dinheiro, dei a fazenda como garantia. Tenho agora só até a semana que vem para pagar. Se não conseguir, perderei a fazenda. Estou desesperado. Você pode me ajudar. O dinheiro que recebeu de Juliana é muito mais do que preciso. Juliana descobriu tudo e se ofereceu para me ajudar.

— Não posso acreditar que tenha cometido uma idiotice dessas. O dinheiro não é mais de Juliana. Agora é meu. Não vou dar a você para que perca tudo no jogo. Com ele vou viajar, conhecer o mundo e comprar tudo o que sempre quis. Sinto muito, mas não lhe darei dinheiro algum.

— Você não pode fazer isso. Somos casados e cúmplices, temos o mesmo direito.

— Somos casados, mas a herdeira sou eu. Enquanto viver, esse dinheiro será só meu. Não posso confiar em um jogador irresponsável como você!

Cássio ficou irritado. Atirou-se sobre ela e colocou as mãos em seu pescoço, querendo enforcá-la. Virgínia conseguiu se libertar. Empurrou-o e exigiu que saísse. Ele, transtornado pela atitude que havia tomado, saiu correndo. Foi para fora, montou em seu cavalo e saiu cavalgando em disparada. Elvira, que ainda estava no quarto de Juliana, percebeu que brigavam, mas não conseguiu entender por quê.

Virgínia, diante de um espelho, colocava seus cabelos no lugar e ajeitava a roupa. Seu rosto estava enrubescido.

Ele está completamente louco! Não vou arriscar e dar meu dinheiro para que perca tudo no jogo! Por sua atitude de hoje, tenho de ficar atenta. Ele é perigoso e poderá tentar tudo para conseguir o dinheiro.

Na estrada, enquanto cavalgava, Cássio ia pensando: *Deveria saber que ela não me daria o dinheiro. É gananciosa demais para isso. Preciso encontrar um modo. Ela não me considera seu marido. Pensa ser a única herdeira. Espere... herdeira! Se ela morrer, eu serei o herdeiro. Preciso pensar em um modo de matá-la sem levantar suspeitas. Será a única solução. Ela não me deixou escolha. Tenho de pensar muito bem, é esperta e não se deixará matar. Não é como Juliana, confiante e ingênua. Terei de planejar muito bem.*

Continuou cavalgando. Em dado momento, parou naquele mesmo lugar em que surgiu na tela no princípio. Dali podia ver a imensidão de terra e a casa de Virgínia do outro lado do vale, e a própria fazenda, que, embora fosse também grande, não tinha nem a metade do tamanho da de Virgínia. Ficou olhando, parado sobre o cavalo.

O rosto de Juliana surgiu à sua frente. Ele a viu correndo para encontrá-lo, como sempre fazia. Acompanhando-a, vinha Helena. De repente, Juliana transformava-se naquela mulher assustada que, chorando, pedia por sua vida e pela da filha. O pensamento foi tão forte e real que ele quase caiu do cavalo. Sem saber por que, começou a chorar.

Farias, agora, interrompeu, mas com delicadeza:

— Damião, acredita que ele possa realmente estar arrependido? Acredita que ele possa ser perdoado? Embora ele esteja neste momento se deixando levar pelas emoções, não acredito que possa se arrepender de fato.

— Entendo o que está pensando, mas ainda não sei o que lhe responder. Meu irmão, a Lei é justa e é para todos. Imagine um pai da Terra, sendo um espírito imperfeito, quando descobre um erro de seu filho: ele fica bravo, dá um castigo, mas em seguida perdoa, e, se o filho quiser, ele sempre lhe dará uma nova chance. Depois de imaginar isso, pense em Deus como o Pai supremo. Aquele Pai amoroso, carinhoso e justo, que quer só o bem para seus filhos. Ele poderá até castigar, mas sempre dará uma nova chance. O Pai não nos abandona nunca. Um pai da Terra sempre visita seu filho, embora ele possa estar em uma prisão. Deus, da mesma forma, está sempre ao nosso lado. Essa é a beleza da Lei. Por isso, temos de confiar sempre nela. Mas podemos continuar?

Na tela, o cavalo recomeçou a se movimentar. Cássio agora se dirigia de volta para casa. A imagem de Juliana não saía de sua cabeça. Não queria pensar nisso, mas era mais forte que ele. Enquanto cavalgava, agora mais devagar, ia refletindo: *Por que fiz aquilo? Se Juliana estivesse viva, com certeza me ajudaria. Ela era boa, entenderia minha situação.*

Virgínia, depois de se arrumar, saiu do quarto. No corredor, ao passar pelo quarto de Juliana, não olhou para seu interior. Continuou andando e chegou em frente ao quarto de Helena. A porta estava aberta. Ela parou, olhou para dentro e viu que a cama estava perfeitamente arrumada. Entrou. Os brinquedos de Helena estavam no mesmo lugar de sempre. O pequeno rosto da menina surgiu em seu pensamento. Quase chegou a sentir sua presença. Relembrou aquela noite em que a havia assassinado.

Não precisava fazer aquilo com ela. Eu a amava. Mas, se não o tivesse feito, hoje ela seria a herdeira, o dinheiro seria todo seu. A culpa não foi minha. Foi do pai de Juliana, que não foi justo na divisão. Agora, já está feito, não há como voltar atrás.

Com a garganta embargada, saiu do quarto.

Definitivamente, tenho de mandar tirar tudo daqui. Preciso afastar qualquer lembrança. Vou recomeçar a viver minha vida, usufruindo do dinheiro que por direito sempre foi meu.

Já era tarde da noite quando Cássio voltou. Ao entrar, Virgínia não se encontrava na sala. Ele estava com fome, pois passara a tarde toda sem se alimentar.

Foi para a cozinha. Elvira estava terminando de lavar a louça do jantar. Era muito organizada, tinha por norma deixar a cozinha arrumada para a manhã seguinte.

— Boa noite, Elvira. Tem algo para eu comer?

— Boa noite, menino. Tenho, sim. Mas por que não veio para o jantar?

— Tive alguns problemas para resolver, mas agora estou com muita fome.

— Quer que eu leve para a sala de jantar?

— Não precisa, comerei aqui mesmo.

Cássio sentou-se. Enquanto preparava o jantar, Elvira disse:

— Por que você e a menina Virgínia brigaram hoje?

— Tivemos uma pequena discussão, mas não foi grave, logo estará tudo bem.

— Prefiro ver vocês felizes. Sabe o quanto os amo. Ainda posso ver você, Virgínia e Juliana correndo, brincando por esses campos. Nossa Juliana se foi, mas vocês estão aqui e desejo, do fundo do meu coração, que sejam muito felizes.

Colocou a comida sobre a mesa. Cássio, enquanto se servia, falou:

— Não se preocupe, Elvira, está tudo bem. O que viu hoje foi apenas uma pequena briga entre marido e mulher. Apesar de casados hoje, sempre fomos muito amigos.

Elvira sorriu. Aqueceu leite e colocou-o em um copo.

— Espero que seja assim mesmo. Enquanto janta, vou levar o leite para Virgínia.

Cássio apenas sorriu para ela, que saiu levando em suas mãos o copo. Ele ficou observando-a. Imediatamente uma ideia surgiu em sua mente. Comeu um pouco, mas a ideia não saía de sua cabeça. Levantou-se e dirigiu-se para seu quarto.

Virgínia tomava o leite, enquanto Elvira falava:

— Cássio está na cozinha comendo. Parece que está com algum problema, menina, não brigue com ele. Tenha paciência.

— Terei, pode ficar tranquila. Tudo ficará bem.

Cássio entrou e, sorrindo, falou:

— Boa noite, Virgínia. Estive conversando com Elvira. Ela está preocupada com a briga que tivemos esta tarde. Disse a ela que não foi briga, mas sim apenas uma discussão. Aqui na frente dela, quero lhe pedir desculpas.

— Está bem. Já esqueci, venha se deitar.

Cássio aproximou-se e beijou sua testa. Elvira, sorrindo, saiu do quarto, levando o copo. Cássio, também sorrindo, preparou-se para se deitar. Virgínia estranhou seu comportamento:

— Você está calmo... resolveu seu problema?

— Resolvi. Consegui um parcelamento para a dívida. Vou esperar a colheita do café e só então darei uma parte do dinheiro.

— Melhor assim. Sabia que encontraria uma solução. Vamos dormir?

Ele se deitou, deu outro beijo em sua testa, virou-se e fechou os olhos. Virgínia fez o mesmo.

No dia seguinte, ele acordou cedo, tomou um rápido café e saiu para percorrer as fazendas. Quando Virgínia se levantou, já fazia muito tempo que ele havia saído. Tomou seu café e mandou chamar André. Ele chegou em seguida.

— A senhora mandou me chamar?

— Mandei, sim. Depois do almoço, quero ir até a cidade comprar algumas coisas. Preciso que prepare a charrete.

— Está bem, vou mandar preparar e depois do almoço estarei aqui na frente com tudo arranjado. A senhora quer que eu vá junto?

— Não precisa, André. Elvira irá comigo. Só necessito mesmo da charrete.

Ele saiu. Virgínia foi até a cozinha falar com Elvira.

— Elvira, vou até a cidade e queria que fosse comigo. Preciso levar alguns documentos para o doutor Antônio.

— Claro que vou, não deixaria a menina ir sozinha.

Algumas horas mais tarde, Cássio chegou para o almoço e parecia estar muito bem. Comeram com tranquilidade. Elvira sorria ao ver os dois bem novamente. Depois do almoço,

André chegou com a charrete. Virgínia comunicou a Cássio sua necessidade de ir à cidade. Ele não perguntou, e ela não disse o que iria fazer.

Na cidade, Virgínia pediu a Elvira que fosse até o armazém comprar algumas coisas enquanto ela ia conversar com o advogado. Encontraram-se meia hora depois. Quando retornaram à fazenda, já começava a escurecer. Cássio estava na varanda tomando um copo de café. Ao ver Virgínia parando a charrete, ele desceu as escadas e ajudou-a a descer. Quem visse os dois não poderia imaginar, por um momento sequer, que no dia anterior haviam tido uma discussão tão violenta. Vibrando de felicidade, Elvira dirigiu-se para a cozinha; estava atrasada para preparar o jantar. Virgínia foi para seu quarto trocar de roupa, que estava empoeirada por causa da viagem. Cássio permaneceu na varanda, tomando seu café. Quem visse, pensaria que, naquela casa, a paz era profunda.

Elvira preparou um jantar rápido. Serviu a mesa, e os dois jantaram tranquilamente. Após o jantar, conversaram um pouco na varanda. Como ocorria naquela estação do ano, a noite estava clara, iluminada pela lua e por muitas estrelas. Após um bom tempo, Virgínia falou:

— Vou me deitar. Estou cansada, a viagem até a cidade foi muito exaustiva.

Ele se levantou e beijou-a, dizendo:

— Vá. Vou ficar mais um pouco apreciando este luar.

Ela não respondeu, apenas sorriu e se retirou. Ele permaneceu ali, sentado, olhando a lua. Pelo barulho que vinha da cozinha, percebeu quando Elvira terminou de arrumar tudo. Foi até lá. Chegou no exato momento em que ela terminava de colocar o leite de Virgínia no copo. Aproximou-se, dizendo:

— Elvira, será que aquelas laranjas que guardou lá nos fundos já estão maduras?

— Não sei, por quê?

— Está muito calor. Se elas estiverem maduras, gostaria de tomar um suco.

— Espere um pouco, vou até lá ver.

Ela saiu da cozinha. Ele, rapidamente, tirou do bolso um vidrinho, despejou o conteúdo no copo de leite de Virgínia, sentou-se em uma cadeira distante do copo e ficou aguardando a volta de Elvira. Após alguns minutos, ela voltou, trazendo nas mãos algumas laranjas maduras.

— Estas estão boas. Espere um momento. Vou levar o leite para Virgínia e virei em seguida preparar seu suco.

— Não se preocupe, pode ir. Eu mesmo preparo o suco.

Como fazia todas as noites, Elvira pegou o copo de leite e dirigiu-se ao quarto de Virgínia. Cássio, com os olhos presos na porta em que Elvira saiu, pegou uma laranja e começou a cortá-la ao meio para preparar o suco.

Quando Elvira voltou, ele já estava com todas cortadas. Elvira fez com que ele se sentasse e ela mesma continuou a tarefa.

— Vou lhe preparar um suco bem gostoso. A noite está realmente muito quente. Vou acompanhá-lo. Sabe, menino, Virgínia mandou que eu desmanchasse os quartos de Juliana e Helena. Disse que do modo que estão trazem muitas recordações. Penso o contrário: deixando do modo que estão, tenho a impressão de que nada daquilo aconteceu e que a qualquer momento elas retornarão. Sinceramente, não queria mudar, mas tenho de cumprir ordens.

— Não deve se preocupar com isso. Virgínia sentiu muito a perda das duas e a maneira como tudo aconteceu. Vou falar com ela e ver se a faço mudar de ideia. Este suco, como tudo que faz, está uma delícia.

— Tente, por favor, fazer com que ela mude de ideia.

— Pode deixar comigo. Agora vou dormir. Amanhã, logo cedo, durante o café, falarei com ela. Boa noite, Elvira.

— Boa noite, menino. Durma com os anjos e que Deus o abençoe.

Cássio sorriu e dirigiu-se a seu quarto. Ao entrar, percebeu que Virgínia dormia profundamente. Trocou de roupa, colocando um pijama, e deitou-se. Esperou um pouco, depois levantou-se e foi até a cozinha para ver se Elvira já havia ido se deitar. Ainda do corredor, viu que as velas que iluminavam a casa estavam todas apagadas, mas mesmo assim percorreu todo o lugar. O silêncio era total, só se podia ouvir o som natural da noite. Voltou para seu quarto. Virgínia continuava dormindo profundamente. Reclinou-se sobre ela e chamou-a, mas nada. Ela tentou abrir os olhos, mas não conseguiu. Estava deitada sobre o braço esquerdo com o rosto virado para o centro da cama. Ele a descobriu e devagar a desvirou, fazendo com que o rosto ficasse virado para cima. Pegou seu travesseiro, colocou-o sobre o rosto dela e ficou segurando firmemente. Ela se debateu por um segundo, mas não conseguiu tirar o travesseiro de cima de seu rosto. O sonífero que ela ingerira era muito forte, o mesmo que tinham dado a Elvira naquela noite. Ele, com uma expressão de pedra no rosto, continuou apertando. Mesmo depois que ela parou de se debater, continuou por mais alguns minutos e, em seguida, retirou o travesseiro. Ela estava muito branca, como se não houvesse uma gota de sangue em seu corpo. Ele colocou a mão em sua garganta; depois, pegou um espelho e colocou-o sob seu nariz. Constatou que estava realmente morta. Seus olhos brilharam. Sorriu, sem poder esconder a enorme felicidade que sentia.

Agora, sim: trabalho completo! Estou salvo. Tudo que pertencia a Juliana virá para mim. Poderei falar com aquele canalha e dizer que espere até que o testamento seja aberto. Estou salvo, e meu segredo estará protegido para sempre. Esta megera deverá ir direto para o inferno.

Pegou o corpo de Virgínia e virou-o novamente, desta vez deitando-a sobre o lado direito, fazendo com que seu rosto ficasse para fora da cama. Apagou as velas, deitou-se e cobriu-se. Com os olhos abertos, começou a pensar: *Depois que tudo estiver terminado, depois que ela for enterrada ao lado de Juliana, Helena e Renato, falarei com ele. Pagarei e estarei livre para sempre.*

Não conseguiu dormir a noite toda. Estava ansioso para que o sol raiasse e ele pudesse sair daquele quarto. Por várias vezes colocou a mão sobre o rosto de Virgínia, para ter certeza de que estava mesmo morta.

Finalmente percebeu, pela fresta da janela, que estava amanhecendo. Ouviu quando Elvira passou pelo corredor, dirigindo-se à cozinha. Esperou mais um pouco, levantou-se, trocou de roupa e saiu do quarto. Na cozinha, Elvira já havia terminado de passar o café.

— Bom dia, Elvira. O café já está pronto?

— Bom dia. Está quase pronto, já vou servir; pode ir para a mesa.

A rotina diária era sempre a mesma. Ele acordava, ia para a cozinha, cumprimentava Elvira e voltava para a sala. Em seguida, ela trazia o café da manhã. Virgínia quase nunca se levantava junto com ele. Por isso, naquela manhã, Elvira não estranhou.

— Elvira, pedi a Juca que viesse até aqui para cortar o mato que está crescendo em volta da casa. Ele deve estar chegando. Sei que não preciso dizer isso, mas, assim que chegar, antes de começar a trabalhar, ofereça-lhe um café.

— Claro! Darei café e algo para comer também.

Cássio tomou o café, despediu-se e saiu para percorrer as fazendas. Embora por fora estivesse calmo, por dentro sentia o coração bater muito forte.

Elvira recolheu a louça do café e foi para a cozinha começar a preparar o almoço. Tudo normal, como sempre.

Cássio calmamente montou no cavalo e saiu. Já distante da casa, ele parou. Estava ansioso e com medo de que seu plano não funcionasse, embora tivesse certeza de ter feito tudo perfeitamente. Chegou à lavoura e começou a falar com seus empregados, dando ordens, tudo como sempre fazia. A todo instante olhava em direção à casa, esperando que alguém o viesse chamar. Para ele, parecia que o tempo havia parado. A ansiedade era cada vez maior. Olhava para lá, mas nada acontecia. Montava e desmontava o cavalo, conversava com todos. Em determinado momento, André aproximou-se, nervoso:

— Senhor Cássio, o senhor precisa vir comigo até o cafezal. Parece que alguma praga está tomando conta dos pés.

— Praga? Que praga?

— Não sei, nunca vi igual.

— Está bem, vamos até lá.

Os dois montaram nos cavalos. Estavam se dirigindo à plantação quando ouviram alguém chamando. Voltaram-se e viram Juca, que vinha em disparada montado em um cavalo. Chegou perto dos dois muito nervoso, quase sem fôlego, gritando:

— Senhor Cássio! Dona Virgínia! Dona Virgínia!

Cássio, embora soubesse o que ele iria dizer, mostrou-se assustado e gritou:

— Fique calmo. O que aconteceu? Que tem dona Virgínia?

— Não sei. Elvira pediu para eu vir chamar o senhor, dizendo que dona Virgínia está muito mal.

— O que ela tem?

— Não sei. Elvira me mandou chamá-lo. Pediu para o senhor André ir também.

Cássio olhou para André, que, assustado, falou:

— Deve ter acontecido algo muito grave. Vamos até lá.

Os três saíram em disparada. Os outros empregados ficaram assustados. Quando chegaram a casa, encontraram Elvira, que chorava sem parar:

— Menino! Ela está lá no quarto. Não sei o que aconteceu. Demorou muito para se levantar, fui até lá e a encontrei daquele jeito.

Demonstrando um nervosismo que não sentia, ele disse:

— De que jeito, Elvira? O que aconteceu?

— Acho que ela está morta!

— Morta? Deve estar louca! Ela não pode ter morrido, ontem estava muito bem.

Entrou correndo na casa e, acompanhado por André, foi até o quarto. Lá dentro, Virgínia continuava na mesma posição em que ele a havia deixado. Correu para ela e, chorando, começou a mexer em seu rosto, dizendo:

— Virgínia, meu amor, acorde! O que aconteceu?

André, pela cor do rosto dela, percebeu que estava morta. Segurou Cássio pelos ombros, falando:

— Senhor Cássio, não adianta chamar. Ela está morta mesmo...

— Não pode ser! Não pode ser!

— Vamos lá para fora, vou mandar alguém chamar o médico.

Cássio, chorando desesperado, saiu do quarto apoiado em André, que refletia em seu rosto toda a dor que estava sentindo. Elvira continuava desesperada:

— Que maldade foi essa que se abateu sobre esta família? Todos estão partindo. Por que, meu Deus? Por quê?

Cássio mostrou-se impotente e pediu a André que fosse chamar o médico. O doutor chegou e, após um exame superficial, constatou que Virgínia havia morrido de um ataque do coração. Cássio, inconformado, chorava muito. Amigos e vizinhos consolaram-no o tempo todo. Durante o velório, todos sentiam muita pena daquele homem que em tão pouco tempo havia perdido o amigo, a esposa e filha deste, e agora a própria esposa. Todos transmitiam suas reais condolências. A cada abraço, a cada aperto de mão, mais ele se desesperava e chorava. Sua barba por fazer e seu desespero convenceram todos do quanto estava sofrendo. Como tantos outros, um homem se aproximou. Era um desconhecido, mas, no meio de vários, não foi notado.

— Senhor Cássio, estou aqui para lhe desejar minhas sinceras condolências, mas não posso deixar de lembrar-lhe que seu tempo está passando. Faltam apenas poucos dias.

Cássio olhou para aquele homem, estampando um profundo desespero no rosto:

— O senhor não precisa me lembrar. Sempre cumpri com minhas obrigações e não pretendo que, agora, seja diferente. Talvez demore uns dias a mais, mas em breve tudo que devo será pago. Por favor, espere um pouco mais e permita que hoje eu só chore a morte de uma pessoa que muito amei.

Com um sorriso, o homem cumprimentou-o com a cabeça e afastou-se.

O corpo de Virgínia foi enterrado ao lado do de Renato, Juliana e Helena. Depois disso, Cássio, para desespero de Elvira, trancou-se em seu quarto e por vários dias não saiu. A muito custo ela conseguia fazer com que ele se alimentasse. A cada aparição de Elvira, ele se punha a chorar desesperadamente.

— Não sei o que vai ser de minha vida sem aqueles que tanto amei. Não tenho mais vontade de viver. Quero morrer também.

Elvira tentava consolá-lo.

— Não fale assim, menino. Deus é bom e não vai abandoná-lo. Você é muito jovem. Tem a vida toda pela frente.

— Que vida? Como posso ter vida ou continuar vivendo sem as pessoas que amo? Deus não podia ter feito isso comigo. Não devia. Quero que Deus me mande a morte. Tenho vontade de me matar e assim ficar ao lado deles.

— Não diga isso, meu filho. Nunca devemos desacreditar da bondade e justiça de Deus. Ele está sempre conosco, não nos abandona nunca.

— Ele me abandonou. Não sei o que vou fazer.

— Por enquanto, nada deve fazer. Deus lhe mostrará o caminho que tem para seguir. Confie em Sua bondade infinita.

Cássio não disse mais nada, apenas chorava sem parar. Elvira, amargurada, desanimada e preocupada por ver seu menino tão triste, saiu do quarto, pedindo a Deus que o protegesse.

O tempo passou; fazia sete dias que Virgínia morrera. Uma missa foi encomendada na igreja matriz da cidade. As famílias de Juliana e de Cássio eram conhecidas em toda parte. Vestido de preto e com a barba por fazer, Cássio compareceu com Elvira e outros empregados da fazenda. Quem visse aquele homem naquele estado não poderia deixar de sentir pena. Ele sofria demais. Os comentários foram muitos. Durante a missa, Cássio viu, no fundo da igreja, aquele homem que o olhava sem parar. Ficou preocupado e com medo de que ele, ali, no meio de todos, o cobrasse. Antes que a missa terminasse, ele começou a chorar desolado. Chorou tanto que Elvira e alguns amigos o levaram para fora. Em frente à igreja, havia uma praça com vários bancos, e em um deles ele se sentou. Elvira e os outros o consolavam da maneira que podiam. Ele, ainda chorando, abriu os olhos, olhou para a porta da igreja e viu que o homem estava ali, parado, observando-o à distância. Voltou a fechar os olhos e, ainda chorando, disse:

— Elvira, muito obrigada por tudo. Estou bem, pode voltar com os outros para dentro da igreja. Não se preocupe comigo, irei em seguida.

Elvira quis resistir, mas ele insistiu. Ela e os outros acharam melhor atender a seu pedido. Entraram. Assim que desapareceram pela porta, Cássio viu que o homem se aproximava dele. Quando chegou a seu lado, o homem falou:

— Sei que está sofrendo muito. Estou aqui para lhe dizer que, embora eu seja um homem de negócios, não sou insensível à sua dor. Pode ficar tranquilo: vou esperar mais dois meses. Acredito ser o tempo necessário para que consiga o dinheiro. Mas vou avisá-lo de que, passado esse tempo, não esperarei nem mais um dia.

Cássio não acreditou no que estava ouvindo. Só pôde responder:

— Não sei como agradecer. Pode ficar tranquilo, que antes desse dia eu o estarei procurando.

O homem sorriu e se afastou, não voltando à igreja. Depois de algum tempo, Cássio, com os olhos vermelhos, retornou para junto de seus amigos e assistiu à missa até o fim.

Nas despedidas, todos o consolaram. Acompanhado por Elvira, voltou para casa. Lá, novamente entrou no quarto e só saía alguns minutos por dia. Assim permaneceu por mais quinze dias.

Em uma manhã, chegou um mensageiro da cidade com uma carta para Cássio. Elvira recebeu-a e bateu à porta do quarto dele.

— Menino, tenho aqui uma carta que chegou. Posso entrar?

Cássio, que lia um livro tranquilamente, escondeu-o, estampou no rosto novamente aquela expressão de dor e respondeu:

— Pode entrar.

Elvira entrou e não pôde esconder a enorme preocupação que sentia ao ver Cássio naquele estado.

— Menino, você não pode continuar assim. Tem de sair deste quarto e voltar a cuidar das fazendas. Já faz quase um mês que a menina Virgínia foi para junto de Deus. Você tem de reagir. O tempo é bom companheiro, e o trabalho é o melhor remédio para tudo. Chegou esta carta. Parece ser do doutor Antônio.

Cássio sorriu, dizendo:

— Já estou me sentindo melhor, não precisa se preocupar. Entendi que não adianta continuar aqui sofrendo. Amanhã mesmo voltarei ao meu trabalho, mas me dê essa carta. Que será que ele quer comigo?

— Não sei, mas talvez seja a respeito do testamento.

— Pode ser. Obrigado. Se for isso, não quero nem saber. Não me interesso por esse testamento. Só queria ter todos comigo.

— Sei que não se importa com o dinheiro, mas não poderá fugir disso. Se ele estiver chamando-o para tratar disso, tem de ir, não pode se furtar.

— Está bem, vou ver o que ele quer comigo.

Elvira ficou feliz por vê-lo mais calmo e disposto a recomeçar a vida. Deixou o quarto aliviada. Assim que ela saiu, ele rapidamente abriu a carta. Era só um convite para que fosse até o escritório do advogado tratar de assuntos de seu interesse. Ele, sorrindo, pensou: *Até que enfim vou tomar posse de tudo, pagar minha dívida e usufruir de todo o dinheiro. Virgínia me deu uma boa ideia: vou viajar e conhecer o mundo.*

Naquele dia, ainda permaneceu no quarto, só saindo para as refeições. No dia seguinte, logo pela manhã, entrou na cozinha com a barba feita e arrumado para sair.

— Bom dia, Elvira. Atendendo a seu pedido, hoje me levantei disposto a retomar minha vida. Você tem razão: não adianta ficar da maneira como eu estava. Deus sabe o que faz; se foi Sua vontade me deixar sozinho, que assim seja. Vou até a cidade conversar com o doutor Antônio, vou saber o que ele quer comigo.

— Menino, não sabe como estou feliz por vê-lo bem novamente. Deus seja louvado. Sabe o quanto gosto de você e não imagina como fiquei preocupada por vê-lo sofrer daquela maneira.

Cássio sorriu. Em seu pensamento, estava triunfante por tudo ter dado certo, exatamente como planejara.

Preciso continuar com essa minha cara de tristeza por mais alguns dias, depois voltarei ao normal, receberei tudo a que tenho direito e começarei a viver realmente.

Elvira, radiante, serviu o café. Ele comeu como há muito tempo não fazia. Após o café, montou no cavalo e saiu para encontrar-se com seu destino.

Na cidade, foi cumprimentado por muitas pessoas que compartilhavam sua dor. A todos recebia com um sorriso e agradecia. Depois de muito tempo cumprimentando as pessoas, conseguiu finalmente chegar ao escritório do doutor Antônio. Este o recebeu com um largo sorriso:

— Senhor Cássio, fico feliz por vê-lo tão bem-disposto.

— Estou um pouco melhor. E ansioso por saber o motivo de seu chamado.

— Como sabe, o senhor agora é o único herdeiro de todos os bens de sua falecida esposa. Tenho em minhas mãos alguns documentos que precisa assinar.

— Estou à sua inteira disposição, embora não esteja ainda preocupado com isso. Sinto muita falta de Virgínia, mas, como diz Elvira, preciso continuar.

— Isso mesmo, ela tem razão. Mas sente-se e aguarde um momento; vou pegar as pastas.

O advogado saiu. Cássio teve de fazer um esforço tremendo para não demonstrar a alegria que estava sentindo.

Pouco depois, o advogado voltou, trazendo em suas mãos algumas pastas. Sentou-se em sua cadeira, que ficava do lado oposto à em que Cássio se encontrava. Abriu uma pasta e de dentro dela retirou um papel que estava lacrado:

— Este é o testamento deixado pela senhora Virgínia.

Cássio se admirou:

— Não sabia que ela havia feito um testamento.

— Fez, sim. Ela o fez na frente de um tabelião. Mas, antes de ir para o testamento, tenho instruções de ler esta carta.

— Que carta é esta?

— Não sei, ela apenas me disse que, em caso de sua morte, deveria ler esta carta na presença do delegado. Por isso ele já deve estar chegando.

— Não estou entendendo. Por que faria isso?

— Também não entendi, mas preciso atender a um pedido de minha cliente.

Cássio começou a suar frio. Pressentia que algo muito grave estava para acontecer; pensou um pouco e, com um esforço enorme, falou:

— O senhor tem razão. Devemos atender ao pedido de Virgínia. Logo veremos do que se trata.

Embora demonstrasse calma, sentia que estava perto de ver tudo com que sonhara perdido para sempre.

Logo depois, o delegado chegou:

— Bom dia, doutor.

— Bom dia, delegado.

— Posso saber por que me mandou chamar?

— Sente-se, delegado. Preciso abrir um envelope que a senhora Virgínia deixou, mas tem de ser aberto na sua presença.

— Por que isso?

— Não sei. Na tarde anterior ao dia em que morreu, ela esteve aqui e me deu estas instruções, que preciso cumprir à risca.

Cássio queria sair dali. Disfarçando, pensava: *No dia anterior? Foi na tarde em que saiu acompanhada por Elvira. Tenho certeza de que foi logo depois de saber de minha situação. O que ela terá planejado?*

O advogado abriu o envelope e começou a ler:

Prezado doutor Antônio,
Se estiver lendo esta carta, é porque estou morta. Há alguns dias, tomei conhecimento da situação financeira de meu marido, por isso vou contar uma história.

Antes que o advogado terminasse de ler, Cássio levantou-se:

— O que tudo isso significa? O que o senhor está fazendo comigo?

— Não sei, estou apenas seguindo instruções de minha cliente. Mas por que está tão nervoso?

Antes que Cássio respondesse, o delegado falou:

— Senhor, acredito ser melhor que volte a se sentar e juntos veremos do que se trata.

Não havendo alternativa, Cássio voltou a se sentar. O advogado continuou a ler a carta. Nela, Virgínia contava tudo o que, juntos, tinham feito, desde a morte de Renato, depois a de Juliana e da pequena Helena. Cássio, enquanto ouvia o advogado, ficava cada vez mais nervoso. Olhou para o delegado e percebeu que ele estava com o rosto crivado e impassível. Antes que o advogado terminasse de ler, Cássio levantou-se e, sem que o delegado pudesse impedir, saiu correndo do escritório, montou no cavalo e foi embora em disparada.

Após o susto, o delegado saiu e foi em sua captura.

Enquanto cavalgava, desesperado, Cássio ia falando em voz alta:

— Aquela miserável! Como pude acreditar que seria fácil me livrar dela? Como pude acreditar que ela, esperta como sempre foi, se deixaria matar sem nada fazer?

Desesperado, chegou em casa, entrou correndo e passou por Elvira, que, ao ouvir o tropel do cavalo, foi até a varanda esperá-lo. Sem nada dizer, mas mostrando o quanto estava desesperado, gritou:

— Saia de minha frente, Elvira!

Ela ainda quis falar, mas ele não lhe deu tempo. Entrou correndo em seu quarto e fechou a porta. Ela ficou batendo, desesperada.

— Menino, abra esta porta. O que está acontecendo?

Ele não respondeu, e ela saiu para chamar alguém para ajudá-la. Viu que, ao longe, um cavaleiro chegava. Pressentia que algo muito grave estava acontecendo, mas não imaginava o que poderia ser. Ao chegar, o cavaleiro desmontou, falando muito nervoso:

— O senhor Cássio está aí?

Elvira reconheceu o delegado e ficou sem saber o que dizer. Ele percebeu seu nervosismo e falou:

— Sei que sabe onde ele está. Preciso encontrá-lo e prendê-lo. Ele matou muitas pessoas.

— Não posso acreditar! O senhor está mentindo, ele jamais faria isso.

— Posso imaginar o que está sentindo, mas, infelizmente, é a verdade; ele matou seus patrões e a menina Helena. Desconfio de que tenha matado a senhora Virgínia também.

Elvira ficou paralisada. O que aquele homem estava falando não podia ser verdade, mas, pela expressão do rosto do delegado, percebeu que ele não estava mentindo. Um súbito ódio tomou conta dela:

— Ele chegou correndo e trancou-se no quarto. Por favor, senhor, diga que não está falando a verdade...

O delegado, muito nervoso, disse:

— Por favor, minha senhora... estou dizendo a verdade. Onde é o quarto?

Elvira levou-o até a entrada do quarto de Cássio. Batendo à porta, o delegado gritou:

— Senhor Cássio, abra esta porta! Não adianta ficar escondido aí. Vai ter de enfrentar a situação.

Cássio não respondeu nem abriu a porta. Alguns empregados da fazenda, ao verem o modo como o patrão havia chegado e logo em seguida o delegado, correram lá para ver o que estava acontecendo. O delegado, vendo ser inútil continuar chamando, resolveu sair da casa. Vendo os homens parados, pediu a alguns que o viessem ajudar. Entraram e, juntos, conseguiram abrir a porta. Lá dentro, Cássio estava deitado e, pela cor de sua pele, pôde-se notar que ele estava morto.

A seu lado, no chão, havia um vidrinho, que mais tarde se constatou ser um veneno muito poderoso, provavelmente o mesmo usado para matar Juliana e Helena.

Novamente, a notícia correu por toda a cidade. As pessoas, agora, entendiam o motivo de toda a desgraça ocorrida com aquela família. Todos se condoíam pelo destino que haviam tido Renato, Juliana e Helena nas mãos daqueles assassinos. Ao enterro de Cássio, os amigos não compareceram, só alguns poucos empregados.

Em seu testamento, Virgínia passou todos os seus bens para Elvira enquanto esta vivesse. Após sua morte, tudo passaria para a igreja. Julgava que, assim fazendo, estaria comprando seu pedaço no céu.

A REAÇÃO DE FARIAS

  Enquanto isso, Juliana, alheia a todos esses acontecimentos, continuava junto de Renato e Helena. Estava pensativa, quando Renato se aproximou.
  — Olá, Renato, estava aqui pensando em Virgínia e Cássio. Não os odeio mais, nem quero vingança, só sinto que eles destruíram dentro de meu coração algo muito importante: a fé, a confiança na amizade. Acredito que nunca mais poderei confiar em alguém novamente. Eu os amei como irmãos, confiava neles. Mesmo assim, foram capazes de tramar contra nossas vidas e a de nossa filha, que era ainda uma criança.
  — De longe, percebi que nuvens negras passavam por sua cabeça. Está relembrando?
  — Não posso evitar. Por mais que me esforce, as lembranças insistem em voltar. Tento esquecer, deixar de pensar e de sofrer pela atitude deles, mas não consigo. Hoje, devem

estar felizes, usufruindo daquilo que foi meu. Não consigo me conformar com tanta maldade.

— Sei e entendo o que está sentindo, mas sei também que você, com o tempo, conseguirá esquecer e perdoar.

— Não sei há quanto tempo estou aqui, mas sinto que preciso fazer algo para preencher meu tempo. Vejo os outros indo e vindo, todos trabalhando em algo. Eu, pelo contrário, fico aqui parada sem ter o que fazer, e isso faz com que eu tenha muitos pensamentos ruins.

— Gostaria de fazer algum tipo de trabalho?

— Claro que gostaria! Será que poderia arrumar?

— Posso e vou providenciar. Vou falar com Marina. Ela, com certeza, encontrará algo em que possa trabalhar.

Antes que Juliana dissesse algo, como se os estivesse ouvindo, Marina veio se aproximando deles. Quando chegou perto, com um largo sorriso, disse:

— Juliana, vejo que agora está muito bem. Isso só pode trazer felicidade ao coração de todos que estão aqui e a amam.

— Estou muito feliz também. Ai! Ai, que dor! Renato, que dor é esta? Rogério... estou pensando muito em Rogério. Vejo seu rosto. Parece que está sofrendo.

Renato, muito assustado, abraçou Juliana e, olhando para Marina, perguntou:

— O que está acontecendo? Por que ela está sentindo essa dor?

— Provavelmente, Rogério está, neste momento, pensando nela com muita dor e desespero. Seu pensamento a atingiu. Ela está sentindo o mesmo sofrimento que ele.

Juliana, ainda com muita dor, disse:

— Então, ele deve estar sofrendo muito, porque a dor é imensa. O que poderemos fazer para ajudá-lo?

— Vamos nos dar as mãos, fechar os olhos e juntos pensar em Rogério. Nosso pensamento nos levará até ele.

Renato e Juliana seguraram com força as mãos que Marina estendia. Fecharam os olhos. Ficaram assim com o pensamento forte naquele amigo muito querido. Quando abriram os olhos, estavam na casa de Rogério em Portugal, no momento exato em que um senhor terminava de ler uma carta. Rogério chorava, desesperado:

— Não acredito! Ela não faria isso. Amava-me, tenho certeza. Íamos nos casar, ela estava feliz. Meu pai, não pode ser verdade. Preciso voltar para lá o mais rápido possível. Preciso saber o que aconteceu realmente.

— Filho, posso imaginar o que está sentindo, mas infelizmente deve ser verdade. Seu primo não brincaria com um assunto como este. Você conviveu com essa moça por poucos dias, não teve tempo de conhecê-la realmente.

— Não, meu pai! Conheci-a o suficiente para saber que ela não faria algo assim, muito menos com a filha. Ela amava aquela menina. E estava muito feliz a meu lado. Não posso aceitar.

Ao vê-lo naquele estado, Juliana ficou também com lágrimas nos olhos. Olhou para Renato, que, sorrindo, consentiu com a cabeça. Juliana aproximou-se de Rogério e abraçou-o carinhosamente.

— Meu querido, sei a dor que está sentindo, mas não deve ficar assim. Estou muito bem. Realmente, não fiz aquilo. Foram eles que nos destruíram. Eu os odeio! Você deve ir até lá, sim. Deve descobrir tudo e colocá-los na prisão!

Novamente, voltara todo o ódio que sentia por eles. Renato assustou-se por vê-la tão transtornada.

— Juliana, tente se controlar! Agindo assim, não vai ajudá-lo. Só vai fazer com que fique mais desesperado ainda. Lembre-se da Lei e do amor.

— Que Lei? Que amor? Rogério está sofrendo, e a culpa é daqueles dois. Como posso não odiá-los por isso?

— Neste momento, a única coisa que pode fazer é deixar que o amor flua em seu coração. Envolva Rogério com muito carinho e amor. É disso que ele precisa, não de seu ódio.

Juliana começou a chorar.

— Sei que preciso me acalmar, mas é mais forte que eu. Não consigo me controlar. Como demonstrar um sentimento que não sinto? Neste momento, estou sentindo um ódio muito grande. O que quer que eu faça? Quer que eu minta?

Marina interrompeu-os:

— Entendemos o que está sentindo. É normal que isso aconteça, não se preocupe. Você não está suportando ver mais uma pessoa que ama sofrendo por uma maldade de outros. Sente ódio. Sente desejo de vingança. Sinta tudo isso, mas por pouco tempo. Depois, retorne para a Lei. Entenda que ela é sábia, que tudo vê. E a tudo dá a devida atenção. Confie nela. Acredite que tudo está certo.

Ao ouvi-la, Juliana sentiu um bem-estar enorme. Sentiu que todo aquele ódio, como por encanto, havia passado.

— Obrigada, Marina, e perdoe-me por este momento. Durante todo este tempo, aprendi que a Lei é maior que tudo. Mas não consigo aceitar o que eles nos fizeram sofrer e que agora desfrutem de tudo, como se nada houvesse acontecido...

— Neste momento, não deve se preocupar com isso. Deve apenas ajudar Rogério para que ele não sofra tanto.

Enquanto Marina conversava com Juliana, Renato estava perto de Rogério e, com as mãos, lançava sobre ele raios de luz. Ele ainda chorava, mas agora com mais tranquilidade.

Seu pai, muito emocionado, também o abraçava. Marina aproximou-se do velho senhor e colocou as mãos em sua cabeça, sobre a qual agora caíam luzes coloridas. Ele começou a dizer:

— Meu filho, este momento está sendo difícil, mas pense bem: o que adiantaria ir até lá só para descobrir o que aconteceu realmente? Isso agora não tem mais importância. Precisa continuar a vida. Deus é nosso pai. Ele é quem sabe de tudo. Confiemos em sua bondade.

Marina acompanhava, sorrindo, as palavras que ele dizia. Juliana percebeu que Rogério, aos poucos, parava de chorar. Ela também se aproximou e o abraçou com muito carinho. Ele, ao sentir aquele abraço, lembrou-se de seu rosto sorrindo é dizendo o quanto ele a havia feito feliz. Marina, sorrindo, disse:

— Juliana, percebeu o poder do amor? Se quiser ver Rogério realmente bem, terá de fazer sempre isso: enviar-lhe pensamentos de amor e de carinho. Vocês terão outras chances de ficar juntos. Isso precisa acontecer, porque os dois terão de cumprir uma missão que agora foi interrompida. Não esqueça nunca que a Lei é sábia.

Renato abraçou-a e deu-lhe um suave beijo. Ela correspondeu, sabendo agora que ele havia sido o verdadeiro amor de sua vida. Por Rogério, sentia um profundo carinho, mas sabia que não era amor.

Rogério, com a voz mais calma, respondeu a seu pai:

— Talvez o senhor tenha razão, mas preciso voltar, ir até seu túmulo, para poder, finalmente, aceitar que toda essa desgraça tenha se abatido sobre nós.

— Se acredita que isso seja necessário, terá todo o meu apoio. Sabe muito bem que a única coisa que me importa nesta vida é ver você e seus irmãos bem.

— Obrigado, meu pai, por entender o que estou sentindo. Irei o mais cedo possível.

Juliana sorriu ao ver a atitude que ele tomara. Olhou para Marina, perguntando:

— O que faremos agora?

— Voltaremos para nosso lugar. Ele já está melhor e você também. Não estão mais sentindo aquela dor de antes.

— É mesmo. Havia me esquecido da dor. Como pode?

— Neste momento, ele está pensando em você com carinho e amor, por isso as vibrações dele lhe chegam como um suave alento.

— Quer dizer que eu sentia a mesma dor que ele? Quer dizer que seu sofrimento também me fazia sofrer?

— Isso mesmo. Acontece sempre quando alguém, na Terra, não se conforma com a partida de um ente querido. A dor de um se transforma na dor dos dois. E, ao contrário, quando da Terra é enviado um pensamento de amor, carinho e saudade, isso faz bem aos dois. Podemos voltar agora?

— Mas e Rogério? Ficará sozinho?

— Nunca estamos sozinhos, por piores que formos. Ele terá toda a ajuda necessária, só que não poderá ser a sua. Você ainda não está em condições de ajudá-lo. Sua presença poderá lhe causar muito mal, por isso será melhor irmos embora.

— Se não há alternativa, só posso concordar, mas, antes, não podíamos passar na fazenda? Gostaria de saber como tudo está caminhando por lá.

— Se acredita que lhe fará bem, podemos ir, desde que prometa se comportar e não interferir no livre-arbítrio de Cássio ou de Virgínia.

— Farei o possível, mas na realidade estou com muita saudade de Elvira. Ela deve estar sofrendo bastante com nossa partida.

— Elvira é um espírito amigo que a acompanha já há muito tempo. Ela sofre bastante, sim, mas tem muita proteção. Vamos até lá, você precisa saber o que está acontecendo.

Juliana deu um último olhar para Rogério, que agora, após chorar e se desesperar, pensava nela com muito amor e carinho. Ela se aproximou e, com um sorriso, beijou sua testa. Em seguida, dando-se as mãos novamente, ela, Renato e Marina fecharam os olhos.

Chegaram à casa-grande da fazenda exatamente no momento em que Cássio, desesperado, se preparava para morrer. Sem que Juliana conseguisse evitar, ao ver aquela cena, embora não quisesse, em seus olhos surgiu um brilho de felicidade. Não sabia o que estava acontecendo, mas percebeu que deveria ser algo muito grave.

Marina tentou se aproximar de Cássio para evitar que ele tomasse aquela atitude drástica, mas Virgínia e alguns vultos negros estavam em volta dele e não permitiram.

Juliana gritou:

— Marina, perdoe-me, mas você não pode fazer isso! Se eu não posso interferir no livre-arbítrio, você também não pode! Ele tem de fazer isso. Precisa pagar por todo o mal que nos fez!

Marina, com lágrimas nos olhos, disse:

— Tem razão. Embora tenha vontade de ajudá-lo, mesmo que quisesse não poderia. Ele está protegido por espíritos que atraiu para si, nada poderei fazer. A Lei tem de ser cumprida. A lei do livre-arbítrio é soberana.

Virgínia não podia ver os vultos negros. Ela envolvia o corpo de Cássio, dizendo:

— Você tem de fazer isso. Não há outra saída. Precisa vir para minha companhia. Estou esperando-o.

Farias, quando ouviu Juliana, falou:

— Damião, ela tem razão. Ele tem de concretizar o que está pensando. Ele tem de se matar. Precisa pagar por tudo o que fez. Tem de ir para o vale.

A tela novamente se congelou. Damião olhou para ele e, sorrindo, disse:

— Tem certeza de que isso é o que deve acontecer?

— Claro que tenho! Se a Lei existe, ela tem de ser cumprida. Ele merece todo o sofrimento do mundo.

— Se acredita nisso, vamos fazer com que se cumpra a Lei.

Fez um sinal para Duarte. Na tela, estavam os rostos de Cássio, Virgínia e Juliana. Aos poucos, eles foram se transformando. Ao ver aquilo, Farias gritou:

— Que é isso? Que está acontecendo? Não pode ser... não acredito! É uma mentira!

Realmente, ele tinha de estar assustado. Os rostos na tela se transformaram. O de Virgínia transformou-se no rosto de Marlene. O de Juliana, no rosto de Márcia, e o de Cássio, no rosto dele próprio. Farias, com os olhos arregalados, dizia:

— Não pode ser! Eu não fiz todas essas maldades. Aquele não sou eu.

Damião colocou a mão em seu ombro, dizendo:

— Sim, meu irmão, é você mesmo. Foi você quem cometeu todo o mal na vida da Juliana de ontem, aquela mesma que hoje é Márcia, a quem você tanto odeia. A mesma contra quem exige que a Lei seja cumprida. Você. Só você, por se julgar injustiçado, poderá dar a ela a sentença que julgar merecida.

Naquele instante, no pensamento de Juliana surgiram os rostos de Helena e Rogério. Apareceram por um instante e foram se transformando nos rostos de Lenita e Ronaldo.

Farias ficou mais desesperado ainda. Quis se levantar da poltrona para poder fugir, mas uma força maior o prendeu. Olhava desesperado para a tela e para Damião. Este, com o rosto sério, disse:

— Não adianta querer fugir, não vai conseguir. Estamos aqui por você. Exigiu que a Lei fosse cumprida. Precisamos agora ir até o fim. Qual é a sentença? O que acredita que deve ser feito com Cássio?

Farias, agora, chorava muito:

— Não sei. Não sei. Não sei...

— E com Márcia? Qual deveria ser a sentença? O que acha que ela merece?

— Não sei. Não sei. Não sei...

— Entendeu agora, meu irmão, por que tantas vezes pedi a você que deixasse a Lei maior ser cumprida por meio do perdão e do amor?

No auge do desespero, Farias gritou:

— Damião, por favor, ajude Cássio! Não permita que ele faça o que pretende!

— Não posso. Ele teve ontem seu livre-arbítrio, como você teve hoje o seu. Ontem, ele cometeu suicídio; hoje, como Farias, você também se suicidou.

Damião levantou-se e estendeu as mãos sobre a cabeça de Farias, que chorava muito. Aos poucos, ele foi se acalmando.

— Sou obrigado a reconhecer que mereço tudo que me aconteceu, Damião. Fui um canalha. Mas como uma moça doce como Juliana pode ter se transformado em um monstro como Márcia?

— A culpa também foi sua. Você a traiu, enganou e mentiu. Nesta encarnação, ela veio prevenida contra tudo que passou na anterior. Não quer saber o que aconteceu com Cássio e Virgínia?

— Quero, claro que quero. Como Virgínia se transformou em Marlene, que vi cercada de tanta luz?

— Continuemos assistindo.

A imagem na tela voltou a se movimentar. Juliana estava ali novamente, diante de seus inimigos e ao lado de Rogério e Helena. Tentou conversar com eles, mas não conseguiu. Rogério e Helena estavam com a imagem congelada. Pensou: *Vendo Virgínia e Cássio a minha frente, não posso deixar de pensar que, por culpa deles, fui obrigada a me afastar de Rogério, um homem tão gentil e amável. Marina e Renato dizem que tenho de perdoar, mas como posso fazer isso? Eles foram maus e mesquinhos, não tiveram compaixão de mim, de Renato e, principalmente, de Helena. Sei que um dia, talvez, eu os perdoe, mas por enquanto não pode ser.*

Ficou ali olhando Virgínia, que, pairando sobre Cássio, continuava dizendo:

— Você não pode parar. Tem de ser agora. O delegado está chegando.

Só naquele momento Juliana percebeu que Virgínia não estava mais viva.

— Renato, ela está morta? Ela morreu? Como aconteceu?

— Foi vítima de seus próprios atos. Durante toda a vida ela se cercou de companhias que a envolveram, lhe deram ideias e a ajudaram a praticar todas aquelas maldades. Após seu assassinato e o de Helena, ela se voltou contra Cássio e ele a matou.

Juliana começou a rir.

— Está me dizendo que eles brigaram? Ele a matou?

— Sim, por isso ela está agora a seu lado, esperando que ele cometa esse ato, para poder levá-lo com ela. Mas você não deveria ficar feliz. Cássio é um irmão que mais uma vez não conseguiu vencer e está prestes a cometer um erro novamente.

— Novamente? Ele já se suicidou antes?

— Sim, pelo mesmo motivo: covardia.

Farias agora estava quase deitado na poltrona, envergonhado, querendo se esconder. Damião apenas olhou, mas ficou calado. Na tela, finalmente, Cássio tomou de uma só vez todo o veneno no próprio vidrinho.

No mesmo instante, sentiu que era arrancado violentamente do corpo. Viu os vultos que o esperavam. Sentindo-se livre, quis fugir, mas não conseguiu. Saiu correndo e eles foram atrás. Desesperado e com muito medo, desmaiou.

Marina, com os olhos tristes, disse:

— Vamos embora, nada mais temos para fazer aqui. Agora, ele está entregue à própria sorte.

Juliana, apesar do ódio que julgava sentir por eles, ficou horrorizada com tudo o que acabara de ver. Disse:

— Vamos embora, sim. Acredito que a Lei realmente existe. Vamos deixar que ela siga seu curso.

Foram embora abraçados. Assim que retornaram, Juliana correu para junto de Helena, que brincava com outras crianças.

Aproximou-se, abraçou-a e, com o rosto por trás dos cabelos da menina, chorou muito. Não dizia o que estava pensando, apenas abraçava a filha com muito carinho, enquanto seus pensamentos fervilhavam: *Meu Deus, obrigada por ter me livrado de tudo aquilo que vi. Obrigada por ter permitido que, ao deixar a Terra, tivesse Renato e meu pai à minha espera. Perdão por todas as coisas que disse. Confio hoje na Lei. Sei que ela existe e que é implacável.*

Beijou Helena, deixou-a brincando e foi procurar Renato. Quando o encontrou, ele estava conversando com outras pessoas. Discutiam sobre o que fariam à noite, quando teriam uma reunião. Ela se aproximou. Ao vê-la, ele, sorrindo, perguntou:

— Como está, meu amor? Esteve com Helena?

— Estou bem. Sim, estive com ela, parece que está muito bem. Preciso falar com você a respeito do trabalho que Marina disse que encontraria para mim.

— Vamos falar com ela?

— Gostaria muito. Sinto que preciso fazer algo para preencher meu tempo.

Despediram-se das pessoas com quem Renato conversava e foram em busca de Marina. Ela os recebeu com um largo sorriso:

— Como estão? Que bom vê-los juntos. Estão precisando de alguma coisa?

— Estou, sim. Lembra-se do dia em que disse que iria arrumar algo para eu fazer? Queria saber se já pensou a respeito.

— Estou amadurecendo uma ideia, Juliana. Dê-me mais alguns dias. Acredito que vai gostar muito, tenha só mais um pouco de paciência.

Juliana sorriu e afastou-se, acompanhada por Renato. Ele disse:

— Tenho de continuar aquela conversa que estava tendo. Esta noite será muito especial. Quer ficar comigo?

— Não. Não entendo ainda desses assuntos e vou andar um pouco pelo jardim.

Ele a beijou e se afastou. Ela foi para o jardim. Andou um pouco, sentou-se em um banco e olhou à sua volta, pensando: *Aqui tudo é tão bonito... respira-se muita paz. Todas as pessoas que aqui estão parecem muito felizes. Que bom seria se as pessoas na Terra soubessem como é a vida após a morte. Talvez não sofressem tanto quando um ente querido partisse.*

Estava assim, presa em seus pensamentos, quando uma senhora se aproximou e se sentou a seu lado, dizendo:

— Também está esperando alguém?

Juliana olhou para ela e respondeu sorrindo:

— Não. Estou apenas apreciando tudo.

— Estou já há muito tempo esperando um de meus filhos. Eles me colocaram aqui neste hospital e nunca mais vieram me visitar. Não sei o que aconteceu. Em todos os outros hospitais em que estive eles sempre vinham, mas neste está sendo diferente.

Juliana percebeu que ela não sabia de sua condição. Notou que aquela senhora estava muito triste, mas não sabia o que falar para ajudá-la. Tentou:

— A senhora não deve se preocupar com isso. Eles podem estar com algum problema, mas a senhora me parece muito bem, só está um pouco ansiosa. Precisa fazer algo para tomar seu tempo. Já sei! Venha comigo.

Levantou-se e levou a velha senhora até o pavilhão onde se encontravam as crianças. Ali chegando, encaminhou-se em direção a uma moça que parecia ser a coordenadora do local:

— Olá, Paula, posso falar com você?

— Olá, Juliana, claro que sim. Está precisando de alguma coisa?

— Estou. E acho que pode me ajudar. Esta senhora está esperando que os filhos a venham visitar. Disse a ela que eles devem estar muito ocupados, mas que ela precisava preencher seu tempo para não ficar tão ansiosa. Poderia nos ajudar?

Paula entendeu o que Juliana queria fazer. Pensou por um instante e disse:

— Estou precisando exatamente de alguém como a senhora. Algumas de nossas crianças estão muito tristes, talvez a senhora possa nos ajudar a fazer com que fiquem mais alegres.

— Eu? Não sei como faria isso. Já estou muito velha.

— Isso não importa. A senhora deve conhecer muitas histórias e brincadeiras de seu tempo. Poderá contar histórias e ensinar as brincadeiras.

A mulher pensou por um minuto. Seus olhos brilharam.

— Sim, conheço muitas histórias e brincadeiras. Será que as crianças gostariam mesmo?

Paula olhou para Juliana e, sorrindo, disse:

— Gostarão, sim, tenho certeza. Obrigada, Juliana, agora ela ficará bem.

Juliana saiu aliviada, deixando Paula acompanhar a mulher. Estava saindo, quando encontrou Marina, que vinha entrando.

Ao ver Juliana, disse:

— Está gostando de seu trabalho?

— Trabalho? Que trabalho?

— Você acabou de encontrar uma solução para nossa irmã Sara. Ela já está aqui há muito tempo, mas até hoje não conseguimos fazer com que realizasse algo. Era muito apegada aos filhos, exercia sobre eles total controle. Desde que aqui chegou, não aceita que eles não a venham visitar. Sofre muito por isso. O apego em demasia a qualquer coisa traz muito sofrimento. Hoje, você conseguiu fazer com que ela se interessasse por algo. Parabéns.

Juliana olhou para ela, tentando acompanhar o que dizia:
— Está dizendo que fiz um trabalho?
— Sim, e muito importante. Percebi que você tem muito jeito com pessoas idosas. De hoje em diante, ficará responsável por todas que aqui chegarem. O que acha?

Juliana lembrou-se de Elvira, de como era boa e carinhosa. Respondeu:
— Ficarei muito feliz se conseguir ajudar.

Marina saiu sorrindo. Juliana ficou olhando para Sara, que agora estava rodeada de crianças. Percebeu que ela falava com muito entusiasmo. Não ouvia o que estava dizendo, mas, pela expressão das crianças, notou que a velha senhora havia encontrado um motivo para ser útil, e ela também.

Daquele dia em diante, ficou encarregada de dar boas-vindas a todos os recém-chegados. Aquele trabalho lhe fez muito bem.

Enquanto isso, Cássio, que desmaiara de tanto horror, abriu os olhos, olhou à sua volta e viu Virgínia a seu lado, rindo, vitoriosa:
— Finalmente, você acordou. Estive esperando-o neste lugar imundo por muito tempo. Sabia que chegaria a qualquer momento. Fiquei esperando ansiosa. Você sempre foi um idiota! Acreditou que poderia me enganar? Acreditou ser

mais esperto que eu? Pois não era e nunca foi! Estou aqui e ficarei para sempre a seu lado. Vou fazer você pagar por ter tirado minha vida.

— Não pode ser você. Está morta!

— E você também! Estamos os dois juntos na mesma jornada, somos cúmplices dos mesmos crimes e, por isso, estaremos ligados por muito tempo.

Cássio não queria acreditar. Fechou e abriu os olhos, várias vezes, para certificar-se de que não estava sonhando. Virgínia ria às gargalhadas, demonstrando, assim, sua situação quase de demência:

— Não adianta. Está mesmo morto e estarei a seu lado, atormentando-o para sempre. Juliana, Renato e Helena também estão aqui. Você vai revê-los, a todo momento, como acontece comigo desde que aqui cheguei. Eles não me deixam em paz...

Cássio olhou ao redor novamente e percebeu que o lugar era horrível. Escuro e lamacento. Ouviu gritos de dor, mas não conseguia ver de onde vinham. Sentiu muito medo.

— Que lugar é este? Não quero ficar aqui. Preciso encontrar uma saída.

— Não existem saídas. Já procurei. Estamos presos aqui para todo o sempre, ou melhor, por toda a eternidade.

— Você está mentindo! Não estou morto. Apesar do veneno, continuo vivo, e bem vivo!

— Também tive essa impressão quando aqui cheguei, mas aos poucos percebi que havia morrido mesmo. Olhe meu rosto.

Ela virou o rosto para uma pequena fresta de luz e aproximou-se de Cássio, que gritou horrorizado ao ver o rosto de Virgínia descarnado e apodrecido. Saiu correndo e gritando. Depois de ter dado alguns passos, tropeçou e caiu. À sua frente, apareceram Renato, Juliana e Helena querendo pegá-lo. Ele se levantou e continuou correndo, na esperança de fugir daquelas figuras que o faziam lembrar-se dos crimes que cometera.

Correu, correu muito. Enquanto corria, encontrava seres feios e horrendos que o queriam pegar também. Correu, gritou e tentou se esconder, mas não havia para onde ir. Virgínia seguia-o rindo de todo aquele desespero. Deixou que ele tentasse, até se cansar. Ela estava feliz: ele, tanto quanto ela, merecia tudo o que estava passando.

Depois de muito correr e perceber que não adiantava, ele se atirou ao chão e começou a chorar sem parar. Seu estômago doía, não sabia se de fome ou por causa do veneno que havia tomado.

— Não posso acreditar que esteja morto. Sinto tantas dores e tanta fome.

— É assim mesmo. Sentirá que seu corpo precisa das mesmas coisas que antes, só que não terá como saciá-lo. E isso durará por toda a eternidade.

— Não! Você está mentindo! Não estou morto. Tudo isto é só um sonho!

Ouviram um estrondo, e uma fumaça espessa tomou conta dos dois. Do meio dela surgiu a imagem de suas vítimas, que se lançavam sobre eles com os rostos crispados de ódio.

Eles começaram novamente a correr para tentar se esconder, mas não conseguiam encontrar um lugar. O horror tomou conta dos dois. A fumaça desapareceu, e com ela as imagens. Apavorada, Virgínia chorava muito:

— Durante o tempo em que estive sozinha, eles nunca apareceram dessa forma. Meu Deus, isso vai durar até quando?

Assustado, Cássio escondia os olhos com as mãos.

— Deve existir uma saída. Não posso aguentar todo esse horror.

Aquele lugar era sempre escuro, por isso eles não viam o tempo passar, não sabiam se era dia ou noite.

Eles viam a todo instante a imagem de Juliana, que sempre surgia chorando e implorando por sua vida e pela da filha. Eles escondiam o rosto, horrorizados. O remorso, aos poucos, foi tomando conta de seus pensamentos. Aquela imagem que, a princípio, fazia com que eles sentissem medo, agora os fazia sofrer ainda mais, por entenderem, finalmente, os crimes cometidos. Um acusava o outro por tudo. Não conseguiam ficar separados. Quando tentavam se afastar, figuras horrendas apareciam, obrigando-os a ficar juntos. Sentiam fome e se desesperavam ao ver os corpos se descamando. Os gritos de agonia não paravam. Mais uma vez, as imagens apareceram. Juliana chorava:

— Não façam isso! Não quero morrer. Vou ser feliz novamente. Deixem minha filha em paz! Ela é só uma criança. Faço tudo o que quiserem. Dou tudo que é meu, mas não façam mal para minha filha!

Horrorizados, os cúmplices se abraçavam e choravam. Tentavam fugir, mas não adiantava: para onde iam, as imagens os perseguiam.

Enquanto isso, na fazenda, Elvira agora era a dona de tudo. Desde que tomara conhecimento disso, ficara sem saber o que fazer. Não entendia nada de lavoura. Sempre fora apenas uma empregada. Criara Juliana e Virgínia, apenas isso. Mandou chamar André, e ele prontamente atendeu seu pedido:

— A senhora me chamou?

— Sim. Preciso de sua ajuda. Sei que sempre foi o homem de confiança do pai de Juliana, de Renato e, por fim, de Cássio. Com a morte de todos, a fazenda ficou em meu nome. Sabe muito bem que não entendo nada do assunto, por isso preciso de sua ajuda.

— Não se preocupe: farei o possível para que nada mude. Pode confiar. Tudo dará certo.

Realmente tudo deu certo. Ele continuou cuidando da fazenda com muita competência, como sempre fizera.

Elvira, porém, apesar de ser dona de tudo, vivia sempre muito triste.

Enquanto eu viver, serei dona desta fazenda e de tudo o mais. O que adianta tudo isso? Não tenho mais minhas crianças. Por causa disto tudo, crimes aconteceram. Para quê? Para quê?

Estava assim na varanda pensando, quando viu uma carruagem na estrada de acesso à fazenda. Curiosa, ficou olhando. A carruagem se aproximou, parou em frente à escadaria e dela desceu Rogério. Ao vê-lo, ela deu um grito:

— Senhor Rogério! Senhor Rogério! Que bom que veio!

Ele, muito nervoso, subiu as escadas correndo e abraçou Elvira, que agora chorava muito.

— Como estou feliz por vê-lo aqui! Quanto pensei no senhor durante todo esse tempo.

— Vim assim que recebi a carta. Não consigo acreditar que Juliana fez aquilo. Por favor, diga que ela não o fez. Onde estão Virgínia e meu primo?

Ela percebeu que ele não sabia o que havia acontecido.

— Não, meu filho, ela não o fez. Ela o amava muito, estava feliz esperando sua volta. Assim como você, nunca acreditei em seu suicídio. Vamos entrar, temos muito para conversar.

Ele, mais tranquilo por saber que Juliana não era culpada, acompanhou Elvira. Sentaram-se à mesa que havia na sala. Ela, chorando, contou tudo.

Ele a ouvia sem acreditar. Seu primo sempre fora para ele um exemplo de bom caráter. Por isso, ele o respeitava muito.

— Elvira, não pode ser. Cássio não faria isso. Não consigo acreditar no que diz.

— Sei o quanto custa acreditar, mas, infelizmente, aconteceu tudo do modo como lhe contei. Ele e Virgínia tramaram contra a vida de Renato, de Juliana e de Helena, tudo por ganância. De que adiantou? Eles foram embora e tudo continua aqui do mesmo modo.

Os sentimentos de Rogério eram desencontrados. Ele sentia muito amor e saudade de Juliana; ao mesmo tempo, ódio, desilusão e muita decepção em relação a seu primo.

— Elvira, diga-me que nada disso aconteceu. Por favor, faça isso. Não quero que seja verdade.

Ela se levantou e o abraçou. Ele chorava violentamente.

— Infelizmente, não posso fazer isso. Queria, do fundo do meu coração, dizer o que me pede. Mas não posso. Aconteceu, realmente. Minhas crianças foram embora. Voltaram para Deus.

Ele continuou ali chorando por muito tempo. Depois se levantou e foi para o quarto de Juliana. Entrou. Olhou para tudo. Olhou para a cama, onde haviam sido tão felizes. Deitou-se sobre ela e chorou, chorou por muito tempo.

Novamente, Juliana se lembrou dele e sentiu aquela dor que já havia sentido uma vez. Correu para falar com Renato. Encontrou-o e contou-lhe o que estava acontecendo. A dor não passava e ficava cada vez mais forte. Foram juntos falar com Marina. Ela ouviu o que Juliana tinha para contar. Depois, disse:

— Ele está novamente pensando em você com muita dor. Precisamos ajudá-lo, para que você mesma não sofra. Vamos até ele. Deem-me suas mãos, fechemos os olhos e façamos uma oração pedindo ajuda.

Assim fizeram. Em poucos segundos, estavam na fazenda, dentro do quarto, onde Rogério chorava. Juliana aproximou-se, colocou a mão no rosto dele e beijou sua testa. Marina e Renato colocaram as mãos sobre a cabeça dos dois. Uma luz branca saiu de suas mãos e os envolveu. Juliana dizia:

— Rogério, meu querido, não precisa sofrer assim. Estou muito bem. Você também deverá ficar. Somos filhos de um Deus maior que está sempre ao nosso lado, dando-nos todo o amor que tem e que é imenso. Continue sua vida. Você é bom, por isso nada deve temer...

Ele, que chorava muito, deitado sobre a cama, aos poucos foi se acalmando. Via diante de si o rosto de Juliana sorrindo e falando da felicidade que sentia por tê-lo encontrado. Sabia agora de toda a maldade que havia sofrido. Foi se acalmando, levantou-se e voltou para a sala acompanhado pelos três amigos espirituais. Encontrou Elvira, que, ainda sentada à mesa, continuava chorando. Ao vê-la, Juliana correu para ela e abraçou-a com muito carinho.

— Querida Elvira, como estou feliz por revê-la. Você foi a mãe que não tive. Criou-me e cuidou de mim sempre com tanto carinho. Não chore. Não sofra. Estamos, agora, eu e Helena muito bem. Ajude Rogério. Ele, sim, precisa de suas palavras de consolo.

Elvira viu Rogério se aproximando. Levantou-se e disse, sorrindo:

— Parece que agora está melhor, mais calmo. Não sei, meu filho, mas tenho a sensação de que Juliana e Helena estão muito bem e felizes. Precisamos nos lembrar delas com carinho, mas nunca com dor. Demorei muito para entender isso, porém agora, não sei por que, estou sentindo que deve ser assim.

— Eu amei e amo Juliana com todo o meu coração. Pela primeira vez em minha vida acreditei que seria feliz, mas nada disso aconteceu. Por maldade, estamos, hoje, separados e de uma maneira sem volta. Como posso aceitar sem me revoltar?

— Devemos confiar na vontade de Deus. Estou feliz que tenha voltado. Enquanto eu viver, serei a única dona de tudo que pertenceu à menina Juliana. Depois, tudo passará para a igreja. Infelizmente, suas posses foram o motivo de tanta ganância. Não sei como cuidar disso. André está tomando conta, e muito bem, mas você é a única família de Cássio, por isso acredito que seja quem tem o direito de tomar conta de tudo. Estou velha e logo mais irei me encontrar com minhas crianças.

— Não estou entendendo aonde está querendo chegar.

— Estou pedindo que fique aqui conosco, que cuide de tudo.

Rogério não respondeu no mesmo instante. Saiu da sala, foi até a varanda. Em seu pensamento, a imagem de Juliana voltou a surgir. Reviu-a no dia em que chegou: ele embaixo, descendo da carruagem; ela no alto, naquele mesmo lugar em que ele estava agora. Quando a viu, sentiu que ela era a mulher de sua vida. Fechou os olhos. Marina, a seu lado, jogava sobre sua cabeça luzes coloridas. Juliana ficou encantada com a beleza daquelas luzes. Com um gesto, Marina fez com que ela também estendesse as mãos. Juliana obedeceu e, de suas mãos, também começaram a sair luzes. Ela não acreditava e começou a rir. Renato fez o mesmo gesto. Rogério ficou totalmente envolvido por aquelas luzes. Sentindo um bem-estar profundo, voltou para a sala. Chegou junto de Elvira, que o olhava ansiosa para saber sua resposta. Ele se sentou em uma cadeira à sua frente e disse:

— Pensei bem, e estou sentindo como se Juliana estivesse aqui, agora, ao nosso lado. Sinto que ela quer que eu permaneça aqui. Assim farei. Ficarei e não deixarei que nada se destrua. Continuarei vivendo com a certeza de que um dia estarei a seu lado.

— Obrigada, meu filho. É isso mesmo o que estou sentindo. Ela está aqui...

Juliana olhou para Marina, que sorriu e disse:

— Agora está tudo bem. A vida continuará para eles. Os problemas normais da vida surgirão, o que fará com que aos poucos se envolvam com outros assuntos e lembrem-se cada vez menos de tudo o que aconteceu, mas, quando se lembrarem, será uma saudade boa.

Juliana, abraçada a Elvira, disse:

— Como posso perdoar aqueles dois que, além de fazerem tanto mal à minha família, atingiram também estes meus dois queridos? Não precisavam estar sofrendo assim. Nunca poderei perdoar.

Marina apenas sorriu.

— Agora que tudo está bem por aqui, podemos voltar. Temos muito trabalho. Vamos embora?

Abraçaram-se e pouco depois estavam de volta a seu lar atual.

PERDIDOS NO VALE

O tempo passou. Juliana e Renato estavam cada vez mais juntos, porém Cássio e Virgínia continuavam vivendo o horror que eles mesmos haviam criado para si.

Continuavam correndo, escondendo-se, sempre juntos, porque tinham medo de ficar sozinhos. Brigavam muito, trocando acusações e responsabilizando um ao outro por toda aquela situação.

Corriam de um lado para outro. Sentiam fome, frio. Aos poucos, foram entendendo por que estavam ali. Choravam muito e, nessas horas, se abraçavam. Em determinado momento, Virgínia falou, quase gritando:

— Cássio, que foi que fizemos? Nós destruímos três vidas... Por quê? Para quê?

Cássio a ouviu e também começou a chorar, pois percebia agora a inutilidade de tudo.

— Tem razão. Nossa ganância, nossa covardia nos conduziram até aqui. A fazenda, o dinheiro estão lá, no mesmo lugar. Tem razão. O que fizemos? Para quê?

Mais uma vez os cúmplices se uniram e se abraçaram, só que desta vez estavam unidos na dor e no arrependimento.

Muito tempo se passou. Cássio e Virgínia não sabiam precisar quanto. Viviam escondidos e protegendo-se mutuamente. A inimizade que a princípio existia entre os dois foi se tornando, com o tempo, uma necessidade imperiosa de ficarem juntos. Desesperada, Virgínia disse:

— Cássio, deve existir um meio de repararmos todo o mal que fizemos. Minha mãe sempre dizia que há um Deus bom e generoso que nunca nos abandona e nos perdoa sempre. Se for verdade, ele deve estar nos vendo agora. Deve estar vendo o quanto me arrependo de todo o mal que fiz.

Cássio estranhou as palavras de Virgínia. Sentia que ela estava diferente.

— O que está dizendo? Parece outra pessoa.

Virgínia agora chorava desesperada:

— Talvez eu seja mesmo. Sinto muito arrependimento por tudo o que fiz. Se minha mãe tinha razão, deve existir um Deus. Meu Deus, perdão por todo o mal que pratiquei. Hoje, entendo a inutilidade de tudo. Juliana, onde você está? Onde estiver, ouça-me, por favor. Perdão... perdão!

Juliana, embora continuasse trabalhando, às vezes se lembrava dos dois traidores. Nesses momentos, fazia um esforço enorme para não sentir ódio, mas, na maioria das vezes, não conseguia. Naquele dia, conversava com Renato, quando a lembrança de Virgínia chegou com muita força. Ficou refletindo por um instante e disse:

— Renato, estou pensando muito em Virgínia. Como será que ela está?

Renato fechou os olhos. Após alguns minutos, disse:

— Não sei, mas se quiser poderemos tentar encontrá-la. Você quer?

— Não sei por que, mas hoje estou pensando muito nela e em Cássio também. Acredita que possamos realmente ir até eles?

— Iremos descobrir agora mesmo. Venha.

Foram procurar Marina e a encontraram em sua sala, trabalhando, como sempre. Juliana contou a ela o que estava sentindo. Após ouvi-los, falou calmamente:

— Está bem. Vou falar com alguns amigos e iremos procurá-los. Com uma única condição: não podemos interferir. Apenas veremos como estão. Está bem assim?

Concordaram e saíram da sala. Juliana via diante de si Virgínia, não aquela que lhe dissera todas aquelas coisas horríveis na noite em que a assassinara, mas sim a do tempo em que eram crianças, quando estava sempre a seu lado, protegendo-a e ajudando-a.

Após alguns dias, Marina chamou-os:

— Podemos ir, estamos prontos. Vocês também estão?

Responderam juntos:

— Sim, quando iremos?

— Agora mesmo. Alguns amigos nos acompanharão. Eles devem chegar dentro de alguns minutos.

Pouco depois, entraram na sala quatro pessoas. Marina os recebeu com um sorriso, dizendo:

— Sejam bem-vindos. Sabem que nossa jornada será difícil, para isso temos de nos preparar. Vamos dar as mãos e pedir ajuda a Deus nosso Pai.

Deram-se as mãos, fecharam os olhos, e ela começou a falar:

— Senhor, meu Pai. Estamos aqui, neste momento, iniciando uma viagem em busca de conhecimento e de nossos irmãos, Virgínia e Cássio. Sabemos que ela é longa e perigosa. Colocamo-nos em Suas mãos, sabendo que nos protegerá de todo o mal. Permita, Senhor, que, se for possível, possamos trazer de volta aqueles Seus filhos pródigos.

Saíram e dirigiram-se ao vale. Quando chegaram, Virgínia e Cássio estavam abraçados, ajoelhados. Virgínia dizia:

— Pai de infinita bondade, nunca acreditei muito em Sua existência, mas hoje acredito e sei que é o único que poderá nos perdoar e nos dar uma nova chance. Hoje, entendemos toda a extensão de nossos erros. Sabemos da inutilidade de todo o mal que praticamos. Não sabemos se poderemos um dia corrigir tudo. Mas, Pai, a única coisa que podemos fazer neste momento é, do fundo de nosso coração, pedir perdão. Perdão e perdão. Juliana... Renato... sabemos, também, que devem estar em um lugar muito bom, pois foram apenas vítimas em nossas mãos. Perdão... perdão... perdão...

Ao ouvir aquilo, Juliana gritou:

— É mentira! Ela, como sempre, está mentindo! Nunca vou perdoar. Nunca. Nunca!

Marina a abraçou:

— Entendo o que está sentindo, mas ela não está mentindo. Se assim fosse, não estaríamos aqui com ela. Cristo, quando esteve na Terra, nos ensinou que devemos perdoar setenta vezes sete. Quando rezamos o pai-nosso, dizemos: *Perdoai nossas dívidas como perdoamos a nossos devedores*. Pense bem. Em suas mãos estão estes dois irmãos que caíram, mas que agora buscam, através de um arrependimento sincero, um modo de se redimir de todo o mal que praticaram.

Juliana chorava abraçada a Renato, que disse:

— É isso mesmo, meu amor. Está em nossas mãos. Apesar de tudo, hoje, somos felizes. Estamos juntos, trabalhando para nossa evolução. Eles, ao contrário, perderam uma chance imensa de aproveitar a vida que tiveram para aprender e crescer. Para que continuarmos odiando?

— Não sei o que fazer, Renato. Eles nos fizeram tanto mal. Mas acredito que tenha razão. Estamos juntos e felizes...

No instante em que Juliana se desarmou, uma luz os envolveu e todos ficaram visíveis. Virgínia e Cássio, ao vê-los, começaram a chorar, agora com muito mais força.

— Juliana! Renato! Vocês estão aqui. Obrigada, meu Deus. Perdão... perdão... perdão...

Desta vez, Juliana ficou realmente emocionada. À sua frente, estavam aqueles dois a quem um dia ela muito tinha amado. Não eram nem sombra do que haviam sido. Sujos e rasgados, com o rosto descarnado. Ela, por um momento, esqueceu o mal que lhe fizeram, lembrou-se apenas da grande amizade que os unia. Aproximou-se, abraçou-os e disse:

— Eu perdoo, acredito que já tenham sofrido muito. Venham conosco, vamos tirá-los deste lugar horrível. Ficarão muito bem. Aprendi que tudo está sempre certo. Quem sou eu para julgar? Vamos embora.

Eles choravam muito. Juliana os levantou e olhou para Renato, que, juntamente com os outros, sorria. Uma imensa luz iluminou o caminho por onde todos regressaram.

Farias permanecia sentado, quase caindo da poltrona. Nesse instante, enquanto na tela Juliana levantava os dois, ele, baixinho, com a voz embargada e com lágrimas que insistiam em cair, disse:

— Damião, como ela conseguiu nos perdoar? Nós não merecíamos perdão. O que fizemos foi terrível.

Damião fez novamente com que a tela congelasse. Olhou para Farias, dizendo:

— Deus, nosso Pai, é justo e maravilhoso. Concede a todos, pecadores ou não, o direito ao perdão. Abençoa-nos sempre. Sua Lei é implacável, mas também magnânima. Ele fica feliz quando vê um filho retornando para o caminho do bem, Farias.

— Neste momento, só posso agradecer a Juliana, e muito, muito a Deus e à Sua Lei maravilhosa.

Damião olhou para Duarte, que permanecia sentado ao lado.

Os dois sorriram, e a imagem na tela voltou a se movimentar.

Cássio e Virgínia foram levados para o hospital. Estavam como que alucinados. Mesmo ali, naquele lugar acolhedor, por muitas vezes lembravam ou viam aquelas figuras horrendas que os haviam perseguido durante tanto tempo. Nesses momentos, gritavam e queriam fugir. Juliana, pacientemente, conversava e acalmava os dois.

Neste instante, a tela novamente parou, mas desta vez por ordem de Damião. Farias permanecia calado. Damião disse:

— Está tudo terminado, podemos voltar. Sei que agora você está preparado para dar sua sentença. Aprendeu a usar a Lei. Ela está aí para isso mesmo.

— Mas ainda não entendi como Juliana pôde se transformar na Márcia má e mesquinha de hoje. Nem como Virgínia se tornou aquela mulher iluminada.

— Se é assim que deseja, continuemos assistindo.

As imagens recomeçaram. Farias, agora, olhava tudo com mais atenção. Na tela, apareceu Juliana conversando com Virgínia e Cássio. Ela dizia:

— Estou muito feliz por ver que estão muito bem. Tudo aquilo terminou.

Cássio pegou sua mão e a beijou:

— Devemos tudo isso a seu perdão e amor. Sabemos, agora, que sempre nos amou. Esse amor foi mais forte que o ódio, por isso conseguiu esquecer o que lhe fizemos e nos perdoou. Você nunca mudaria. Sempre foi boa e generosa.

— Engana-se. Apesar do perdão que lhes dei, e foi sincero, sinto que nunca mais serei a mesma. Sinto que nunca mais poderei confiar em alguém. Venham comigo.

Ela os levou até um grande pátio, onde Helena brincava com outras crianças. Ao vê-la, Virgínia e Cássio pararam. Não tiveram coragem de se aproximar. Juliana pegou-os pela mão e levou-os até ela. Ao vê-los, Helena correu com os braços abertos:

— Tia Virgínia! Tio Cássio! Que bom que vieram! Estava com muita saudade.

Virgínia não suportou. Abraçou-se à menina e, chorando, beijou-a com muito carinho, enquanto dizia:

— Minha menina! Como está bonita! Também pensei muito em você. Também senti muita saudade. Perdão, minha querida... perdão...

— Perdão por quê?

Juliana interferiu:

— Titia está pedindo perdão por causa do longo tempo que nos abandonou.

— Isso não faz mal. Agora ela está aqui. E não vai mais embora, não é, tia Virgínia ?

— Sim. Vou ficar aqui até quando for possível.

Cássio também se abaixou e a beijou. Não pediu perdão em voz alta, mas em pensamento: *Perdão, minha querida, perdão. É só isso que posso dizer no momento.*

Helena os apresentou às outras crianças que se aproximaram, dizendo com orgulho:

— Estes são meus tios. Vieram me visitar.

Virgínia, em poucos minutos, estava contando histórias para as crianças. Juliana pegou na mão de Cássio e se afastaram. Ela disse:

— Agora, ela ficará melhor do que já estava. As crianças têm muito para nos ensinar.

— O que me deixa admirado é ver tantas crianças por aqui, Juliana. Sabemos que o espírito não tem idade, que todos estamos crescendo espiritualmente já há muito tempo. O certo seria que as crianças, assim que deixassem o corpo, voltassem a ser adultos.

— Não sei responder a isso. Para ser sincera, nunca pensei a respeito. Estou feliz por Helena continuar sendo minha menina. Quando encontrar Marina, vou perguntar. Talvez ela possa nos esclarecer, mas isso não tem muita importância.

Iam saindo, quando encontraram Renato:

— Estava procurando-os. Marina quer lhes falar. Cássio, você está muito bem. Mas Virgínia, onde está?

Juliana, sorrindo, apontou para Virgínia ao lado de Helena e das outras crianças. Renato sorriu:

— Ela também parece que está muito bem.

— Está, sim. Terá, agora, a oportunidade de ficar ao lado de Helena e recompensar com seu carinho todo o mal que lhe fez.

— Fico feliz por isso, mas, agora, vamos conversar com Marina?

Foram até ela, que, como sempre, os recebeu sorrindo:

— Que bom que vieram! Precisamos conversar a respeito de como estão se sentindo aqui. Juliana, já sei que está muito bem. Preciso saber de você, Cássio. Como está se sentindo?

— Nem sei como dizer. Nunca estive tão bem! Sei hoje todo o mal que fiz. Mas sei também que Deus é nosso Pai e que me dará uma chance de consertar todo o mal que pratiquei. Preciso compensar Juliana, Renato e Helena. Só não sei como.

— Não se preocupe com isso, tudo tem seu tempo, Cássio. Por enquanto, procure apenas aprender o máximo que puder sobre a Lei.

— Assim farei, Marina...

Marina sorriu. Estava se despedindo, quando Juliana disse:

— Marina, antes de irmos embora, queria lhe fazer uma pergunta. Posso?

— Claro que sim. O que quer saber?

— Cássio chamou minha atenção para algo que nunca havia pensado antes. Se todos nós somos espíritos antigos, se já renascemos muitas vezes, como podem existir tantas crianças aqui?

Com sua tranquilidade de sempre, Marina sorriu, respondendo:

— Também estranhei quando aqui cheguei, mas aprendi que a Lei é sábia. Imaginem se, ao acordar aqui, vocês olhassem para um espelho e fossem uma outra pessoa. O que sentiriam?

Juliana e Cássio se olharam.

— Muito medo — respondeu Juliana.

— Exatamente. Sentiriam muito medo e não aceitariam a realidade. Por isso, quando regressamos, mantemos sempre a mesma aparência da última encarnação. Após algum tempo, após entendermos e até relembrarmos de existências passadas, podemos apresentar a imagem que quisermos. Muitos usam as de outra encarnação, ou continuam com a da última. Algumas das crianças que vieram, assim como Helena, são recém-chegadas. Outras preferiram continuar sendo crianças. Continuarão assim até que queiram mudar. A maioria diz que os pais que estão na Terra sempre se lembram delas como crianças, e assim elas recebem com mais facilidade os pensamentos de carinho que eles lhes mandam.

— Mas, dessa, maneira, elas também recebem com mais facilidade os pensamentos de dor e sofrimento.

— Sim, Juliana. Infelizmente, isso acontece muitas vezes, mas, com o tempo, esses pensamentos de dor e sofrimento vão ficando cada vez mais raros e se transformam em pensamentos de amor e saudade, o que faz muito bem a todos, mas, principalmente, às crianças.

— É... a Lei é realmente sábia... mas agora vamos deixá-la, sabemos que tem muito trabalho. Vamos?

Despediram-se e saíram felizes por mais aquele aprendizado.

O tempo foi passando. Cada um começou a trabalhar em algo que lhe agradava. Virgínia dividia seu tempo entre as crianças e os estudos. Ela se modificou completamente. Tinha consciência do imenso mal que havia feito, sabia ter sido a responsável pelas mortes de Renato, Juliana, Helena. Sabia que, por sua culpa, eles tinham sido obrigados a interromper aquilo que estava programado. Sabia que eles teriam de recomeçar. A todo instante, pedia perdão a Deus e implorava por uma nova oportunidade.

Cássio agora fazia parte de uma equipe de socorro para aqueles que regressavam após terem cometido suicídio e ficado muito tempo nos vales de sofrimento.

Juliana trabalhava no hospital, estando sempre ao lado de todos quando acordassem, dando a eles as primeiras palavras de amor e respondendo às muitas perguntas que eles faziam.

Em uma manhã, ela entrou em um quarto onde sabia que alguém havia chegado durante a noite. Abriu a porta e entrou lentamente, para não acordar o paciente que ali estava. Assim que se aproximou, quase soltou um grito. Muito feliz, conteve-se. A senhora que ali estava, aos poucos, foi abrindo os olhos e, assim que viu Juliana, gritou:

— Minha menina! Finalmente a reencontrei. Como estou feliz!

Juliana a abraçou e beijou seu rosto. Lágrimas corriam, só que agora de felicidade.

— Querida Elvira! Também estou muito feliz por revê-la. Senti tanta saudade!

Ficaram assim abraçadas por muito tempo. A porta se abriu e por ela entraram Renato e Helena. Ao vê-los, Elvira correu para abraçá-los. O reencontro foi só de felicidade e muita saudade, pois, enfim, estavam juntos novamente.

Para Elvira não foi difícil entender e aceitar sua nova situação, já que estava feliz por se ver novamente ao lado daqueles que amara. Após alguns instantes, uma sombra passou por seus olhos:

— Menina Juliana, onde estão a menina Virgínia e o menino Cássio?

Antes que Juliana respondesse, da porta ouviu-se uma voz:

— Estamos aqui. Eu e Cássio, graças à bondade de nossas vítimas, estamos aqui e felizes por revê-la.

Elvira abriu os braços. Os dois correram para ela, que os abraçou com muito carinho.

— Obrigada, meu Deus, por tanta felicidade. Obrigada por trazer meus meninos de volta para Sua companhia.

Agora, estavam todos juntos. Elvira contou a eles o que havia acontecido com a fazenda. Contou do sofrimento de Rogério, e que agora ele estava bem: casara-se com uma boa moça e tinha três filhos, que muito amava. Elvira fora sempre muito bem tratada por todos. Havia ficado doente por vários anos, até que dormira e, quando acordara, estava em frente a Juliana.

O reencontro foi feliz para eles ao retornarem. Alguns com sua missão cumprida, como Renato e Elvira. Juliana e Helena tinham deixado de cumprir seu tempo previsto. Virgínia e Cássio haviam fracassado, mas teriam uma nova chance.

Após a felicidade do reencontro, todos voltaram para suas obrigações. O trabalho continuou.

Certo dia, foram avisados de que Rogério estava prestes a retornar. E assim aconteceu. Ele voltou e foi recebido por todos. Ao ver Juliana, não suportou e começou a chorar.

— Juliana, você está viva? Como pode ser? Mas isso não importa, estou feliz por vê-la.

— Estou viva, sim. E esperei-o durante todo esse tempo. Seja bem-vindo.

Novamente, a felicidade chegou àqueles corações. Rogério tomou conhecimento de tudo. Cássio aproximou-se:

— Rogério, meu primo, não sei como lhe pedir perdão. Entendo, hoje, a imensa responsabilidade que tenho, tanto para com você quanto para com Juliana e Helena. Peço a Deus todos os dias a chance de me redimir desse erro.

Rogério, a princípio, sentiu muito ódio daquele que havia destruído sua vida. Olhou para Juliana e Renato, e eles apenas sorriram. Ele entendeu.

— Está bem, meu primo. Todos somos passíveis de erros. Se Juliana o perdoou, quem sou eu para ir contra sua vontade?

Agora, sim, todos haviam retornado da Terra. A vida continuou. Trabalhavam, estudavam e se preparavam para uma nova chance de aprendizado.

Certo dia, Marina mandou chamar todos, inclusive Helena.

— Já que todos estão aqui, preciso comunicar-lhes que uma nova chance será dada a vocês. Voltarão para a Terra e novamente se encontrarão. Aqui, estão vivendo em um ambiente de amor, perdoaram-se entre si, mas lá é diferente. Com o peso do corpo físico, o espírito algumas vezes volta a ter sentimentos de vingança. Terão de conseguir se perdoar ali também. Não será uma tarefa fácil, mas terão todo o auxílio necessário para que consigam.

Fez uma pequena pausa e continuou:

— Primeiro, irá Elvira. Ela tem ainda um acerto de contas com o passado, por isso terá marido e filhos. Terá a oportunidade de ajudar Juliana. Os próximos serão Virgínia e Cássio. Terão a oportunidade de ajudar, proteger e dar a Juliana a condição de perdoar-lhes. Cássio terá novamente de lutar contra o suicídio. Por várias vezes fracassou, vamos torcer para que desta vez consiga. Virgínia terá uma vida difícil, bem diferente da que teve na última encarnação. Terá de proteger, amar e ajudar Juliana e Helena. Juliana e Rogério se reencontrarão e começarão do momento em que pararam. Helena voltará para Juliana, a quem amará muito. Entenderam? Alguma pergunta?

Juliana olhou para Renato e para Marina. Perguntou:

— E Renato? Não voltará?

— Não. Ele tem um trabalho muito importante que não pode ser interrompido. Mas estará o tempo todo a seu lado. Sempre que precisar, estará ali.

— Renato, estou com medo. Não quero me separar de você novamente — Juliana disse, suplicante.

— Sei, meu amor, mas é preciso. Você terá o livre-arbítrio para usar da maneira mais certa. Eu ficarei aqui, ajudando-a em tudo o que puder. O trabalho que estou fazendo agora é muito importante para minha evolução. Preciso ajudar um espírito amigo que, em uma de minhas encarnações, foi minha mãe, a quem muito amo. Não se preocupe, estou aqui e estarei a seu lado sempre. Eu a amo. Vamos pedir a Deus que você consiga voltar vitoriosa e que eu consiga ajudar minha mãe. Assim, seguiremos juntos por toda a eternidade.

Ela sabia que ele estava com a razão. Sabia que precisava voltar para encontrar Rogério e Helena e daí seguir ao lado deles, para que o programado e interrompido fosse cumprido, mas sentia muito medo. Olhou suplicante para Marina.

— Preciso mesmo ir?

Marina sorriu.

— Não se preocupe. Nunca estará sozinha. Tenho certeza de que voltará vitoriosa.

A tela ficou toda branca. A sala se iluminou. Damião olhou para Farias, dizendo:

— O resto você já sabe, Farias. Agora está em suas mãos a sentença que deve ser dada a Márcia.

A SENTENÇA DE FARIAS

Márcia continuava adormecida. Marlene ficou o tempo todo sentada em uma poltrona que havia perto da cama. Seguia todos os movimentos da filha. Percebendo que ela agora estava calma, saiu do quarto e foi para a sala conversar com Luciana e Marluce. Elas estavam caladas, abismadas e sem entender o que haviam presenciado, mas ansiosas para saberem o que estava acontecendo dentro daquele quarto. Assim que viram Marlene se aproximando, correram em sua direção.

— Marlene, como ela está? Que história foi aquela de ela dizer que é sua filha?

Marlene sorriu.

— Dona Luciana, a senhora pode ficar tranquila: ela agora está muito bem. Está dormindo. Quanto àquela história, precisamos entender que ela estava sob efeito do álcool. Mas agora ela parece estar bem. Vocês podem ir embora. Ficarei aqui com ela e sei que, quando acordar, tudo já terá terminado. Confio em Deus. Ele é nosso Pai e nunca deixa sozinho um filho Seu.

— Está bem. Estou percebendo que você não quer falar sobre esse assunto. Eu respeito. Vou embora tranquila, porque sei que minha amiga está agora em boas mãos. Se precisar de alguma coisa, basta telefonar e virei em seguida.

— Ela não está em minhas mãos. Está nas mãos de Deus nosso Pai, que nunca abandona a gente, pecadores ou não. Pode ir tranquila, obrigada por tudo e, se precisar, eu telefono, sim. Você também, Marluce, vá em paz e obrigada por tudo que tem feito por ela até hoje.

Elas saíram e Marlene voltou para o quarto. Márcia continuava dormindo. A seu lado, Lenita estava deitada com os bracinhos sobre ela. Ao vê-las daquela maneira, Marlene pensou: *O que deve ter acontecido no passado com elas, para que hoje sintam tanto amor uma pela outra?*

Voltou a se sentar na poltrona. Durante o tempo todo, permaneceu em vigília. Percebeu que Farias e Gervásio não estavam mais ali. Olhava para a filha, que lhe parecia tão frágil, e orava.

Meu Deus, Pai supremo de bondade e amor. Não sei por que tudo isso está acontecendo com minha filha. Não sei por que tenho levado uma vida de tanta miséria e sofrimento. Só sei que é meu Pai muito amado e que nunca me abandonou. Permita, meu Pai, que minha filha encontre o caminho da paz e da tranquilidade, nem que para isso eu precise continuar longe dela. Em Suas mãos, entrego nossas vidas.

Márcia dormia tranquila. Ela se via novamente naquele lugar cheio de luz e felicidade. Sonhou com dona Leonor. Ao vê-la, Márcia correu para seus braços. Ela a recebeu e carinhosamente disse:

— Minha menina! Estou muito feliz por vê-la agora protegida. Entendo que cometeu desatinos, mas sei que sempre foi muito boa e que essa bondade, com as graças de Deus, vai aflorar. A Lei é justa e soberana. Estou daqui torcendo para que consiga vencer.

Marlene, que seguia todos os movimentos de Márcia, olhava agora para aquele rosto bonito. Percebeu que ela sonhava e sorria. Teve a certeza de que Deus a estava protegendo.

Márcia abriu os olhos e viu a seu lado aquela senhora envelhecida e humilde. Quis dizer algo, mas não conseguiu. Fraca, pois há muito não se alimentava, e por toda a bebida que havia ingerido, fechou os olhos novamente e voltou a dormir.

Abraçada a Márcia, Lenita também dormia. As duas se encontraram em sonhos. Corriam uma para os braços da outra. À medida que se aproximavam, os rostos e as roupas iam se alternando. Viam ora Márcia e Lenita, ora Juliana e Helena. Não importava qual aparência possuíam, estavam muito felizes. Encontraram-se, e o abraço foi imenso e carinhoso.

Na sala de projeção, Farias chorava muito. O arrependimento que sentia por tudo o que havia feito como Cássio fazia com que sofresse demais. Damião e Duarte permaneceram calados, sabiam o que ele estava sentindo. Ele havia exigido o cumprimento da Lei e agora teria de dar a sentença. Esperaram calados, mas os dois pediam a Deus, com sinceridade, que aquele irmão fosse iluminado com Sua luz.

Após ter chorado muito, com lágrimas ainda correndo por seu rosto, Farias disse:

— Quando a conheci, gostei dela. Ensinei tudo o que sabia. Fiz com que se tornasse uma boa profissional. Fiz minha parte. Ela que não aceitou.

— Sabemos de tudo isso. Em relação a ela, você fez realmente sua parte, mas e com você mesmo? Fez o certo? Conseguiu fazer com que seu espírito reagisse contra a covardia de sempre? Conseguiu enfrentar o suicídio e se livrar dele? Após assistir a esse filme, entendeu que, embora ela tenha sido um instrumento para levá-lo ao desespero, foi também o instrumento para que você conseguisse se superar, buscar e encontrar Deus dentro de si mesmo, e assim vencer? Sentiu-se injustiçado. Exigiu seu direito à justiça da Lei. Exigiu um julgamento para que ela fosse condenada. E agora, o que me diz?

Farias olhava para Damião. Estava ali, diante daquele espírito superior que, exibindo o filme, dera a ele a oportunidade de refletir muito mais sobre a justiça daquela Lei que ele entendia agora ser realmente justa.

— Entendo agora por que me fez assistir a esse filme. Quis que eu aprendesse que nunca devemos julgar um irmão, seja em que circunstância for.

— É isso mesmo. Nosso pior inimigo de hoje pode ter sido um dia nossa maior vítima. Mas agora não deve se preocupar com isso. Está pronto para julgá-la. Por ela ter se desviado do caminho do bem, está com ela em suas mãos. Ela está se destruindo. Cabe a você deixar que ela continue assim ou tenha a chance de reencontrar Rogério e Helena, e recomeçar de onde parou. Está em suas mãos.

— Que preciso fazer? Sinto que tenho para com ela dívidas e que preciso fazer tudo o que estiver ao meu alcance para ajudá-la. Só não sei como.

Marlene continuava ali. Percebeu que o quarto se iluminara. Olhou ao redor e viu Damião entrando, acompanhado por Farias e Duarte. Não conhecia nenhum deles, mas sabia que estavam ali para ajudar a ela e a Márcia, por isso os recebeu com um sorriso.

Damião deixou-se ver exatamente por isso, para que ela soubesse que suas preces haviam sido atendidas. Emocionada, Marlene disse:

— Obrigada, meu Deus, por esta visão maravilhosa. Sinto que agora tudo ficará bem.

Damião sorriu e olhou para Farias, que, naquele momento, via diante de si Virgínia. Aproximou-se e, sorrindo, estendeu as mãos. Marlene não sabia quem ele era, mas sentia que o conhecia e que o amava. Também sorrindo, estendeu suas mãos. Quando as mãos se encontraram, ela sentiu um bem--estar muito grande. Teve a certeza de que ele era um amigo muito querido.

— Meu irmão, não sei quando nem onde já nos encontramos, só sei que estou muito feliz por vê-lo.

— Também estou feliz, muito mais por ver que conseguiu realmente vencer. Que Deus, nosso Pai, a proteja.

Marlene, emocionada, sorriu:

— Está aqui para ajudar minha filha? Ela está precisando muito.

— Sou apenas um aprendiz, não sei se poderei ou se saberei como, mas estou aqui para que a Lei e a justiça sejam cumpridas.

Marlene agradeceu. Farias olhou para Damião.

— Realmente, não sei o que fazer. A única sentença que posso dar é meu pedido de perdão.

Damião olhou para ele e para Marlene, que também o olhava, encantada.

— A decisão é sua, Farias. Você tem todo o poder sobre ela. Faça o que seu coração sentir vontade.

Farias olhou para suas mãos e percebeu que delas saíam raios de luz coloridos. Encantado, olhou para Damião.

— Que é isso, Damião? Que luzes são essas?

— São suas armas para que possa fazer a Lei ser cumprida. Poderá usá-las como quiser.

Farias olhava para as mãos, para Marlene, e ficou sem saber o que fazer. Estava encantado demais com o que via.

Marlene sorria, também encantada ao ver, pela primeira vez, a sua frente, um espírito recebendo luz. Sorrindo, disse:

— Que tal jogar essas luzes maravilhosas sobre minha filha, sobre Márcia? Acredito que ela esteja precisando.

Ele voltou a olhar para Damião e Duarte, que nada disseram, apenas sorriram.

Timidamente, bem devagar, ele estendeu as mãos sobre a cabeça de Márcia, que, embora estivesse dormindo, fez um leve movimento e começou a sorrir. Ele foi lançando luzes por todo o seu corpo. Percebeu que dela também saíam luzes que iam ao encontro das dele. As luzes se misturavam e iam para o alto, envolvendo todo o quarto. As luzes subiam e desciam sobre todos.

O espetáculo era deslumbrante. Marlene acompanhava tudo chorando, mas, desta vez, era de muita emoção. Já havia tido muitas visões durante toda a vida, mas nunca uma como aquela.

As luzes se espalharam por todo o quarto e, aos poucos, foram desaparecendo. As mãos de Farias também pararam de gerar luz. Ele olhou para Damião.

— O que aconteceu aqui?

— Você desejou, do fundo do seu coração, um modo de ajudá-la. Nesse momento, sem que percebesse, proferiu sua sentença. As luzes vieram do Alto, numa clara demonstração de aprovação do que havia decidido.

Marlene, ainda muito emocionada, disse:

— Obrigada, meu Pai, por mais essa graça. Sei que agora tudo vai ficar bem.

Damião olhou para ela, dizendo:

— Estou muito feliz porque, apesar de tudo o que lhe acontece, continua ainda com tanta fé. Deus a abençoe. Agora, tudo ficará bem. Farias, que era o obsessor de Márcia, de hoje em diante será seu guia espiritual.

Farias retrucou:

— Eu? Como posso ser um guia espiritual? Sou imperfeito. Um suicida!

— Você é um espírito que aprendeu muito. Pode e deve ficar ao lado dela, mas desta vez só com a intenção de ajudá-la. Acredita que possa fazer isso? Se assim o fizer, poderão aprender muito um com o outro. Só não pode interferir em seu livre-arbítrio.

Farias não sabia o que fazer. Nunca imaginara que um dia pudesse estar ali, ao lado de Márcia, a quem havia durante tanto tempo odiado.

— Não sei se poderei. Não sei como fazer. Hoje, sei que tenho uma dívida muito grande para com ela, mas não sei como pagar.

— Não se preocupe com isso. Tudo a seu tempo. Continue apenas com essa vontade firme de ajudar, somente isso. Continue ao lado dela, envolva-a sempre com essas luzes que sabe hoje possuir e permita que ela, seguindo seu livre--arbítrio e sem sua interferência, consiga retomar a própria vida em suas mãos. O resto, deixe por nossa conta.

— Confio em suas palavras. Permanecerei aqui, esperando as bênçãos do Alto.

— Faça isso, meu irmão. Estará contribuindo para o bem--estar de Márcia e, principalmente, para o seu próprio. Agora, tenho de ir, estou há muitas horas fora de meu local de trabalho. Fiquem em paz e na confiança de que Deus é nosso Pai infinito. Faça sua parte, sem se preocupar com nada mais.

— Ficarei aqui e farei o que souber e me for possível. Obrigado por tirar a venda de meus olhos.

Damião sorriu e olhou para Marlene, que, encantada, observava tudo.

— Assim como eu, você precisa voltar a seus afazeres, Marlene. Agora está tudo bem, não precisa se preocupar com nada mais.

— Estou muito emocionada para dizer algo. Só posso agradecer em meu nome e no de minha filha. Que Deus continue aumentando sua luz.

Damião, sorrindo, foi desaparecendo, até sumir completamente. Marlene olhou para o lado em que Farias estava, porém não mais o conseguia ver, embora soubesse que ele estava ali. Olhou também para Márcia, que continuava dormindo ao lado de Lenita. O relógio em cima de um criado-mudo estava marcando onze e quinze. Marlene se acomodou melhor na poltrona e, ainda recordando os momentos maravilhosos pelos quais havia passado, adormeceu.

Dormiu tranquila. Sonhou que estava em um campo muito verde e se via correndo, acompanhada por mais dois jovens. Estava muito feliz.

Abriu os olhos e percebeu que já amanhecera. Voltou a olhar para o relógio: agora faltavam quinze para as sete da manhã. Márcia continuava dormindo ao lado de Lenita. Percebeu que ela permanecia na mesma posição em que estava no momento em que adormecera. No chão, ao lado dos pés da cama, estavam as roupas sujas de bebida que Márcia vestia quando ela havia chegado àquele apartamento. Levantou-se da poltrona e pegou a sacola que trouxera por saber que teria de passar a noite na casa de outra pessoa.

Encaminhou-se para o banheiro, lavou o rosto e escovou os dentes. Voltou para o quarto, pegou as roupas de Márcia, saiu do quarto, desceu a escada. Não sabia onde ficava a cozinha nem a lavanderia, por isso começou a abrir as portas para descobrir. Só então pôde perceber o enorme luxo que existia ali. Encantou-se com tudo, muito mais com a porta de vidro, o jardim e a piscina.

Ela venceu realmente. Que terá acontecido para que ficasse nesta situação tão deprimente?

Encontrou, finalmente, a cozinha e, logo atrás, a lavanderia. Colocou as roupas sobre a máquina de lavar e voltou para a cozinha. Procurou e encontrou o pó de café e colocou água para ferver. Em poucos minutos, estava sentada à mesa, tomando seu café.

Será que tudo aquilo aconteceu realmente? Quanta beleza! A cada dia tenho mais certeza de que Deus existe e está ao nosso lado em todos os momentos.

Terminou de tomar o café, voltou para o quarto de Márcia e chamou baixinho por Lenita. A menina abriu os olhos.

Marlene fez um sinal com os dedos para que ela não falasse nada e não acordasse Márcia. Lenita entendeu. Olhou para Márcia, sorriu e se levantou. Marlene pegou em sua mão e a levou para fora do quarto. Já lá fora e sem que Márcia as pudesse ouvir, disse:

— Precisamos ir embora. Vovó tem de trabalhar e você precisa ir para a escola à tarde. Lave o rosto e escove os dentes. Assim que Marluce chegar, iremos.

— Eu não queria ir embora. Queria ficar aqui com ela. Viu como é bonita, vovó?

— É muito bonita, sim, mas não podemos ficar aqui. A vida dela é muito diferente da nossa.

Tristemente, a menina ouviu o que a avó disse, lavou o rosto e escovou os dentes. As duas, em seguida, se dirigiram até a cozinha. Marlene abriu a geladeira, pegou leite e serviu para a menina com algumas bolachas. Estavam ali quando Marluce chegou.

— Bom dia. A senhora está aí? Como dona Márcia está? Passou bem a noite?

— Bom dia. Ela está muito bem e dormiu tranquilamente. Lenita está terminando de tomar o leite e a gente vai embora.

— Tem certeza de que ela está bem mesmo? Acha que vou poder ficar com ela sozinha? Estou com medo...

— Não se preocupe, ela agora está bem e ficará ainda melhor. Talvez não se lembre do que aconteceu aqui, mas, se perguntar se havia alguém com ela, diga que somente havia dona Luciana. Não diga que estive aqui, isso não faria bem a ela.

— Tem certeza do que está dizendo? É mesmo mãe dela?

— Tenho certeza, sim, e não sou mãe dela. Ela estava embriagada e não sabia o que dizia. Não será bom para ela saber que mais alguém a viu naquela situação. Ela precisa esquecer o que aconteceu e retomar sua vida. Por isso, não quero que saiba que uma pessoa estranha acompanhou tudo. Só isso.

— Está bem. Se acha que assim será melhor, farei.

Marlene sorriu. Lenita terminou de tomar o leite. Marlene pegou a menina pela mão e as duas saíram.

Já na rua, enquanto se dirigiam ao ponto de ônibus, Marlene pensava: *Permita, meu Pai, que ela realmente encontre seu caminho de volta. Por tudo que presenciei, sei que ela está protegida. É só isso o que desejo. Vou continuar minha vida. Não tenho riquezas na Terra, tenho até uma vida muito difícil, mas estes momentos de visões maravilhosas, como aquela que tive, fazem com que eu tenha forças para continuar. Sei que tudo que estou passando tem um motivo maior. Permita que eu continue aprendendo através da vida. Agora, vou telefonar para dona Luciana e pedir-lhe que não conte nada do que aconteceu. Márcia não pode saber que estive em sua casa. Ela nunca ia me perdoar.*

Assim que Marlene saiu, Márcia abriu os olhos. Sentia-se muito bem, como se houvesse dormido por muito tempo. Lembrava-se de alguma coisa a respeito do dia anterior. Lembrou-se de ter visto Luciana.

Mas não havia só Luciana... minha mãe esteve aqui? Lenita também? Eu as vi, tenho certeza...

Levantou-se e foi até o banheiro. Lembrou-se de Lenita: *Ela é tão linda! Sei que a vi. Será que sonhei? Vou perguntar a Marluce.*

Colocou a banheira para encher. Precisava de um banho tranquilizante. Enquanto a banheira enchia, voltou para o quarto. Estava tudo em ordem, mas sabia que algo havia acontecido. Voltou a lembrar-se de Ronaldo: *Onde será que ele está? Sinto que o perdi para sempre. Como será minha vida sem ele?*

Começou a entrar em desespero novamente. Farias acompanhava todos os seus movimentos. Ao perceber que ela se descontrolava, timidamente estendeu sobre ela suas mãos, as quais começaram a emitir luzes que envolviam Márcia, fazendo-a, aos poucos, sentir-se muito bem..

Farias, muito mais que qualquer outra pessoa, encantava-se com suas mãos. Sentiu uma felicidade indescritível.

Estas luzes estão saindo mesmo de minhas mãos. Realmente, eu as ganhei. Obrigado, meu Pai. Vou ajudar Juliana. Ela vai conseguir vencer. Estarei aqui a seu lado, até que consiga reencontrar seu caminho.

Márcia voltou para o banheiro. A banheira já estava quase cheia. Pegou alguns sais e jogou dentro dela, apertou um botão e uma espuma começou a se formar. Entrou, acomodou a cabeça e fechou os olhos. A lembrança de Lenita voltou.

Ela é tão querida. Preciso encontrar um meio de ajudá-la. Preciso voltar ao trabalho. Já perdi muito tempo. Nunca mais colocarei uma bebida em minha boca. Tenho tentado me colocar como vítima, mas sei que tive intenção de prejudicar Osvaldo por simples orgulho ferido. Sei, também, que fui avisada para não tomar aquela atitude e que a cobrança viria. Preciso aceitar que perdi Ronaldo por minha própria culpa. Preciso aceitar que o que desejei para Osvaldo e sua mulher voltou-se contra mim.

Ficou lá por muito tempo, até começar a sentir frio. Levantou-se, abriu o chuveiro e deixou a água cair, sem fazer um movimento sequer. A água caía por seu corpo e ela sentia que todos os pensamentos ruins estavam indo embora pelo ralo. Terminou de tomar banho e voltou para o quarto. Colocou uma calça e uma camiseta e foi em busca de Marluce. Sabia que ela tinha muita coisa para lhe contar.

Ao passar pela sala, percebeu que tudo estava em ordem. Só seu tapete não estava mais ali. Tentou lembrar o que havia acontecido, mas não conseguia. Lembrava-se vagamente de ter bebido, nada mais. Foi até a cozinha. Marluce estava na lavanderia, colocando algumas roupas para lavar. Ela se aproximou:

— Bom dia, Marluce.

Marluce se voltou:

— Bom dia, dona Márcia. A senhora está bem?

— Por que não estaria? Aconteceu alguma coisa?

— Não. Não aconteceu nada. Só que a senhora ontem não estava muito bem.

— Muito bem como? O que aconteceu? Eu bebi muito, não foi?

— Foi. A senhora bebeu muito e eu fiquei assustada. Tem de me desculpar, mas, sem saber o que fazer, chamei dona Luciana.

— Luciana? Então ela esteve mesmo aqui?

— Esteve, sim, e ajudou muito.

— Quem mais esteve aqui?

Marluce pensou nas palavras de Marlene e disse:

— Mais ninguém. Só dona Luciana.

— Tem certeza disso? Não vieram uma senhora e uma menina muito bonita?

— Não, não veio mais ninguém, só dona Luciana.

— Tem certeza?

— Tenho, sim. Só dona Luciana.

— Está bem. Devo ter sonhado. Pode me servir o café na sala.

Saiu da cozinha e foi para a sala. A mesa do café estava posta, com pães, doces e frutas. Enquanto esperava Marluce trazer o café com o leite, ela começou a comer um mamão e a pensar em sua vida: *Sinto que não devo lutar mais para que Ronaldo volte. Tenho de me conformar com o fato de que o perdi. Se continuar insistindo, vou me destruir.*

Marluce entrou, trazendo o café e o leite, e estava terminando de colocá-los na mesa quando o telefone tocou. Olhou para Márcia, que disse:

— Não estou para ninguém. Se for Luciana, diga que estou tomando banho e que mais tarde eu telefono.

Marluce atendeu:

— Alô. Quem é? Quem? Senhor Ronaldo?

Ao ouvir aquilo, Márcia deixou a xícara cair. Seu corpo começou a tremer. Ela, desesperada, levantou-se e tirou o telefone das mãos de Marluce:.

— Alô. Alô, Ronaldo! É você mesmo?

— Sou eu sim, Márcia. Como você está?

— Estou bem. Mas e você, onde está?

— Estou aqui no Rio de Janeiro e não suporto mais a saudade. Não adianta, eu te amo. Vou voltar e iremos até um médico descobrir o que foi que aconteceu. Se me aceitar novamente, hoje à noite estarei aí e serei o homem mais feliz do mundo. Você aceita?

— Claro que sim. Claro que sim! Eu te amo. Volte logo.

Ele desligou, e ela continuou com o telefone na mão, sem saber se ria ou chorava.

— Marluce, ele vai voltar. Vai voltar! Sou a mulher mais feliz deste mundo!

Marluce ria por ver Márcia tão feliz. Farias também estava ali e não conseguia acreditar que estivesse feliz por ver a felicidade dela.

Márcia saiu da sala sem terminar de tomar o café. Foi para a porta de vidro, olhou para fora: o dia estava lindo. Abriu a porta e jogou-se na piscina com roupa e tudo. Ficou nadando por quase uma hora. Sentia-se outra pessoa, nada igual à que havia sido até agora. Saiu da piscina, sentou-se em uma cadeira e ficou olhando para as nuvens brancas que passavam e formavam imagens.

Há quanto tempo não olho para o céu? Acho que desde criança... mas agora estou muito feliz. Acredito até que aquele Deus, que minha mãe sempre disse existir, exista mesmo. Minha mãe? Por que me lembrar dela em um momento tão importante em minha vida?

Seu rosto crispou-se, e aquela luz de felicidade que fazia seus olhos brilharem desapareceu.

Por que me lembrar dela agora? Ronaldo vai voltar. Tenho de ter meus pensamentos voltados só para ele. E se aquela coisa horrível voltar a acontecer? Se ele for embora novamente? Não suportarei.

Farias percebeu que ela estava de novo sentindo muito medo. Mais uma vez olhou para suas mãos e as colocou em direção à cabeça de Márcia. As luzes voltaram a envolvê-la. Ela voltou a pensar em sua mãe e em Lenita. A simples lembrança da menina fazia com que ela ficasse mais calma.

Não posso pensar nelas agora. Ronaldo vai voltar hoje à noite, preciso me preparar para recebê-lo. Se aquele cheiro horrível voltar, iremos a um médico. Ronaldo me ama, e isso é o que importa.

Levantou-se da cadeira, e suas roupas ainda estavam molhadas.

Correu para seu quarto, trocou-se e saiu para a rua.

Lá fora, o sol brilhava, estava um dia quente. Foi até uma loja; precisava comprar um vestido novo. Queria estar linda naquela noite. Foi a um cabeleireiro. Eram seis horas quando retornou ao apartamento.

Marluce já havia ido embora. Entrou e olhou tudo para ver se estava em ordem.

Tudo perfeito. Hoje, voltarei a viver!

Sobre a mesa do telefone havia um bilhete. Nele, Marluce dizia que Luciana havia telefonado e que ela lhe dissera que Márcia estava muito bem.

Carregando os pacotes, Márcia foi para seu quarto. Arrumou-se e ficou esperando. Ronaldo não telefonou mais, mas ela sabia que ele viria. Recomeçariam de onde tinham parado e seriam felizes para sempre.

Ela olhava para o relógio. Parecia que o tempo havia parado; os ponteiros não se movimentavam. Às oito horas, o interfone tocou. Era o porteiro do prédio, avisando que Ronaldo estava ali. Márcia, gaguejando, pediu-lhe que o mandasse subir.

A campainha tocou. Ela, tremendo e muito emocionada, abriu a porta. Ele estava ali a sua frente. Os olhos se encontraram, os dois tremiam sem saber o que falar. Ficaram assim por alguns segundos, apenas se olhando, sem nada dizer ou fazer. Ele abriu os braços, ela se aninhou neles, e chorando se abraçaram e se beijaram com muito amor, carinho e saudade.

Entraram abraçados. Sentaram-se em um sofá. Os dois, calados, apenas se olhavam. Queriam se amar, um desejava o outro desesperadamente, mas sentiam muito medo. Aquele momento estava sendo tão mágico, tinham medo de que tudo terminasse. Não havia cheiro algum, mas, mesmo assim, quase não falavam, apenas se olhavam.

Ronaldo tirou do bolso uma caixinha e deu a ela.

— Abra, espero que goste.

Ela a abriu e ficou encantada ao ver o lindo anel que havia dentro, de ouro branco com um brilhante muito grande.

— É lindo! Maravilhoso! Eu te amo muito.

Colocou o anel no dedo, estendeu o braço e ficou movimentando-o para ver o brilho. Seus olhos reluziam de felicidade.

Sem saber por que, lembrou-se de sua mãe e de Lenita. Tentou espantar aquele pensamento, mas não conseguiu. Tomou coragem e disse:

— Meu amor, estou feliz por ter voltado. Sem você, quase enlouqueci, mas todo o meu sofrimento me fez refletir sobre minha vida, sobre tudo o que fiz de certo e de errado. Não podemos recomeçar se eu não for absolutamente sincera, sem que haja mentiras. Vou te contar uma história, espero que tenha paciência para ouvir. Após saber toda a verdade, se ainda quiser, aceitarei este lindo anel e ficarei com você para o resto de minha vida.

— Acredita mesmo ser necessário?

— Sim. Se eu for recomeçar minha vida a seu lado, tem de ser com meu coração livre de todos os meus erros. Só conseguirei viver feliz com você após ter lhe contado tudo. Só assim poderemos ser felizes realmente.

Começou a contar tudo, desde o início, quando saiu de sua casa e foi morar com dona Leonor. Contou tudo, inclusive o que havia feito com Osvaldo.

Ele ouviu sem deixar transparecer em seu rosto o que sentia. Embora estivesse com medo de sua reação, ela não parou de falar. Farias, ao lado, ouvia tudo. Em determinado momento, ela disse:

— Tive um amigo, seu nome era Farias. Ele me ensinou tudo sobre minha profissão, gostava de mim como se fosse uma filha. Eu, tomada pela inveja e pela ganância, o chantageei e o levei ao suicídio. Hoje, após tudo pelo que passei, reconheço o mal que fiz. Não sei o que acontece após a morte, mas, se ele conseguir me ouvir, quero que receba meu pedido de perdão. Estou muito arrependida.

Dos olhos de Farias, lágrimas corriam. Uma luz invadiu a sala.

Ele olhou para trás e lá estava Damião.

— Chegou a hora, meu irmão. O que responde a ela?

Farias estendeu as mãos sobre a cabeça de Márcia e novamente as luzes apareceram. Chorando, disse:

— Querida Juliana, querida Márcia... sou eu quem tem de pedir perdão. Naquilo que depender de mim, você será muito feliz. Que Deus nos abençoe.

Olhou para Damião, que também jogava luzes sobre o casal enquanto dizia para Márcia:

— Meus parabéns, meu amor. Você conseguiu vencer seu orgulho e revolta. Seja feliz. Estarei esperando-a.

Para surpresa de Farias, ele foi se transformando e surgiu Renato.

— Damião... Renato... Damião, você é Renato? O que está fazendo naquele vale horrível?

— Sim, sou Renato. Quando soube que você e Virgínia se encontravam no vale, pedi permissão e fui para lá, juntamente com Juliana, Marina e outros amigos. Precisava ajudar, de alguma maneira, os dois companheiros de jornada que haviam se perdido no caminho. Após vocês regressarem como Farias e Marlene, pedi para ficar no vale, pois senti que lá poderia ajudar muitos irmãos. Fiquei lá por todo o tempo em que estiveram na Terra. Para minha surpresa, você voltou para o vale. Pedi a Gervásio que ficasse observando-o, até que percebesse ser a hora de trazê-lo à minha presença.

— Está me dizendo que foi para lá aquela vez apenas para nos ajudar, a mim e a Virgínia? Seus inimigos? Seus assassinos?

— Não. Fui ajudar dois irmãos. Jesus nos ensinou a perdoar sempre e a ajudar nossos inimigos, porque ajudar um amigo sempre é muito fácil. Estou feliz ao ver que todos nós, agora, estamos no caminho certo.

— Vai continuar no vale?

— Sim. Ali é meu lugar, até que Juliana volte.

— Não entendo, mas posso lhe fazer um pedido?

— Claro. Estou aqui para ajudar.

— Agora que tudo parece estar bem com Juliana, Virgínia e a pequena Helena, acredito que não terei muito para fazer aqui. Posso ir com você e trabalhar ao lado de Gervásio, ajudando os irmãos que queiram encontrar a Lei?

— Você quer ir viver ali? Logo você, que tanto odiava aquele vale? Não estou entendendo. Poderá agora ser encaminhado para um lugar muito bom, onde viverá feliz, aprendendo e preparando-se para uma nova encarnação.

— Talvez tenha razão, mas é meu desejo. Se você foi viver lá por minha culpa, por que não posso fazer o mesmo por desconhecidos?

— Claro que pode. O espírito é livre, pode fazer o que quiser. Garanto-lhe que ali existe muito trabalho. Aqui está tudo bem, podemos ir embora. Vamos?

Após contar toda a sua vida a Ronaldo, Márcia permaneceu em silêncio, com a cabeça baixa e chorando baixinho. Ronaldo ficou em silêncio por alguns instantes. Levantou a cabeça de Márcia, olhou bem em seus olhos e disse:

— Entendo o quanto foi difícil para você me contar tudo isso. Não posso dizer que você não errou, mas eu te amo o suficiente para esquecer essa Márcia ruim e calculista. Pretendo amar, e muito, esta Márcia que está aqui a minha frente. Eu te amo. Nosso amor será mais forte que tudo. Juntos, venceremos qualquer obstáculo.

Segurando seu queixo, Ronaldo trouxe os lábios dela para junto dos dele e beijou-a com muita paixão. Ela correspondeu àquele beijo com todo o amor que sentia. Assim, abraçados e aos beijos, foram para o quarto. Amaram-se com intensidade e nada de ruim aconteceu.

Quando tudo terminou, ela, ainda deitada em seus braços, disse:

— Foi tudo perfeito. Embora não soubesse, acredito que, com minha confissão, todo o mal foi afastado.

— Sim, meu amor. Graças a sua confissão e a nosso grande amor.

— Nunca mais vamos nos separar.

Naquela noite ele não foi embora. Ficaram juntos a noite toda. Sentiam medo de se afastar.

Pela manhã, ele se despediu. Havia ficado muitos dias longe de seu trabalho. Ela, feliz, continuou deitada.

Mais tarde, levantou-se. Pegou o telefone e ligou para o escritório. Falou com o doutor Fernando, dizendo que se sentia muito bem e que no dia seguinte voltaria ao trabalho. Ele, muito feliz, respondeu:

— Espero que volte mesmo. Estamos sentindo muito sua falta. Isto aqui, desde que deixou de vir, virou uma bagunça.

Ela desligou o telefone. Tinha consciência da profissional que sempre fora. Isso, para ela, não tinha mais o menor valor. Sabia também que, sem o amor de Ronaldo, nada teria importância em sua vida. Voltaria ao trabalho porque aquilo também era um pedaço dela, mas não faria mais nada com o objetivo exclusivo de receber promoções. Simplesmente continuaria dando tudo de si pela empresa, fazendo, assim, jus ao dinheiro que recebia.

Foi até a piscina e sentou-se em uma cadeira. Depois, levantou-se e foi até a grade que rodeava a área da piscina e de onde podia ver toda a cidade do alto. Respirou fundo.

Como esta cidade é linda! Vou sair e andar sem destino.

Foi exatamente o que fez. Vestiu-se, pegou o carro e saiu dirigindo, sem destino. Lembrou-se do parque onde havia conhecido Ronaldo e foi para lá. Estacionou e foi andando até o banco onde estava sentada no dia em que ele passara correndo. Sorrindo, pensou: *Naquele dia, minha vida começou a mudar. Hoje sou a mulher mais feliz do mundo!*

EPÍLOGO

    Marlene trabalhou o dia inteiro na casa de dona Sílvia. Estava feliz por saber que Clarice e Osvaldo viviam muito bem e que esperavam o terceiro filho. No ônibus, voltando para casa, ia pensando: *Como foi bom ter encontrado minha filha! Não aguentava a agonia de não saber por onde andava e o que tinha feito com sua vida. Hoje, sei que ela está no caminho e que conseguiu tudo o que quis na vida... que Deus a proteja...*

    Chegou, finalmente, em casa. Desde que perdera o barraco no incêndio, morava em um quartinho que havia nos fundos da casa de uma amiga. O quarto era pequeno, mas o aluguel também era barato, um valor que ela conseguia pagar.

    Entrou no quintal e foi até os fundos. A porta estava aberta, mas não se admirou, porque Lenita sempre a deixava assim enquanto a avó não chegasse. Aproximou-se da porta. Parou, não conseguiu entrar.

    — Entre, mamãe, estamos esperando pela senhora.

— Márcia! Você aqui? O que quer? Sei que gosta muito de Lenita. Veio tirar ela de mim?

— Se assim fosse, a senhora a daria para mim?

Ainda da porta, sem coragem de entrar, Marlene respondeu:

— Esta menina é tudo o que tenho na vida. Eu a amo de todo o meu coração, mas você sabe como ela é doente. Precisa de tratamento e cuidados. Com muita dor em meu coração, digo: se quiser, pode levar ela com você. Se ela continuar comigo, talvez morra antes do tempo. Sei que você tem condições de dar tudo o que ela precisa para ter uma vida feliz.

— Como sempre, a senhora tem razão e muita sabedoria. Amei esta menina desde a primeira vez que a vi. Posso, sim, dar a ela tudo o que precisa. A meu lado, terá um bom tratamento e uma boa alimentação, além de estudo. Terá tudo isso, menos um amor igual ao seu. Não foi para isso que vim até aqui.

— Então, foi para quê?

Com lágrimas nos olhos, Márcia abriu os braços:

— Vim aqui para lhe pedir perdão por tudo o que a fiz sofrer.

Marlene continuava petrificada. Parada na entrada, ao ver sua filha estendendo-lhe os braços, tomada de muita emoção, abriu também os seus, deu dois passos e se encontraram em um abraço que já devia ter sido dado há muito tempo.

Ficaram abraçadas por um longo período. Lenita, que até aquele momento estivera no colo de Márcia, sorria e pulava de felicidade. Só quando se separaram foi que Marlene viu o belo rapaz que também estava ali. Márcia se deu conta de que não o havia apresentado.

— Mamãe, este é Ronaldo. Vamos nos casar e queremos que vá ao nosso casamento.

— Não posso, minha filha. Ele parece ser um moço muito fino e educado, de boa família. Eu sou humilde, quase sem educação. Não posso aparecer em seu casamento. Estou contente por te ver feliz.

Ronaldo se aproximou, pegou suas mãos e as beijou.

— Conheço muito pouco a seu respeito, mas já foi o suficiente para saber que é uma grande mulher. Vai, sim, ao nosso casamento e ficará no altar com meus pais. Eles a receberão com muito carinho e respeito. E mais: a partir de hoje, agora mesmo, as duas irão conosco. Passarão a viver ao nosso lado.

Marlene não acreditava no que estava ouvindo.

— Fico muito feliz por ver que minha filha, além de encontrar um homem muito bonito, encontrou também alguém de bom coração. Obrigada por seu convite, mas não posso ir morar com vocês. Estão se casando agora e vão querer ter uma vida a dois.

— Realmente, a senhora tem razão. Vamos querer ficar juntos, mas ao lado do apartamento de Márcia há um outro que está à venda. Nós o compraremos, e a senhora e esta menina bonita terão uma outra vida. Só assim poderemos ser felizes.

Marlene olhou para os dois, que a olhavam ansiosos.

— Por favor, mamãe. Quero ficar ao lado de vocês. A senhora já trabalhou e sofreu muito nesta vida. Poderá, agora, descansar.

— Não posso parar de trabalhar. Como viverei sem trabalho?

— Não se preocupe com isso. Pretendo ter filhos, e quem vai me ajudar a cuidar deles?

Marlene sorriu. Abraçou e foi abraçada.

Renato, Elvira e Farias também estavam ali. Renato, sorrindo, disse:

— Agora podemos ir embora. Estão no momento exato em que foram interrompidos. A Lei é assim: por mais voltas que dê, sempre atinge seu objetivo. Peçamos a Deus que nos abençoe a todos.

— Damião... desculpe, mas prefiro te chamar assim... posso fazer uma última coisa antes de irmos embora?

— Claro que pode. O que é?

Farias estendeu as mãos e sorriu enquanto via as luzes que saíam delas sendo lançadas sobre todos os presentes. Aquele quarto humilde ficou todo iluminado. Marlene, ao ver a luz, disse:

— Obrigada, meus amigos, e que Deus os abençoe...

LÚMEN EDITORIAL

Av. Porto Ferreira, 1031 | Parque Iracema
CEP 15809-020 | Catanduva-SP

www.**lumeneditorial**.com.br
www.**boanova**.net

atendimento@lumeneditorial.com.br
boanova@boanova.net

📞 17 3531.4444
🟢 17 99777.7413
📷 @boanovaed
f boanovaed
▶ boanovaeditora

Acesse nossa loja

Fale pelo whatsapp